D1718299

Nomos Universitätsschriften

Recht

Band 645

Martin J. M. Krüger

Der Modernisierungsbegriff im Miet- und WEG-Recht

Nomos

Die Deutsche Bibliothek verzeichnet diese Publikation in
der Deutschen Nationalbibliografie; detaillierte bibliografische
Daten sind im Internet über http://dnb.ddb.de abrufbar.

Zugl.: Hamburg, Univ., Diss., 2009

ISBN 978-3-8329-4894-8

1. Auflage 2009
© Nomos Verlagsgesellschaft, Baden-Baden 2009. Printed in Germany. Alle Rechte,
auch die des Nachdrucks von Auszügen, der photomechanischen Wiedergabe und
der Übersetzung, vorbehalten. Gedruckt auf alterungsbeständigem Papier.

Vorwort

Die Durchführung von Modernisierungsmaßnahmen ist sowohl im Mietrecht als auch im Wohnungseigentumsrecht konfliktträchtig. Dies erklärt sich neben finanziellen Gründen (Wer muss die Kosten tragen?) und den in aller Regel unvermeidbaren Beeinträchtigungen (Wer muss den Lärm ertragen?) auch mit durch die Modernisierung hervorgerufenen – nicht immer vorteilhaften – optischen Veränderungen des betroffenen Objekts.

Im Zuge der Novellierung des WEG wurde mit § 22 Absatz 2 Satz 1 WEG eine Vorschrift neu geschaffen, die auf § 559 Absatz 1 BGB und damit auf den mietrechtlichen Modernisierungsbegriff verweist. Es liegt auf der Hand, dass zwischen Mietrecht und WEG erhebliche strukturelle und dogmatische Unterschiede bestehen. Insbesondere vor diesem Hintergrund verdienen die durch den Gesetzgeber vorgenommene pauschale Verweisung vom WEG ins Mietrecht und damit die beiden Modenisierungsbegriffe einer nähere Betrachtung.

Die vorliegende Arbeit wurde im Sommersemester 2009 vom Fachbereich Rechtswissenschaften der Universität Hamburg als Dissertation unter dem Titel: *Der Begriff der Modernisierung in § 559 Absatz 1 BGB und in der Verweisungsnorm des § 22 Absatz 2 Satz 1 WEG* angenommen. Rechtsprechung und Literatur sind weitestgehend bis April 2009 berücksichtigt. Meiner Doktormutter Frau Professor Dr. Bettina Heiderhoff möchte ich ganz herzlich für Ihre engagierte Betreuung und wertvolle Hilfestellung bei der Erstellung dieser Arbeit danken.

Hamburg, im Juli 2009   *Martin J. M. Krüger*

Inhaltsverzeichnis

A. Einleitung und Problemaufriss

Das erst im Jahre 1951 geschaffene Wohnungseigentumsgesetz (Gesetz über das Wohnungseigentum und das Dauerwohnrecht – WEG) ermöglicht – in Abweichung zu den §§ 93 und 94 BGB – Eigentum an realen Gebäudeteilen zu begründen. Die Bedeutung dieser rechtlichen Möglichkeit ist für Wirtschaft, Gesellschaft und Rechtsanwendung enorm und steht in keinem Verhältnis zu dem Stellenwert, den das WEG in der juristischen Ausbildung innehat. Der Anwendungsbereich des WEG ist zudem breit gefächert. Anders als der Name des Gesetzes vermuten lässt, fallen neben der klassischen Eigentumswohnung auch Einkaufszentren, Bürogebäude etc. etc. unter die Vorschriften des WEG.

In der Bundesrepublik gibt es zwischen vier und fünf Millionen Eigentumswohnungen.[1] Diese werden teils von ihren Eigentümern selbst genutzt, teils vermietet. Unabhängig von der konkreten Nutzung wird durch die genannte Zahl die allgemeine Bedeutung der Eigentumswohnung für den Wohnungs- und Immobilienmarkt sowohl als Kauf/Verkaufsobjekt als auch als Miet/Vermietungsobjekt deutlich.

Es gibt kaum verlässliches Zahlenmaterial dazu, wie die vier bis fünf Millionen Eigentumswohnungen beschaffen sind, also aus welchem Baujahr die Gebäude stammen, ob es sich um Altbauten, Vor- oder Nachkriegsbauten handelt, wie der Zustand durchschnittlich ist etc. etc. Allein ein Blick in die neuen Bundesländer macht aber deutlich, dass der Altbaubestand nicht unerheblich ist. Aber auch Gebäude aus der Zeit um 1970 oder 1980 entsprechen teilweise nicht mehr heutigem Standard. Der Wunsch sowohl des einzelnen Eigentümers als auch der Gemeinschaft der Wohnungseigentümer nach Veränderung in Form einer Modernisierung nicht nur der einzelnen Eigentumswohnung, als auch der gesamten Anlage erscheint daher durchaus nachvollziehbar. Die sich aus diesem Wunsch in der Praxis ergebenden rechtlichen Konsequenzen und Probleme finden sich derzeit auch in der Presse wieder.[2] Das „Wie" der Modernisierung des Gemeinschaftseigentums ist jedoch oftmals problematisch. Ein oftmals auftretendes und typisches Problem in diesem Zusammenhang ist, dass für viele Veränderungen Mehrheiten innerhalb der Gemeinschaft der Wohnungseigentümer gefunden werden müssen. Vor der Novellierung des WEG war für viele Maßnahmen sogar eine einstimmige Entscheidung der Eigentümer erforderlich. Nun ist es nicht nur innerhalb einer Gemeinschaft von Wohnungseigentümern schwierig, für bauliche Maßnahmen, die mit (oftmals optischen) Veränderungen und Kosten verbunden sind, Mehrheiten zu finden, von Einstimmigkeit ganz zu schweigen. Ein Modernisierungsstau war in der Vergangenheit daher nicht selten. Vor diesem Hintergrund ist es zu erklären, dass der Gesetzgeber im Zuge der WEG-Novellierung den § 22 Absatz 2 WEG neu gefasst hat.

---

1 GdW S. 5; Hügel/Elzer, Einleitung Rn. 2.
2 Welt am Sonntag, 7. 09.2008: „Eigentümer streiten seltener vor Gericht"; Finanztest, Ausgabe 09/2008:" Hoch hinaus: Eigentumswohnung".

Die Vorschrift des § 22 WEG enthält in Absatz 2 Satz 2 einen Verweis auf den Begriff der Modernisierung gemäß § 559 Absatz 1 BGB. Nach § 22 Absatz 2 Satz 2 WEG können bestimmte bauliche Veränderungen des gemeinschaftlichen Eigentums erleichtert, das heißt nicht mit der sonst gegebenenfalls erforderlichen absoluten Stimmenmehrheit der Miteigentümer beschlossen werden. Neben andern Voraussetzungen ist dies in einer Variante der Vorschrift möglich, soweit es sich bei den baulichen Veränderungen des gemeinschaftlichen Eigentums um solche handelt, „die der Modernisierung entsprechend § 559 Absatz 1 des Bürgerlichen Gesetzbuches (...) dienen".

Der Gesetzgeber wählte die Verweisungstechnik auf das Mietrecht nicht nur für die Vorschrift des § 22 Absatz 2 Satz 2 WEG. Ebenso enthält § 16 Absatz 2 Satz 2 WEG einen Verweis auf eine mietrechtliche Vorschrift, nämlich § 556 Absatz 1 BGB. Man kann also durchaus zu Recht den Schluss ziehen, dass das WEG neuerdings das Mietrecht entdeckt.[3]

Gegenstand der vorliegenden Untersuchung soll die Verweisung des § 22 Absatz 2 Satz 1 WEG auf den Modernisierungsbegriff des § 559 Absatz 1 BGB sein. Bereits die Tatsache, dass eine Vorschrift des Wohnungseigentumsrechts auf eine mietrechtliche Vorschrift verweist, wirft viele Fragen auf: Tauchen im Rahmen einer Modernisierung einer Mietwohnung gemäß § 559 Absatz 1 BGB teilweise identische oder ähnliche Rechtsprobleme auf wie bei der Modernisierung im Zusammenhang mit Wohnungseigentum gemäß § 22 Absatz 2 WEG? Kann von einem einheitlichen Modernisierungsbegriff des WEG und des Mietrechts ausgegangen werden, oder müssen sich aus systematischen und/oder dogmatischen Gründen die Begriffe inhaltlich voneinander unterscheiden? Sind die Interessenlagen der Beteiligten in WEG und Mietrecht derart ähnlich und/oder vergleichbar, dass eine Verweisung sinnvoll sein kann? Wirkt sich eine mögliche Schutzbedürftigkeit einzelner Beteiligter im Rahmen einer möglichen Auslegung des Modernisierungsbegriffs oder der Modernisierungsbegriffe aus, und wenn ja, inwiefern? Müssen etwaige Modernisierungsmaßnahmen wirtschaftlich sein, m.a.W.: ist das im Anwendungsbereich des § 559 Absatz 1 BGB in seiner Anwendung umstrittene Gebot der Wirtschaftlichkeit für Modernisierungsmaßnahmen im Sinne von § 22 Absatz 1 WEG anzuwenden?

In dieser Untersuchung soll zunächst der Klärung der Frage nachgegangen werden, ob der Begriff der Modernisierung im Anwendungsbereich des § 22 Absatz 2 WEG und in § 559 Absatz 1 BGB tatsächlich deckungsgleich verwendet werden kann. Diese Frage stellt sich umso mehr, wenn man bedenkt, dass die Regelungsmaterien der Vorschriften des WEG und des Mietrechts grundlegend verschieden sind. Die jeweiligen Vorschriften und Regelungskomplexe haben ferner unterschiedliche Ziel- und Schutzrichtungen. Der mietrechtlichen Modernisierungsbegriff beispielsweise enthält neben einer wirtschaftspolitischen Funktion[4] auch eine Schutzfunktion[5] zugunsten des Mieters. Gibt es im Anwendungsbereich des § 22 Absatz 2 WEG einen vergleichbaren Beteiligten, der wie der Mieter im Wohnraummietrecht schutzwürdig ist? Wenn ja,

---

3 Schmid, ZMR 2005, 205 ff.
4 BGH NJW 2004, 2088, 2089; Bub/Treier-Schultz, III. A Rn. 547.
5 Bamberger/Roth-Ehlert, § 559 Rn. 2; Hannemann/Wiegner-Lutz, § 35 Rn. 191.

14

kann der Gedanke des Mieterschutzes dann auch im Anwendungsbereich des § 22 Absatz 2 WEG zur Anwendung kommen?

Daher soll untersucht werden, ob der Begriff der Modernisierung aus § 559 Absatz 1 BGB ohne Besonderheiten und/oder ohne Einschränkungen im Bereich des § 22 Absatz 2 WEG entsprechend anwendbar sein kann, oder ob nicht grundlegende Unterschiede zwischen den Begriffen bestehen müssen. Zu diesem Zweck werden zunächst die beiden Modernisierungsbegriffe – also der des Mietrechts und der des Wohnungseigentumsrechts – jeweils einzeln mit ihren jeweiligen Alternativen ausführlich dargestellt. Im Zuge dieser Darstellung wird auch auf die innerhalb des mietrechtlichen Modernisierungsbegriffs unterschiedlichen möglichen und vertretbaren Auslegungen einzelner Tatbestandsmerkmale von Literatur und Rechtsprechung näher eingegangen. Die unterschiedliche Auffassungen werden entsprechend dargestellt und erörtert. In einem nächsten Schritt sollen sodann auf Grundlage dieser Darstellung Gemeinsamkeiten und Unterschiede der beiden Modernisierungsbegriffe herausgearbeitet und erörtert werden. Dabei stellt sich stets die Frage, ob die unterschiedlichen Auslegungen und/oder Auffassungen zum mietrechtlichen Modernisierungsbegriff direkt auf einen wohnungseigentumsrechtlich geprägten Modernisierungsbegriff übertragen werden können, oder ob bestimmte Auslegungsvarianten im Anwendungsbereich des WEG nicht entfallen.

Eine Untersuchung, die neben einer schon länger bestehenden (§ 559 Absatz 1 BGB) auch auf eine neue Vorschrift (§ 22 Absatz 2 WEG) näher eingeht, sollte sich naturgemäß auch mit möglichen unterschiedlichen Auffassungen zur Auslegung dieser neuen Vorschrift auseinandersetzen. Demzufolge werden unterschiedlich Auffassungen und sich abzeichnende Meinungsstreitigkeiten in Literatur und Rechtsprechung zu § 22 Absatz 2 WEG – soweit bereits vorhanden – dargestellt und bewertet. In diesem Zusammenhang wird der Bewertung des Gesetzesbegründung zu § 22 Absatz 2 WEG eine nicht unerhebliche Bedeutung zukommen. Inwieweit der Inhalt der Gesetzesbegründung hilfreich zur Auslegung des Modernisierungsbegriffs herangezogen werden kann und inwieweit die Gesetzesbegründung in der Lage ist, die im Zuge dieser Untersuchung aufgeworfenen Fragen befriedigend zu beantworten wird sich in den jeweiligen Kapiteln zeigen.

Generell soll im Rahmen der vorliegenden Untersuchung als rechtlicher Anknüpfungspunkt für den Modernisierungsbegriff gemäß § 22 Absatz 2 Satz 1 WEG von einer Wohnanlage bestehend aus "klassischen" Eigentumswohnungen ausgegangen werden. Auf eine Ausdehnung der Untersuchung auch auf gewerblich genutztes Wohnungseigentum wie Büros, Praxen, etc. ist bewusst verzichtet worden.

B. Der Begriff der Modernisierung gemäß § 559 Absatz 1 BGB

I. Herleitung (u.a. Modernisierungs- und Energieeinsparungsgesetz)

1. Aktuelle Situation seit der Mietrechtsreform: § 559 Absatz 1 BGB

Die Vorschrift des § 559 Absatz 1 BGB[6] in ihrer aktuellen Fassung gibt dem Vermieter von Wohnraum das Recht, einseitig die Miete zu erhöhen, wenn und soweit er bestimmte, in der Vorschrift näher beschriebene bauliche Maßnahmen durchgeführt hat.

§ 559 Absatz 1 BGB enthält genau genommen zwei Varianten. In der ersten Variante sind die sogenannten Modernisierungsmaßnahmen geregelt. Demnach kann der Vermieter die jährliche Miete um 11 % der für die Wohnung aufgewendeten Modernisierungskosten erhöhen, wenn er

„*bauliche Maßnahmen durchgeführt hat, die*

– *den Gebrauchswert der Mietsache nachhaltig erhöhen,*
– *die allgemeinen Wohnverhältnisse auf Dauer verbessern oder*
– *nachhaltig Einsparungen von Energie oder Wasser bewirken*
(Modernisierung)“.

§ 559 Absatz 1 Variante 1 BGB enthält damit eine Legaldefinition des Begriffs der Modernisierung.

Der Vollständigkeit halber sei hier auch die zweite Variante des § 559 Absatz 1 BGB erwähnt, dort findet sich eine Regelung zu sonstigen baulichen Maßnahmen, die der Vermieter auf Grund von von ihm nicht zu vertretenen Umständen durchgeführt hat. Die Einzelheiten der Berechnung und der Geltendmachung der Mieterhöhung sind im Übrigen in den §§ 559 a und 559 b BGB geregelt.

Die Vorschriften der § 559, § 559 a und § 559 b BGB regeln in ihrem Zusammenspiel also die Mieterhöhung als solche. Der gleichfalls in diesem Kontext wichtige Duldungsanspruch des Vermieters gegen den Mieter auf Duldung von Erhaltungs- und Modernisierungsmaßnahmen ergibt sich aus § 554 BGB. Diese Vorschrift enthält in Absatz 2 Satz 1 Bestandteile des Modernisierungsbegriffs des § 559 Absatz 1 Variante 1. Die Modernisierungsbegriffe sind jedoch nicht komplett deckungsgleich.

---

6 Bürgerliches Gesetzbuch in der Fassung der Bekanntmachung vom 2. Januar 2002 (BGBl. I S. 42, ber. S. 2909 und BGBl. I 2003, S. 738).

2. Situation vor der Mietrechtsreform: § 3 MHG i.V.m. § 541 b BGB

a) Entwicklung der wesentlichen Vorgängervorschriften

Die im Zuge der Mietrechtsreform aus dem Jahr 2001 in das BGB aufgenommene Vorschrift des § 559 Absatz 1 BGB in seiner heutigen Fassung und die Legaldefinition des Begriffs der Modernisierung sind inhaltlich keine völligen Neuschöpfungen des Gesetzgebers. Es gab mehrere Vorgängervorschriften mit teilweise gleichlautenden, teilweise konkretisierenden Regelungen. Auf diese mittlerweile außer Kraft getretenen Vorgängervorschriften wird auch heute noch zur Auslegung des § 559 Absatz 1 BGB sowie zur Auslegung des Begriffs der Modernisierung zurückgegriffen.[7] Daher soll in einem kurzen Überblick die Entwicklung der Vorschrift des § 559 Absatz 1 BGB und des Modernisierungsbegriffs anhand der Vorgängervorschriften dargestellt werden.

Vor der Mietrechtsreform im Jahre 2001 durch das Mietrechtsreformgesetz[8] (MietRRefG) war das Recht der Wohnungsmodernisierung zweigliedrig geregelt. Die entsprechenden Vorschriften fanden sich nicht nur im BGB, sondern daneben auch im Gesetz zur Regelung der Miethöhe[9] (MHG). In § 3 Absatz 1 Satz 1 MHG war das Recht des Vermieters normiert, wegen Modernisierungsmaßnahmen die Miete zu erhöhen. In § 541 b BGB a.F. war dagegen der Anspruch des Vermieters normiert, die Modernisierungsmaßnahmen als solche gegenüber dem Mieter durchzusetzen. Vorläufer des § 559 Absatz 1 Variante 1 BGB in seiner aktuellen Fassung war also dem Grunde nach § 3 Absatz 1 Satz 1 MHG.

Durch das Mietrechtsreformgesetz wurde der Inhalt der Vorschrift des § 3 MHG sprachlich geringfügig verändert, auf drei Paragraphen aufgeteilt und ins BGB aufgenommen. Erst ab dem 01. September 2001 sind die Vorschriften rund um die Höhe der Miete ins BGB eingegliedert worden.

Geschaffen wurde die Vorschrift des § 3 Absatz 1 Satz 1 MHG durch das 2. Wohnraumkündigungsschutzgesetz[10] bereits im Jahre 1974. Noch unter Geltung des 1. Wohnraumkündigungsschutzgesetzes war es dem Vermieter nicht möglich, die Kosten einer Modernisierungsmaßnahme auf den Mieter umzulegen.[11] Die Vorschrift des § 3 Absatz 1 Satz 1 MHG orientierte sich dabei an früheren preisrechtlichen Vorschriften wie § 12 Altbaumietenverordnung[12] (AMVO) sowie den (noch aktuellen) Vorschriften des Kostenmietrechts in § 8 Wohnungsbindungsgesetz[13] (WoBindG), § 13 Neubaumietenverordnung[14] (NMVO) und § 11 Verordnung über wohnungswirtschaftliche Berechnungen – Zweite Berechnungsverordnung[15] (II. BV). Neben diesen Vorbildern sind ferner §§ 3 und 4 des Modernisierungs- und Energieeinsparungsgesetzes[16] (Mo-

---

7 Staudinger-Emmerich, § 559 Rn. 2.
8 BGBl. I, 1149, verkündet am 19.6.2001.
9 BGBl. III/FNA 402-12-5, in Kraft bis zum 31. August 2001.
10 BGBl. I 1974, 3603.
11 Schmidt-Futterer-Börstinghaus, § 559 Rn. 9.
12 BGBl. I 1958, 549.
13 BGBl. I 2001, 2404.
14 BGBl. I 1990, 2204.
15 BGBl. I 1990, 2178.
16 BGBl. I 1976, 2429.

dEnG) von 1976 als wesentliche Vorbilder zu nennen. Im ModEnG war geregelt, welche einzelnen Modernisierungsmaßnahmen öffentlich gefördert wurden, wie die Mittel aufzubringen und wie diese zu bewilligen waren. Ferner war normiert, dass sich jeder Empfänger von Fördermitteln dazu verpflichten musste, höchstens eine sich nach den entsprechenden Vorschriften zu berechnende Miete anlässlich der Modernisierung zu verlangen.[17] §§ 3 und 4 ModEnG ergänzten die o.g. preisrechtlichen Vorschriften dergestalt, dass sie zum einen die öffentlich Förderung von bestimmten Modernisierungsmaßnahmen normierten, zum anderen dabei Definitionen von verschiedenen Modernisierungsmaßnahmen enthielten, auf die nach wie vor häufig zur näheren Erläuterung des Begriffs oder der Begriffe der Modernisierungsmaßnahmen in § 559 Absatz BGB zurückgegriffen wird, obwohl beide Vorschriften nach dem Auslaufen der öffentlichen Förderung von Modernisierungsmaßnahmen im Jahre 1982 durch das Rechtsbereinigungsgesetz[18] von 1986 ersatzlos gestrichen wurden.[19]

b) Sinn und Zweck der Vorgängervorschriften

Um nachvollziehen zu können, warum auch heute noch auf die längst außer Kraft getretenen Vorgängervorschriften des § 559 Absatz 1 BGB zur Auslegung zurückgegriffen wird, ist neben der Betrachtung der Entwicklung Sinn und Zweck der Vorgängervorschriften von Bedeutung.

Der maßgebliche Zweck sämtlicher Vorgängervorschriften des § 559 Absatz 1 bestand darin, eine umfassende Modernisierung des gesamten Wohnungsbestandes zu erreichen.[20] Der Gesetzgeber verfolgte durch die jeweiligen Vorgängervorschriften des § 559 Absatz 1 BGB die Absicht, einen generellen Anreiz für Modernisierungsmaßnahmen zu schaffen und diese zu forcieren. Als Mittel zur Erreichung dieses Zwecks bediente sich der Gesetzgeber der öffentlichen Förderung von Modernisierungsmaßnahmen von Wohnraum.[21] Neben den mietrechtlichen Vorschriften schuf der Gesetzgeber in regelmäßigen Abständen Förderprogramme. Teilweise wurden modernisierungsbereiten Vermietern unmittelbar Zuschüsse gezahlt, teilweise bestanden besondere Abschreibungsmöglichkeiten steuerlicher Art.[22] Zugrunde lag sowohl den entsprechenden mietrechtlichen Vorschriften als auch den steuerlichen Förderungsprogrammen der Gedanke, dass Wohnraummodernisierungen volkswirtschaftlich und ökologisch sinnvoll sind.[23] Im Rahmen des Gesetzgebungsverfahrens des Mietrechtsreformgesetztes im Jahre 2000 hatte der Gesetzgeber freilich auch die Si-

---

17 Schmidt-Futterer-Börstinghaus, § 559 Rn. 12.
18 BGBl. I 1986, 2441, 2449.
19 Staudinger-Emmerich, § 559 Rn. 2.
20 Schmidt-Futterer- Börstinghaus, § 559 Rn.12.
21 Staudinger-Emmerich, § 559 Rn. 2.
22 Schmidt-Futterer- Börstinghaus, § 559 Rn.12.
23 Gesetzentwurf der Bundesregierung vom 9.11.2000, BT-Drucksache 14/4553; Sternel, NZM 2001, 1058, 1058.

tuation in den neuen Bundesländern vor Augen, da insbesondere dort ein erhöhter Investitions- und Modernisierungsbedarf gesehen wurde.[24]

Die Einschätzung des Gesetzgebers, dass Modernisierungsmaßnahmen von Wohnraum grundsätzlich förderungswürdig sind, liegt auch dem heute geltenden § 559 Absatz 1 Variante 1 BGB zugrunde. Es lässt sich also festhalten, dass der Sinn und Zweck sowohl des § 559 Absatz 1 BGB als auch der verschiedenen Vorgängervorschriften durchgehend gleich geblieben sind. Im Zuge der Mietrechtsreform im Jahre 2000 hat der Gesetzgeber lediglich weitere Anreize zur Durchführung von Wohnungsmodernisierungen schaffen wollen.[25] Zudem galt die vorherige Rechts- und Gesetzeslage als unübersichtlich, da bis zum Zeitpunkt des Inkrafttretens des Mietrechtsreformgesetzes das Recht der Wohnungsmodernisierung zweigliedrig geregelt war: Der Anspruch des Vermieters, Modernisierungsmaßnahmen gegenüber dem Mieter durchzusetzen, fand sich in § 541 b BGB a.F.; das Recht des Vermieters, wegen solcher Maßnahmen die Miete zu erhöhen, war außerhalb des BGB in § 3 MHG[26] verankert.[27] Der Gesetzgeber kam durch die Schaffung und Verabschiedung des Mietrechtsreformgesetzes der seit langem erhobenen Forderung nach, das zersplitterte und auf verschiedene Gesetze verstreute soziale Mietrecht insofern zu bündeln, als dass er die entsprechenden Vorschriften im Wesentlichen in das BGB integrierte.[28] Durch die Neuregelungen nunmehr fast ausschließlich im BGB sollten auch formale Schranken abgebaut sowie das Gebot der Rechtsklarheit gewahrt werden.[29] Mieter und Vermieter sollten in die Lage versetzt werden, ihre Rechte und Pflichten auch ohne fachliche Beteiligung soweit wie möglich erkennen zu können.[30]

II. Die Legaldefinition und ihre Bestandteile

1. Bauliche Maßnahme als Grundvoraussetzung

a) Definition der baulichen Maßnahme

Grundlegende Voraussetzung für jede Mieterhöhung im Kontext der Vorschrift des § 559 BGB ist zunächst, dass während eines bestehenden Mietverhältnisses durch den Vermieter eine bauliche Maßnahme durchgeführt wird. Eine bauliche Maßnahme lässt sich dadurch charakterisieren, dass durch sie ein neuer oder veränderter baulicher Zustand entsteht, der zumindest wirtschaftlich in sachlichem Zusammenhang mit dem Mietgebrauch steht.[31] Nach einhelliger Ansicht ist der Begriff der baulichen Maßnah-

---

24 Sternel, NZM 2001, 1058, 1058.
25 Begründung zum RegE vom 19.7.2000, S. 9; Sternel, NZM 2001, 1058, 1058.
26 Außer Kraft getreten zum 1. 9. 2001.
27 Sternel, NZM 2001, 1058, 1058.
28 MüKo-Artz, § 557 Rn. 12.
29 BT-Drucksache 14/4553, S. 1 sowie S. 58 (linke Spalte); Sternel, NZM 2001, 1058, 1058.
30 BT-Drucksache 14/4553, S. 1 sowie S. 34 (rechte Spalte).
31 Staudinger-Emmerich, § 559 Rn. 16; Schmidt-Futterer-Börstinghaus, § 559 Rn. 48; Lammel, § 559 Rn. 17; Kinne, ZMR 2003, 396, 396.

me insgesamt weit auszulegen.[32] Eine Veränderung an der Bausubstanz ist dabei nicht zwingend erforderlich.[33] Der neue bauliche Zustand kann sich sowohl innerhalb der betreffenden Wohnung des Mieters, als auch außerhalb, beispielsweise am Gebäude im übrigen oder auf dem Hausgrundstück einstellen.[34]

Als Beispiele für bauliche Maßnahmen können hier genannt werden:

Die Anlage eines Hausgartens,[35] der Austausch von Verbundglasfenstern gegen isolierverglaste Fenster,[36] der Einbau einer neuen Wohnungseingangstür jedenfalls dann, wenn die Tür der DIN-Norm für Wohnungseingangstüren entspricht,[37] die Schaffung eines Balkons[38] sowie der Einbau eines Rauchmelders.[39]

b) Veränderung des baulichen Zustandes

Während Einigkeit darin besteht, dass grundlegende Voraussetzung einer baulichen Maßnahme ein neuer oder veränderter baulicher Zustand ist, so besteht Uneinigkeit darin, wie diese Veränderung des baulichen Zustandes konkret festzustellen ist.[40] Es ist nämlich streitig, mit welchem welchen baulichen Zustand der Mietsache der durch die Maßnahme geschaffene Zustand zu vergleichen ist. Denkbar sind hier zwei verschiedene Anknüpfungspunkte.

aa) Anknüpfung an den vorherigen tatsächlichen Zustand

Nach einer Auffassung ist der Zustand der Mietsache nach Durchführung der Maßnahme durch den Vermieter mit dem Zustand vor Durchführung der Maßnahme zu vergleichen.[41] Demzufolge sei der unmittelbar vor Durchführung der Maßnahme bestehende, tatsächliche Zustand der Mietsache als Anknüpfungspunkt für den Vergleich heranzuziehen. Dies ergebe sich bereits aus dem Gesetzeswortlaut der Vorschrift des § 559 Absatz 1 BGB. Diese stelle nur auf eine objektive Verbesserung der gemieteten Räume ab und nicht etwa auf eine Verbesserung der Leistung des Vermieters. Daher sei nur entscheidend, ob der Gebrauchs- und Substanzwert der Wohnung objektiv erhöht worden sei. Die tatsächliche Durchführung der Maßnahme als Leistung des Vermieters sei hingegen nicht maßgeblich.[42] Allein der Umstand, dass der Vermieter eine bauliche Maßnahme durchgeführt hat, sei somit nicht ausreichend.[43]

---

32 Blank/Börstinghaus-Börstinghaus, § 559 Rn. 8; Staudinger-Emmerich, § 559 Rn. 16; Bamberger/Roth-Ehlert, § 559 Rn. 21; Sonnenschein, PiG 1983, 13, 65, 71.
33 Palandt-Weidenkaff, § 559 Rn. 9.
34 MüKo-Artz, § 559 Rn. 11.
35 Bub/Treier-Schulz, III.A Rn. 567.
36 BGH NJW 2006, 1126, 1126; LG Berlin, Grundeigentum 2007, 1553, 1553.
37 AG Lichtenberg, Urteil vom 15.12.2005: 12 C 8/05.
38 LG Berlin, ZMR 2004, 193, 194.
39 AG Lübeck, ZMR 2008, 302, 304.
40 Zum Meinungsstand: Schmidt-Futterer-Börstinghaus, § 559 Rn. 48.
41 AG Hamburg, WuM 1993, 41, 42.
42 AG Hamburg, WuM 1993, 41, 42.
43 Derleder, PiG 1984, 16, 11, 29.

bb) Anknüpfung an den Zustand bei Vertragsschluss/Übergabe

Nach anderer Auffassung ist der Zustand der Mietsache bei Vertragsschluss beziehungsweise bei Übergabe mit dem Zustand nach Durchführung der Maßnahme zu vergleichen.[44] Demnach sei nur eine Verbesserung gegenüber dem ursprünglich durch den Vermieter geschaffenen Zustand der Wohnung maßgeblich.[45] Verbessernde Maßnahmen, die vom Mieter in der Zwischenzeit selbst durchgeführt wurden, seien in diesem Zusammenhang nicht beachtlich. Allenfalls seien diese bei der Frage der Duldungspflicht des Mieters gemäß § 554 BGB im Rahmen der Zumutbarkeit zu berücksichtigen. Bei eigenen Einbauten des Mieters wie beispielsweise eines Heizkörpers ergebe sich dies auch daraus, dass derartige Einbauten schon nicht als mitvermietet gelten.[46] Diese Sichtweise resultiere aus der Systematik der mietrechtlichen Vorschriften. Schon die zentrale Vorschrift des § 535 BGB knüpfe hinsichtlich der Hauptleistungspflicht des Vermieters ausschließlich an den vom Vermieter geschuldeten Zustand an. Gleiches sei bei den Gewährleistungsvorschriften der §§ 536 ff. BGB der Fall. Es sei nicht ersichtlich, dass § 559 Absatz 1 BGB von dieser generellen Anknüpfung an die Leistung des Vermieters abweichen wolle.[47]

cc) Praktische Relevanz des Meinungsstreits

Dieser – in einer neueren Entscheidung des BGH[48] zwar angesprochene, aber ausdrücklich nicht entschiedene – Streit dürfte in der Mehrzahl von Fällen in der Praxis keine Relevanz haben. Lediglich in den Fällen, in denen der Mieter durch eigene Maßnahmen an der Mietsache den Zustand bereits geschaffen hat, den der Vermieter durch die bauliche Maßnahme erreichen will, führt die unterschiedliche Beantwortung der streitigen Frage zu verschiedenen Ergebnissen. Eine denkbare Situation stellt beispielsweise der Einbau eines Badezimmers durch den Mieter dar, falls ein solches zuvor nicht vorhanden war. Im Kern geht es bei der Beantwortung der Frage, welcher bauliche Zustand verändert worden sein muss, letztlich auch um die Frage, ob durch den Mieter durchgeführte Veränderungen oder Maßnahmen an der Mietsache innerhalb des Begriffs der baulichen Maßnahme und damit im Ergebnis auch beim Begriff der Modernisierung zu berücksichtigen sind oder nicht.

Die Anhänger beider Auffassungen argumentieren neben Sinn und Zweck der Vorschrift des § 559 Absatz 1 BGB mit dessen systematischer Stellung im Kontext der mietrechtlichen Vorschriften. Daher sind diese Aspekte näher zu betrachten.

44 LG Berlin, NZM 1999, 1036, 1036; Kinne, ZMR 2003, 396, 396; Blank/Börstinghaus-Börstinghaus, § 559 Rn. 9; Sternel, PiG 1993, 41, 45, 51.
45 LG Berlin, NZM 1999, 1036 1036.
46 LG Berlin, NZM 1999, 1036 1036.
47 Schmidt/Futterer-Börstinghaus, § 559 Rn. 48.
48 BGH NJW 2008, 3630, 3630 zu § 554 BGB.

dd) Argumente gegen die Anknüpfung an den vorherigen tatsächlichen Zustand

Die Vertreter der Sichtweise, die lediglich auf den tatsächlichen Zustand der Mietsache vor und nach der Durchführung der Maßnahme abstellt, argumentieren primär mit dem Wortlaut des § 559 Absatz 1 BGB.[49] Dieser stelle auf die Verbesserung der gemieteten Räume und nicht auf die Verbesserung der Vermieterleistung ab. Diese Schlussfolgerung ist jedoch nicht zwingend. Ebenso ließe sich argumentieren, der Wortlaut der Vorschrift stelle zumindest auch auf Maßnahmen seitens des Vermieters ab („Hat der Vermieter…"). Wenn das Gesetz in diesem Kontext schon auf die Person des Vermieters abstellt, so muss dies doch erst recht bei der Verbesserung der gemieteten Räume gelten.

Argumentiert wird ferner mit Sinn und Zweck der Vorschrift des § 559 BGB. Gesetzeszweck sei die Erreichung einer Verbesserung der Mieträumlichkeiten.[50] Diesen Zweck wird man auf Grund der Gesetzesbegründung[51] zwar kaum leugnen können, jedoch handelt es sich hierbei nicht um den einzigen Zweck der Vorschrift. Vielmehr ist es so, dass der Vorschrift verschiedene Erwägungen zugrunde liegen und die Vorschrift mehrere unterschiedliche Funktionen erfüllt. Der Vorschrift des § 559 BGB liegt beispielsweise ein wirtschaftspolitischer Zweck zugrunde, da durch sie auch die Bauwirtschaft gefördert wird.[52] Auch umweltpolitische und ökologische Erwägungen[53] liegen der Vorschrift zugrunde. Hinzu kommen mieterschützende Erwägungen.[54] Bereits diese Vielzahl an der Vorschrift zugrundeliegenden Erwägungen relativiert die Argumentation, die hinsichtlich des Zwecks des § 559 BGB lediglich auf die Verbesserung der Mieträumlichkeiten als solche abstellt. Die Argumentation greift insofern zu kurz.

Durch die Vorschrift des § 559 BGB soll für den Vermieter ferner ein Anreiz geschaffen werden, den Zustand älterer Wohnungen zu verbessern.[55] Dieser Anreiz würde nun stark eingeschränkt, soweit man lediglich auf die objektive Verbesserung der Mietsache abstellen wollte.

ee) Argumente gegen die Anknüpfung an den Zustand bei Vertragsschluss/Übergabe

Im Rahmen der gegenteiligen Sichtweise, die lediglich auf den vermieterseits geschaffenen Zustand der Wohnung nach Beendigung der baulichen Maßnahme abstellt, wird in erster Linie mit der Systematik der mietrechtlichen Vorschriften argumentiert.[56] Dagegen ließe sich einwenden, dass § 559 BGB gerade aus der typischen Sys-

---

49 Derleder, PiG 1984, 16, 11, 29.
50 AG Hamburg, WuM 1993, 41, 42.
51 Reg. Begr. zum MietRRefG, NZM 2000, 802, 811.
52 Sonnenschein, NJW 1998, 2172, 2177.
53 BGH NJW 2004, 1738, 1739 f.
54 Schmidt-Futterer-Börstinghaus, § 559 Rn. 8; Bamberger/Roth-Ehlert, § 559 Rn. 2.
55 Reg. Begr. zum MietRRefG, NZM 2000, 802, 811; BGH NJW 2004, 1738, 1739 f.; OLG Hamburg, NJW 1981, 2820, 2821.
56 Derleder, PiG 1984, 16, 11, 29.

tematik der mietrechtlichen Vorschriften herausfällt. Die Vorschrift gewährt dem Vermieter das Recht, den Mietvertrag und seine daraus resultierende Leistungspflicht einseitig und entgegen den Grundsätzen des allgemeinen Vertragsrechts zu ändern und stellt insoweit einen Fremdkörper innerhalb der mietrechtlichen Regelungen dar.[57] Insofern könnte argumentiert werden, die Vorschrift wolle gerade von der generellen Anknüpfung an die Leistung des Vermieters abweichen. Es erscheint daher in diesem Fall problematisch, mit der Systematik der mietrechtlichen Vorschriften zu argumentieren, wenn und soweit die in Rede stehende Vorschrift gerade aus der Systematik herausfällt.

Ebenso enthält § 559 BGB eine mieterschützende Komponente.[58] Man könnte daher darauf abstellen, dass auf Grund dessen eine vom Mieter durchgeführte Maßnahme über den Anwendungsbereich von § 554 Absatz 2 BGB und § 242 BGB hinaus bereits innerhalb der Begrifflichkeit der baulichen Maßnahme zu berücksichtigen sein muss.

ff) Stellungnahme

Interessengerecht erscheint in diesem Kontext eine differenzierende Betrachtungsweise. Maßgeblich sollte es darauf ankommen, ob der Vermieter oder gegebenenfalls sein Rechtsvorgänger gemäß §§ 566 ff. BGB zumindest konkludent seine Zustimmung zu der vom Mieter durchgeführten Maßnahme erteilt hat oder ob der Mieter die Maßnahme eigenmächtig ohne Zustimmung des Vermieters durchgeführt hat. Daraus ergeben sich zwei verschiedene Konstellationen:

(1) Der Vermieter stimmt der Veränderung zu

Der Vermieter stimmt einer vom Mieter durchgeführten Veränderung der Mietsache, beispielsweise dem Einbau eines zuvor in der Mietsache nicht vorhandenen Badezimmers, zu. Wenn nun der Vermieter anschließend selbst bauliche Maßnahmen an der Mietsache durchzuführen plant, um so die Möglichkeit der Mieterhöhung im Sinne des § 559 Absatz 1 BGB herbeiführen zu können, so ist der unmittelbar vor Durchführung der Maßnahme bestehende, tatsächliche Zustand der Mietsache als Anknüpfungspunkt heranzuziehen.

Diese Konsequenz ergibt sich nicht nur daraus, dass der Mieter sich in dieser Konstellation nicht vertragswidrig verhält. Vielmehr kommt es entscheidend darauf an, dass hier der Vermieter der Veränderung zugestimmt hat. Diese Zustimmung muss auch im Rahmen der Beurteilung des Anknüpfungszustandes berücksichtigt werden, da der Vermieter durch seine Zustimmung gegenüber dem Mieter einen Vertrauenstatbestand geschaffen hat. Eine andere Sichtweise wäre seitens des Vermieters treuwidrig und wäre mit den Grundsätzen des § 242 BGB kaum vereinbar, denn der Mieter

57 MüKo-Artz, § 559 Rn. 1 ff.; Weitemeyer, NZM 2000, 313, 318.
58 Schmidt-Futterer-Börstinghaus, § 559 Rn. 8; Bamberger/Roth-Ehlert, § 559 Rn. 2.

muss sich in dieser Konstellation auf das vertrauensbegründende Verhalten des Vermieters insofern verlassen können, als dass sich aus diesem Verhalten für den Mieter jedenfalls keine unmittelbaren Nachteile ergeben dürfen. Die vom Mieter durchgeführten Maßnahmen sind insoweit als besonders weiterwirkende Dispositionen einzuordnen.[59]

Im Übrigen berücksichtigt diese Sichtweise die schutzwürdigen Mieterinteressen ebenso wie den (Haupt-) Zweck der Vorschrift des § 559 BGB, nämlich dem Vermieter einen Anreiz für bauliche Maßnahmen, die sich im Ergebnis als Modernisierung im Sinne der Legaldefinition darstellen, zu schaffen.

(2) Der Vermieter stimmt der Veränderung nicht zu

Der Vermieter stimmt einer vom Mieter durchgeführten Veränderung der Mietsache nicht zu. In dieser Konstellation handelt der entgegen der fehlenden Einwilligung des Vermieters handelnde Mieter nicht nur vertragswidrig.[60] Entscheidend dürfte sein, dass so auch der Zustand der Mietsache vertragswidrig geworden ist. Ein vertragswidriger Zustand kann aber nicht zum Anknüpfungspunkt der Frage gemacht werden, wie die Veränderung des baulichen Zustandes der Mietsache konkret festzustellen ist.

Für diese Sichtweise spricht zunächst die Wertung von § 541 BGB, nach welcher der vertragswidrige Gebrauch einer Mietsache durch den Mieter vom Vermieter nicht hingenommen zu werden braucht. Der hinter der Vorschrift des § 541 BGB liegende Rechtsgedanke kann auch derart formuliert werden, dass – allgemein gesagt – der vertragswidrige Gebrauch der Mietsache durch den Mieter durch das Gesetz sanktioniert wird.[61]

Eine andere Sichtweise wäre seitens des Mieters treuwidrig und zudem mit den Grundsätzen des § 242 BGB kaum vereinbar. In dieser Konstellation ist – im Gegensatz zur unter (1) dargestellten – gerade kein vertrauensbegründendes Verhalten des Vermieters ersichtlich. Die vom Mieter durchgeführten Maßnahmen können also nicht als weiterwirkende Dispositionen des Mieters eingeordnet werden.[62] Es fehlt in dieser Konstellation am Vertrauenstatbestand.

Würde man dessen ungeachtet dennoch auf den Zustand der Mietsache abstellen wollen, dann würde der vertragswidrig handelnde Mieter letztlich begünstigt. Ein solches Ergebnis wäre aber in sich widersprüchlich. Folglich kann es in dieser Konstellation nur auf den vom Vermieter geschuldeten oder geschaffenen Zustand ankommen. Diese Sichtweise berücksichtigt auch hinreichend die verschiedenen Schutz- und Zweckrichtungen der Vorschrift des § 559 BGB. In dieser Konstellation überwiegen das Interesse des Vermieters sowie das öffentliche Interesse.

---

59 Vgl auch Palandt-Heinrichs, § 242 Rn. 56.
60 MüKo-Bieber, § 541 Rn. 8.
61 Schmid-Riecke, § 541 Rn. 4.
62 Vgl Palandt-Heinrichs, § 242 Rn. 56.

(3) Zwischenergebnis

Die Veränderung des baulichen Zustandes ist durch einen Vergleich des tatsächlichen, unmittelbar vor Durchführung der Maßnahme bestehenden Zustandes der Mietsache mit dem Zustand nach Durchführung der baulichen Maßnahme festzustellen, soweit der Vermieter oder gegebenenfalls sein Rechtsvorgänger gemäß §§ 566 ff. BGB zumindest konkludent die Zustimmung zu der vom Mieter durchgeführten Maßnahme erteilt hat (Anknüpfung an den vorherigen tatsächlichen Zustand).

Wenn hingegen der der Mieter die Maßnahme eigenmächtig – also ohne Zustimmung des Vermieters – durchgeführt hat, dann ist die Veränderung des baulichen Zustandes durch einen Vergleich des Zustandes nach Durchführung der baulichem Maßnahme mit dem Zustand der Mietsache bei Vertragsschluss festzustellen (Anknüpfung an den Zustand bei Vertragsschluss/Übergabe).

c) Abgrenzungs- und Einzelfragen

Eine bauliche Maßnahme, die sich unter Hinzukommen weiterer Merkmale der Legaldefinition des § 559 Absatz 1 Variante 1 BGB als Modernisierung darstellt, ist von Instandhaltungs- sowie Instandsetzungsmaßnahmen abzugrenzen.

aa) Instandhaltungs- und Instandsetzungsmaßnahmen

Unter Instandsetzung wird in Anlehnung an § 3 Absatz 3 ModEnG a.F. die Behebung von baulichen Mängeln der Mietsache verstanden. Typischerweise handelt es sich um Mängel in Folge von Abnutzung, Alterung, Witterungseinflüssen oder Einwirkungen Dritter. Instandhaltung bedeutet die Aufrechterhaltung eines ordnungs- und vertragsgemäßen Zustandes des Mietobjekts.[63] Typische Beispiele für Instandhaltungs- und Instandsetzungsmaßnahmen sind die Erneuerung eines Hausanstrichs, die Erneuerung des Daches oder die Reparatur einer defekten Heizungsanlage.[64]

Sowohl Instandhaltungsmaßnahmen als auch Instandsetzungsmaßnahmen dienen alleine der Erhaltung des bestehenden baulichen Zustandes und stellen daher keine baulichen Maßnahmen gemäß § 559 Absatz 1 BGB dar. Durch die Durchführung von Instandhaltungs- und Instandsetzungsmaßnahmen kommt der Vermieter lediglich seiner Instandhaltungspflicht aus § 535 Absatz 1 Satz 2 BGB nach, die Mietsache in vertragsgemäßem Zustand zu erhalten. Bauliche Maßnahmen im Sinne des § 559 Absatz 1 BGB zielen dagegen letztlich auf eine Verbesserung des Zustandes ab.[65] Für die Durchführung von Instandhaltungs- und Instandsetzungsmaßnahmen kann der Vermieter selbstverständlich keine erhöhte Miete verlangen.

---

63 Schmidt-Futterer-Börstinghaus, § 559 Rn. 53.
64 Staudinger-Emmerich, § 559 Rn. 19.
65 MüKo-Artz, § 559 Rn. 11.

Vermieterseits durchgeführte Instandhaltungs- und Instandsetzungsmaßnahmen, bei denen sich der Vermieter besonderer Materialien oder neuerer Verfahren bedient und so – gewissermaßen „bei Gelegenheit" – den Gebäudewert erhöht, sollen keine Maßnahmen im Sinne des § 559 BGB darstellen, da durch diese Vorgehensweise der Vermieter lediglich in gebotenem Maße dem technischen Fortschritt Rechnung trage.[66] Dies soll beispielsweise der Fall sein, wenn der Vermieter eine defekte Wasserhahnarmatur durch eine modernere Einhand-Mischbatterie ersetzt.[67]

Die Abgrenzung einer baulichen Maßnahme gemäß § 559 Absatz 1 BGB von einer Instandhaltungs- oder Instandsetzungsmaßnahme kann im Einzelfall schwierig sein und daher zu Problemen führen. Soweit eine Maßnahme sowohl die Voraussetzungen einer baulichen Maßnahme des § 559 Absatz 1 BGB, also auch die der Instandhaltungs- oder Instandsetzungsmaßnahmen erfüllt, so handelt es sich in der Regel um eine sogenannte Instandsetzungsmodernisierung.

bb) Instandsetzungsmodernisierungen

Instandhaltungs- und Instandsetzungsmaßnahmen können im Einzelfall mit baulichen Maßnahmen gemäß § 559 Absatz 1 BGB, die also der Verbesserung der Mietsache dienen, zusammenfallen. Man kann dann von einer um sogenannten "Instandsetzungsmodernisierung"[68] sprechen, die in § 3 Absatz 3 ModEnG a.F. normiert war. Synonym verwendet werden die Begriffe Instandmodernisierung und modernisierende Instandsetzung.[69] Instandsetzungsmodernisierungen unterfallen teilweise dem Begriff der baulichen Maßnahme des § 559 Absatz 1 BGB. Wesentliche Voraussetzung für eine Instandsetzungsmodernisierung ist stets, dass mit der Instandsetzung der Mietsache zugleich ein Modernisierungseffekt verbunden ist. Das bedeutet, dass durch die Maßnahme der Wohnwert über den bisherigen mangelfreien Zustand hinaus nachhaltig verbessert werden muss.[70] Beispiele für Instandsetzungsmodernisierungen sind der Austausch einfach verglaster Fenster durch Isolierfenster mit neuem dichterem Rahmen oder die Reparatur und gleichzeitige Wärmedämmung einer beschädigten Hausfassade.[71]

Es liegt nahe, dass die Klassifizierung einer Maßnahme entweder als „reine" bauliche Maßnahme gemäß § 559 Absatz 1 BGB oder als Instandsetzungsmodernisierung im Einzelfall Probleme bereiten kann. Diese Abgrenzung ist für Mieter und Vermieter von u.U. erheblicher wirtschaftlicher Bedeutung, da sie sich bei der Ermittlung der möglicherweise auf den Mieter abzuwälzenden Kosten auswirkt. Grundsätzlich ist der Kostenanteil für die Durchführung der instandhaltenden Maßnahme nicht auf den Mieter umlegbar.[72] Für die Trennung der Kostenanteile wird in Literatur und Recht-

---

66 Staudinger-Emmerich, § 559 Rn. 19.
67 Sternel, PiG 1993, 45, 50, 51.
68 Staudinger-Emmerich, § 559 Rn. 19.
69 Schmidt-Futterer-Börstinghaus, § 559 Rn. 163; Sternel, PiG 1993, 45, 50, 51.
70 Staudinger-Emmerich, § 559 Rn. 20.
71 Schmidt-Futterer-Börstinghaus, § 559 Rn. 165.
72 Schmidt-Futterer-Börstinghaus, § 559 Rn. 164.

sprechung jedoch ein pragmatischer und mit Sinn und Zweck der einschlägigen gesetzlichen Regelungen gut vereinbarer „dualistischer" Ansatz vertreten: Soweit vermieterseits zusammen mit einer Instandsetzung eine bauliche Maßnahme gemäß § 559 Absatz 1 BGB, die sich im Ergebnis auch als Modernisierung im Sinne der Legaldefinition des § 559 Absatz 1 BGB darstellt, durchgeführt wird, reicht es aus, dass der Vermieter, der für die Durchführung sämtlicher Maßnahmen einen Pauschalpreis gezahlt hat, die Rechnungsposten der Instandhaltungs- oder Instandsetzungsmaßnahmen und die der baulichen Maßnahme gemäß § 559 Absatz 1 BGB jeweils einzeln ermittelt und deutlich voneinander abgrenzet.[73] Für eine Mieterhöhung gemäß § 559 Absatz 1 BGB dürfen die Kosten, die auf die Instandhaltungs- oder Instandsetzungsmaßnahmen entfallen, dann nicht berücksichtigt werden.[74]

cc) Einrichtungen und Ausstattungen

Eine bauliche Maßnahme gemäß § 559 Absatz 1 BGB ist weiterhin von bloßen Einrichtungen oder Ausstattungen der Mietsache abzugrenzen. Einrichtungen und Ausstattungen sind insbesondere dadurch gekennzeichnet, dass sie frei beweglich sind und jederzeit aus der Mietwohnung (wieder) entfernt werden können.[75] Dabei kommt es auf die Eigenschaft als wesentlicher Bestandteil indes nicht an,[76] sondern "beweglich" wird weiter als sonst verstanden. Sowohl Einrichtungen, wie zum Beispiel die Möblierung einer Wohnung,[77] als auch Ausstattungen, wie beispielsweise ein einzelnes Küchengerät,[78] oder auch einer standardisierten Küchenzeile,[79] sind regelmäßig frei beweglich und/oder können somit jederzeit wieder entfernt werden. Daher stellen beide keine baulichen Maßnahmen gemäß § 559 Absatz 1 BGB dar, da es schon am „neuen baulichen Zustand" gemäß der Definition der baulichen Maßnahme fehlt.[80] Gleiches gilt grundsätzlich auch für das Verlegen eines neuen Teppichbodens.[81] Anders kann dies lediglich dann zu beurteilen sein, wenn durch die Ausstattung einer Wohnung mit einem neuen Bodenbelag gleichzeitig eine anderweitige Verbesserung, wie zum Beispiel die Isolierung der Wohnung, erreicht wird.[82]

Ebenfalls keine bauliche Maßnahme und damit im Ergebnis auch keine Modernisierung im Sinne der Legaldefinition des 559 Absatz 1 Variante 1 BGB stellt die Anbringung von Energiesparlampen dar. Selbst bei Berücksichtigung der weiten Auslegung des Begriffs der baulichen Maßnahme kann in diesem Vorgang kaum von der Schaffung eines neuen baulichen Zustands ausgegangen gesehen werden. Auch wenn

73 LG Berlin, Urteil vom 2.12.2003: 64 S 196/03.
74 OLG Celle, NJW 1981, 1625, 1626; Schmidt-Futterer-Börstinghaus, § 559 Rn. 164.
75 Bamberger/Roth-Ehlert, § 559 Rn. 22.
76 Blank/Börstinghaus-Börstinghaus, § 559 Rn. 8.
77 Kinne, ZMR 2003, 396, 396.
78 AG Hoyerswerder, WuM 1997, 228, 229.
79 Kinne, ZMR 2003, 396, 396.
80 Bamberger/Roth-Ehlert, § 559 Rn. 22; Staudinger-Emmerich, § 559 Rn. 18.
81 Bamberger/Roth-Ehlert, § 559 Rn. 22; Schmidt-Futterer-Börstinghaus, § 559 Rn. 43.
82 Staudinger-Emmerich, § 559 Rn. 18.

die möglichst weitreichende Verbreitung von Energiesparlampen unter vielen Gesichtspunkten wünschenswert sein mag, so kann § 559 Absatz 1 hier dennoch nicht einschlägig sein. In der Begründung zum Regierungsentwurf[83] werden Energiesparlampen merkwürdigerweise[84] in nahezu demselben Kontext aufgezählt. Dies vermag jedoch nichts daran zu ändern, dass in diesem Fall die Voraussetzungen der der baulichen Maßnahme schlichtweg nicht vorliegen.[85]

dd) Luxusmodernisierungen

Der Begriff der Luxusmodernisierung wird vom Gesetz nicht verwendet. Eine Luxusmodernisierung soll im Falle eines Übermaßes an Verbesserung[86] der Mietsache vorliegen, erfasst werden „besonders aufwendige Maßnahmen (…), die zu unzumutbaren Mieten führen können"[87] oder für den Mieter einen "untragbaren Mehraufwand" bedeutet.[88] Ob eine Maßnahme besonders aufwendig ist, bemisst sich danach, ob ein durchschnittlicher Hauseigentümer die Maßnahme und die damit verbundene Investition durchführen würde.[89] Erhebliche Abgrenzungsprobleme können sich dabei zur noch zulässigen Modernisierung gehobenen Standards ergeben.[90] Dies gilt umso mehr, als dass ein Vermieter nicht gehalten ist, stets die günstigste der zur Disposition stehenden Art der Modernisierung zu wählen. Gleiches gilt für die Wahl der Materialien. Eine bloß luxuriöse Ausführung stellt demnach – jedenfalls nicht ohne weiteres – eine Luxusmodernisierung dar.[91]

Als Beispiel für eine Luxusmodernisierung kann zunächst der nachträgliche Einbau eines Schwimmbades[92] oder einer Sauna[93] genannt werden. Die Erneuerung von noch nicht verbrauchten Kaltwasserleitungen (bereits) zehn Jahre nach ihrer Erneuerung samt Austausch gegen Edelstahlleitungen ist als Luxusmodernisierung eingeordnet worden.[94] Besonders anfällige und exotische Bepflanzungen, die bei der Pflege einen überdurchschnittlichen Aufwand erfordern, sollen ebenfalls eine Luxusmodernisierung darstellen können.[95]

Beispiel für eine lediglich luxuriöse Ausführung – und damit keine Luxusmodernisierung – ist der Einbau von Fensterrahmen aus Mahagoniholz anstelle von Kiefernholz.[96]

83 BT-Drucksache 14/4553, S. 49 (rechte Spalte).
84 So: Staudinger-Emmerich, § 559 Rn. 18.
85 Staudinger-Emmerich, § 559 Rn. 18; Bamberger/Roth-Ehlert, § 559 Rn. 22.
86 OLG Hamm, NJW 1981, 1622, 1623, 1624.
87 BGH MMR 2005, 680, 681.
88 OLG Hamm, NJW 1981, 1622, 1623.
89 Blank/Börstinghaus-Börstinghaus, § 559 Rn. 10.
90 Anmerkung Eisenschmid zu BGH Report 2005, 1364, 1367 (= BGH, MMR 2005, 680, 682).
91 Blank/Börstinghaus-Börstinghaus, § 559 Rn. 10; Bub/Treier-Schultz, III.A Rn. 569.
92 Scholz, WM 1995, 87, 88; Bub/Treier-Schultz III.A Rn. 569.
93 Bamberger/Roth-Ehlert, § 559 Rn. 24.
94 AG Schöneberg, Urteil vom 11.4.2007: 14 C 561/05.
95 Schmidt-Futterer-Eisenschmid, § 554 Rn. 134.
96 LG Hamburg, WM 1984, 344, 344.

Bei aller Unschärfe des Begriffs der Luxusmodernisierung besteht in Rechtsprechung und Literatur weitgehend Einigkeit darüber, dass Luxusmodernisierungen schon nicht unter den Begriff der baulichen Maßnahme fallen. Dies hat zur Folge, dass der Mieter die Vornahme einer Luxusmodernisierung weder nach § 554 BGB zu dulden, noch deren Kosten anteilig zu tragen braucht.[97] Als Begründung dafür, dass eine Luxusmodernisierung schon nicht unter den Begriff der baulichen Maßnahme gemäß § 559 Absatz 1 BGB falle, wird angeführt, dass bereits die Voraussetzungen einer baulichen Maßnahme nicht vorliegen.[98] Auch entspreche eine Luxusmodernisierung nicht Sinn und Zweck des § 559 BGB, der darin liege, den Vermieter anzuhalten, in den renovierungsbedürftigen Wohnungsbestand zu investieren.[99]

Bei ergebnisorientierter Betrachtungsweise erscheint es nachvollziehbar, die sogenannte Luxusmodernisierungen von vorneherein aus dem Anwendungsbereich des § 559 BGB herauszunehmen. Es ist kaum einzusehen, den Mieter mit den Kosten letztlich unnötiger, unangebrachter[100] und unwirtschaftlicher Maßnahmen zu belasten. Jedoch überzeugt es nicht vollends, dieses Ergebnis erreichen zu wollen, indem man bereits den Begriff der baulichen Maßnahme so eng auslegt, dass von diesem Luxusmaßnahmen schon nicht erfasst werden. Problematisch ist es ist es insbesondere anzunehmen, im Falle einer Luxusmodernisierung liege schon begrifflich keine bauliche Maßnahme vor. Dies gilt umso mehr, als dass sonst stets die „sehr weite Auslegung" des Begriffs der baulichen Maßnahme betont wird.[101] Das Problem wird umso deutlicher, wenn man sich das in diesem Kontext regelmäßig angeführte Beispiel für eine Luxusmodernisierung, das nachträglich in ein vermietetes Gebäude eingebaute Schwimmbad, näher betrachtet. Beim Einbau eines Schwimmbades in ein bestehendes Gebäude kommt es in der Regel zu Abbruch- oder/und Mauerarbeiten. Auch dürften sonstige Arbeiten an der Gebäudesubstanz erforderlich sein um beispielsweise die Wasserversorgung des neuen Schwimmbades installieren zu können. All dies führt aber doch unzweifelhaft zu einem neuen oder veränderten baulichen Zustand gemäß der Definition der baulichen Maßnahme. Auch ein gemäß der dargestellten Definition der baulichen Maßnahme erforderlicher sachlicher Zusammenhang eines Schwimmbades mit dem Mietgebrauch ist keinesfalls von vorneherein ausgeschlossen. Dies dürfte umso mehr für hochwertige Komfortwohnanlagen gelten, die schon von Errichtung an über weit überdurchschnittlichen Komfort, z.B. eine Sauna o.ä., jedoch noch nicht über ein Schwimmbad verfügen.

Es bleibt festzuhalten, dass nach der Definition der baulichen Maßnahme der nachträgliche Einbau eines Schwimmbades in ein bestehendes Gebäude, entgegen der ganz herrschenden Ansicht, eine bauliche Maßnahme darstellt.[102] Dies zeigt, dass die all-

---

97 BGH MMR 2005, 680, 681; OLG Hamm NJW 1981, 1622, 1623; MüKo-Artz § 559 Rn. 11; Schmidt-Futterer-Börstinghaus, § 559 Rn. 50; Staudinger-Emmerich § 559 Rn. 17; Blank/ Börstinghaus-Börstinghaus, § 559 Rn. 10; BT-Drucksache 9/2079, S. 2, S.10 (linke Spalte).

98 Schmidt-Futterer-Börstinghaus, § 559 Rn. 50; Staudinger-Emmerich, § 559 Rn. 17; MüKo-Artz, § 559 Rn. 1; Bamberger/Roth- Ehlert, § 559 Rn. 24.

99 Blank/Börstinghaus-Börstinghaus, § 559 Rn. , 10.

100 Bub/Treier-Schultz III.A Rn. 569.

101 Blank/Börstinghaus-Börstinghaus, § 559 Rn. 8; Schmidt-Futterer-Börstinghaus, § 559 Rn. 41; Bamberger/Roth-Ehlert, § 559 Rn. 21.

102 Diesen Widerspruch offenbar hinnehmend: Staudinger-Emmerich, § 559 Rn. 17.

gemein verwendete Definition der baulichen Maßnahme nicht konsequent verwendet wird. Die Ausklammerung der Luxusmaßnahmen aus dem Begriff der baulichen Maßnahme durch die meisten Autoren stellt sich vielmehr als logischer Bruch dar.

Der Weg dorthin, Luxusmodernisierungen aus dem Anwendungsbereich von § 559 Absatz 1 BGB herauszunehmen, kann nicht schon über eine von der allgemein anerkannten Definition des Begriffs der baulichen Maßnahme abweichende Auslegung des Begriffs beschritten werden. Richtigerweise müsste die Berücksichtigung des Mieterinteresses daher nicht beim Begriff der baulichen Maßnahme, sondern vielmehr beim Begriff der Modernisierung im Sinne der Legaldefinition des § 559 Absatz 1 Variante 1 BGB erfolgen. Der Begriff der Modernisierung ist interpretierbar, unterliegt einem gesellschaftlichen Wandel und ist abhängig von den sich ständig ändernden technischen Möglichkeiten. Dies gilt nicht nur innerhalb der einzelnen Varianten der Legaldefinition, sondern auch außerhalb, also für den Begriff als solchen. Der Begriff der Modernisierung enthält schließlich schon vom allgemeinen Sprachgebrauch her eine Komponente ("Mode", "modern" etc.), die eine Anpassung an einen aktuellen Stand der Technik durchaus miteinschließt. Diese Komponente enthält auch Attributen wie zeittypisch, zeitgemäß, dem (heutigen) Zeitgeschmack entsprechend etc. Dadurch beinhaltet zwangsläufig auch der Begriff der Modernisierung eine starke Komponente, die auf Aktualität oder Zeittypizität abzielt. Was beispielsweise in den 1970er Jahren als technisch zeitgemäß galt, war möglicherweise schon 1980 technisch veraltet. Ebenso hat verändert sich der Zeitgeschmack innerhalb relativ kurzer Zeit. Regelmäßig geänderte und/oder angepasste DIN Normen bezüglich Bauausführung oder Bautechnik oder Immissionen lassen sich ebenfalls als Beispiel anführen.

Anders ist es bei dem technisch geprägten Begriff der baulichen Maßnahme. Dieser ist in seiner Struktur und Bedeutung eher starr und daher kaum geeignet, Anknüpfungspunkt für die Berücksichtigung der Interessen des Mieters zu sein. Es ließe sich daher argumentieren, bereits aus Sinn und Zweck der Vorschrift des § 559 Absatz 1 BGB ergebe sich, dass eine Luxusmodernisierung keine Modernisierung gemäß der Legaldefinition darstellt, da Sinn und Zweck der Vorschrift neben weiteren (s.o.) wie dem Schutz des Mieters auch das Interesse der Allgemeinheit an dem Erhalt des Wohnungsbestandes dem zuwiderliefe. Die Allgemeinheit hat sicherlich ein Interesse an der Bestandspflege, jedoch nicht an Übermaß im Sinne einer Luxusmodernisierung.

2. Grundvoraussetzung: „durchgeführt hat"

Die bauliche Maßnahme muss vom Vermieter als Bauherr während des Laufes des Mietverhältnisses durchgeführt worden sein.[103] Bauherr gemäß § 559 BGB ist derjenige, der eine Baumaßnahme im eigenen Namen und auf eigene Rechnung durchführt oder durchführen lässt.[104] Dabei kommt es freilich nicht darauf an, ob der Vermieter die Arbeiten selbst ausgeführt hat oder von anderen für sich und auf seine Rechnung

---

103 OLG Hamm, NJW 1983, 2331, 2332; Staudinger-Emmerich, § 559 Rn. 16, MüKo-Artz, § 559 Rn. 12; Schmid-Riecke, § 559 Rn. 14.
104 Schmidt-Futterer-Börstinghaus, § 559 Rn. 31.

hat durchführen lassen.[105] So ist es unschädlich, wenn der Vermieter einen Architekten oder Generalunternehmer beauftragt, der dann die Aufträge für die einzelnen Gewerke im eigenen Namen erteilt. Da der Vermieter in diesem Fall weiterhin derjenige ist, der das „Ob", „Wann" und „Wie" der Maßnahme bestimmt und die Kosten zu tragen hat, ist er Bauherr.[106] Führt jedoch ein Dritter, beispielsweise ein Wärmelieferant als sogenannter Wärmecontractor, die baulichen Maßnahmen auf eigene Kosten bzw. auf eigene Rechnung durch, dann kann der Vermieter für diese Maßnahmen nicht mehr Bauherr sein.[107] Ebenso wird die Bauherreneigenschaft des Vermieters dann verneint, wenn der Vermieter lediglich Kostenträger ist, wie es bei städtischen Erschließungsmaßnahmen von Grundstücken zum Beispiel beim Kanalanschluss und den Bürgersteig[108] regelmäßig der Fall ist, da in diesen Fällen der Erschließungsaufwand nicht auf baulichen Maßnahmen des Vermieters beruht.[109]

3. Nachhaltige Erhöhung des Gebrauchswerts

Nach der Legaldefinition des Modernisierungsbegriffs in § 559 Absatz 1 Variante 1 BGB liegt eine Modernisierung unter anderem dann vor, wenn eine bauliche Maßnahme den Gebrauchswert einer Mietsache nachhaltig erhöht.

a) Erhöhung des Gebrauchswerts

Der Gebrauchswert einer Mietsache ist nach allgemeiner Meinung dann erhöht, wenn infolge der durchgeführten baulichen Maßnahme das Wohnen aus der Sicht eines durchschnittlichen und vernünftigen Mieters angenehmer, bequemer, gesünder, sicherer oder weniger arbeitsaufwendig wird.[110] Vereinfacht ausgedrückt muss es zu einer Verbesserung der Nutzungsmöglichkeit (einschließlich des Komforts) kommen.[111] Aus der nicht abschließenden Aufzählung des § 4 Absatz 1 ModEnG a.F. wird heute noch gefolgert, dass der Begriff der Gebrauchswerterhöhung grundsätzlich weit auszulegen ist.[112]

Beispiele für eine Erhöhung des Gebrauchswerts lassen sich dem auch heute noch zur Auslegung des Begriffs herangezogenen § 4 Absatz 1 ModEnG a.F. entnehmen. Beispielhaft seien nur Maßnahmen zur Verbesserung des Zuschnitts der Wohnung, der Belichtung und Belüftung oder der sanitären Einrichtungen genannt. Aber auch die

---

105 BGH, NJW 2006, 2185, 2186.
106 Schmidt-Futterer-Börstinghaus, § 559 Rn. 31; Bamberger/Roth-Ehlert, § 559 Rn. 15.
107 BGH NJW 2006, 2185, 2186; MüKo-Artz, § 559 Rn. 12; Palandt-Weidenkaff, § 559 Rn. 6.
108 AG Oschersleben, WM 1995, 592, 593.
109 LG Hildesheim, WM 1985, 340, 341; Bamberger/Roth-Ehlert, § 559 Rn. 18; Scholz, WM 1995, 87, 88.
110 LG München I, WuM 1989, 27, 27; Müko-Artz, § 559 Rn. 14; Schmidt-Futterer-Börstinghaus § 559 Rn. 59; Kinne, ZMR 2003, 396, 396.
111 Jauernig-Teichmann § 559, § 559 a und § 559 b Rn. 2.
112 Schmidt-Futterer-Börstinghaus, § 559 Rn. 60; Bamberger/Roth-Ehlert, § 559 Rn. 26 a.

Installation eines Geschirrspüler- und Waschmaschinenanschlusses in der Küche[113] oder der Einbau einer Gegensprechanlage[114] kann den Gebrauchswert einer Mietsache erhöhen. Hingegen wird bei bloßen Verschönerungsmaßnahmen wie beispielsweise dem Ersatz noch voll funktionsfähiger Bauteile durch bessere, neuere Teile die Erhöhung des Gebrauchswertes verneint.[115]

Der uneingeschränkte Rückgriff auf § 4 Absatz 1 ModEnG a.F. zur Auslegung des Begriffs der Gebrauchswerterhöhung ist jedoch problematisch. Schon das unter § 4 Absatz 1 Satz 1 Nr. 1 ModEnG a.F. genannte Beispiel der *Maßnahme der Verbesserung des Zuschnitts* kann nicht in allen Fällen eine Gebrauchswerterhöhung darstellen. Innerhalb des mietrechtlichen Modernisierungsbegriffs fallen nämlich solche Maßnahmen weder unter § 4 Absatz 1 Satz 1 Nr. 1 ModEnG a.F., noch unter § 559 Absatz 1 BGB, durch welche die Nutzfläche einer Wohnung vergrößert wird. Dies kann bereits mit dem Begriff des "Zuschnitts" begründet werden, der eine Vergrößerung der Wohnfläche kaum miterfassen kann. Eine Maßnahme, durch welche die Nutzfläche einer Wohnung vergrößert, stellt daher eine Änderung des Vertragsgegenstandes dar, insofern kann die Maßnahme nicht § 554 BGB und § 559 BGB unterfallen. Die Zulässigkeit einer baulichen Maßnahme zu Vergrößerung der Nutzfläche beurteilt sich allein nach § 242 BGB.[116]

Als Maßstab für die Feststellung einer Gebrauchswerterhöhung ist zunächst der (ursprünglich geschuldete)[117] Zustand der Mietsache vor Durchführung der baulichen Maßnahme durch den Vermieter zu ermitteln. Dieser Zustand wird durch den Inhalt des Mietvertrags bestimmt, § 535 Absatz 1 BGB. Maßgeblich ist also der vertragsgemäße Gebrauch der Mietsache. Dieser vertragsgemäße Gebrauch der vermieteten Wohnung oder auch mitvermieteter Haus- oder Grundstücksteile muss für den Mieter durch eine bauliche Maßnahme vermehrt, also erleichtert oder verbessert werden.[118]

Ob nach der oben genannten Definition eine Gebrauchswerterhöhung vorliegt oder nicht, wird nach heute herrschender Meinung unter Zugrundelegung objektiver Gesichtspunkte bestimmt.[119] Maßstab ist der bereits erwähnte durchschnittliche und vernünftige[120] – also gewissermaßen typisierte[121] – Mieter.

Demzufolge kann sich ein Mieter nicht mit Erfolg darauf berufen, dass die durch die bauliche Maßnahme entstandene objektive Verbesserung der Mietsache ihm persönlich keinen Vorteil bringe.[122] Typische nicht berücksichtigungsfähige Einwände

---

113 AG Schöneberg, Urteil vom 11.4.2007: 14 C 561/05.
114 Schmid-Riecke, § 559 Rn. 16.
115 Schmid-Riecke, § 559 Rn. 17.
116 Staudinger-Emmerich, § 559 Rn. 25.
117 Staudinger-Emmerich, § 559 Rn. 22. .
118 Staudinger-Emmerich, § 559 Rn. 22.
119 LG Berlin, Grundeigentum 2003, 122, 123; LG München I, WuM 1989, 27, 28; Schmidt-Futterer-Börstinghaus, § 559 Rn. 60; Staudinger-Emmerich, § 559 Rn. 22; MüKo-Artz, § 559 Rn. 14; Bamberger/Roth-Ehlert, § 559 Rn. 26 a.
120 LG München I, WuM 1989, 27, 27; Müko-Artz, § 559 Rn. 14; Schmidt-Futterer-Börstinghaus § 559 Rn. 59; Kinne, ZMR 2003, 396, 396.
121 Jauernig-Teichmann § 559, § 559 a und § 559 b Rn. 2.
122 BGH, MMR 2005, 680, 681; KG Berlin, NJW 1985, 2031, 2031; LG Berlin, Grundeigentum 2003, 122, 123; LG München I, WuM 1989, 27, 27; MüKo-Artz, § 559 Rn. 14.

des Mieters sind an dieser Stelle z.B. bei vom Vermieter beabsichtigtem Einbau eines Bades der Einwand des Mieters, dass er generell nicht bade,[123] bei beabsichtigtem Anschluss der Wohnung an das Breitbandkabelnetz der Einwand des Mieters, er besitze keinen Fernseher[124] oder bei dem Anbau eines Balkons, dieser werde von ihm, dem Mieter, nicht benötigt.[125]

Aus diesen Ausführungen könnte nun der Schluss gezogen werden, dass der Begriff der Nachhaltigkeit generell – also nicht nur im Falle Einsparung von Energie oder Wasser, sondern auch im Falle der Erhöhung des Gebrauchswertes – weit auszulegen sei.[126]

b) Nachhaltigkeit im Sinne der herrschenden Meinung

Die Erhöhung des Gebrauchswertes der Mietsache muss ferner nachhaltig sein. Der Begriff der Nachhaltigkeit wird von der herrschenden Meinung überwiegend so ausgelegt, dass die Gebrauchswerterhöhung nicht nur zeitweise eintreten darf, sondern vielmehr von Dauer sein – und objektiv gewisses Ausmaß aufweisen muss.[127] Der Begriff der Nachhaltigkeit hat damit eine zeitliche Dimension.[128] Maßnahmen, die nur für einen befristeten Zeitraum (also saisonal) vorgenommen werden, sind demnach nicht als nachhaltig anzusehen.[129] Der Wohnwert muss sich also spürbar, eindeutig feststellbar und dauerhaft positiv verändert haben.[130] Ganz geringfügige Änderungen, die nicht geeignet sind, den Wohnwert zu erhöhen, wie zum Beispiel das Verlegen von Teppich statt Filzfußboden,[131] sollen ebenfalls nicht ausreichen.[132] Derartig geringfügige Änderungen müsse ein Mieter zwar unter den Voraussetzungen des § 554 BGB dulden, der Vermieter sei aber nicht berechtigt, wegen solcher geringfügigen Maßnahmen die Miete zu erhöhen.[133] Nutznießer der Maßnahme muss im Übrigen (bei objektiver Sichtweise) der Mieter sein. Soweit eine Maßnahme lediglich eine Erleichterung oder eine Kostensenkung für den Vermieter bedeutet, so unterfällt sie nicht dem Begriff der Modernisierung.[134] Die in §§ 3 und 4 ModEnG a.F. enthaltenen Aufzäh-

---

123 MüKo-Artz, § 559 Rn. 14.
124 KG Berlin, NJW 1985, 2031, 2033.
125 LG Berlin, Grundeigentum 2007, 721, 721; LG München I, WuM 1989, 27, 27.
126 So: Staudinger-Emmerich, § 559 Rn. 23.
127 BGH NJW 2002, 2036, 2037; Palandt-Weidenkaff § 559 Rn 9; Staudinger-Emmerich § 559 Rn 23; Schmidt-Futterer-Börstinghaus, § 559 Rn. 61 und 62; MüKo-Artz, § 559 Rn. 59; Schmid-Riecke, § 559 Rn. 18; Bub/Treier-Schultz, III.A Rn. 568; Sternel, NZM 2001, 1058, 1060.
128 Schmid-Riecke, § 559 Rn. 18.
129 Schmid-Riecke, § 559 Rn. 18.
130 Staudinger-Emmerich § 559 Rn 23.
131 Hier dürfte bereits die bauliche Maßnahme zweifelhaft sein.
132 Palandt-Weidenkaff, § 559 Rn. 9.
133 Blank/Börstinghaus-Börstinghaus, § 559 Rn. 13.
134 Staudinger-Emmerich, § 559 Rn. 23.

lungen können zur Auslegung des Begriffs der Nachhaltigkeit weiterhin herangezogen werden.[135]

Eine nachhaltige Gebrauchswerterhöhung wird regelmäßig in der Installation einer Zentralheizung[136] oder dem nachträglichen Anbau eines Balkons[137] gesehen werden können. Hingegen wird man die Nachhaltigkeit einer eventuellen Gebrauchswerterhöhung bei einer nur für die Sommermonate fest installierten Klimaanlage oder einer nur für die Sommermonate fest installierten Außenmarkise wohl nicht annehmen können.

aa) Bestimmter Mindestumfang erforderlich?

Der Begriff der Nachhaltigkeit beinhaltet nach oben Gesagtem neben einem Zeitfaktor also auch eine Komponente, die den Umfang der Maßnahme betrifft. Dieser Umfang wird auch als Überschreitung eines gewissen Mindestmaßes bezeichnet.[138] Während hinsichtlich des Zeitfaktors offenbar Einigkeit besteht, so ist indes unklar, ob tatsächlich ein gewisser Mindestumfang erforderlich ist.

(1) BGH zur Nachhaltigkeit der Einsparung von Energie

Aufgrund eines Urteils des BGH[139] aus dem Jahre 2002 könnten sich Zweifel an der bisherigen Auslegung des Begriffs der Nachhaltigkeit ergeben. Der BGH vertrat dort zur dritten Variante der Legaldefinition des Modernisierungsbegriffs des § 559 Absatz 1 BGB die Ansicht, eine Einsparung von Energie sei schon dann nachhaltig im Sinne des § 3 MHRG a.F., wenn überhaupt eine messbare Einsparung an Heizenergie erzielt werde und diese dauerhaft sei. Für den Begriff der Nachhaltigkeit sei nicht die Feststellung einer bestimmten Mindestenergieeinsparung erforderlich. Aus diesen Ausführungen könnte nun der Schluss gezogen werden, dass der Begriff der Nachhaltigkeit generell – also nicht nur im Falle Einsparung von Energie oder Wasser, sondern auch im Falle der Erhöhung des Gebrauchswertes – weit auszulegen sei.[140]

Diese Sichtweise ist jedoch nicht unproblematisch. Es ist fraglich, ob die Äußerungen des BGH zum Begriff der Nachhaltigkeit in Fall der Einsparungen von Energie oder Wasser tatsächlich auf den Begriff der Nachhaltigkeit hinsichtlich der Erhöhung des Gebrauchswertes übertragbar sind. Diese Vorgehensweise in Form der Übertragung verkennt nämlich die unterschiedlichen Schutz- und Zweckrichtungen der beiden

---

135 Staudinger-Emmerich § 559 Rn. 23; Schmidt-Futterer-Börstinghaus Rn 58; Sternel PiG 1993, 41, 45, 48; Bamberger/Roth-Ehlert, § 559 Rn. 26.
136 LG München, WM 1989, 27, 28.
137 LG München, WM 1989, 27, 28.
138 Ähnlich: Jauernig-Teichmann § 559, § 559 a und § 559 b Rn. 2; Müko-Artz § 559 Rn 62; einschränkend: Bamberger/Roth-Ehlert, § 559 Rn. 26 a; Sternel, NZM 2001, 1058, 1060; Sonnenschein PiG 1983, 13, 65, 72.
139 BGH NJW 2002, 2036, 2037, bestätigt durch BGH NJW 2004, 1738, 1739.
140 So: Staudinger-Emmerich, § 559 Rn. 23.

in Rede stehenden Varianten der Legaldefinition des Modernisierungsbegriffs gemäß § 559 Absatz 1 BGB. Während der ersten Variante der Legaldefinition (nachhaltige Erhöhung des Gebrauchswertes) erkennbar mehrere und unterschiedlich Zweck- und Schutzrichtungen zugrunde liegen wie beispielsweise der Wohnungspolitische Zweck, eine permanente Modernisierung des Wohnungsbestandes zu erreichen und dabei gleichzeitig sowohl Mieter als auch Vermieterinteressen zu berücksichtigen, so dürfte bei der dritten Variante (nachhaltige Einsparung von Energie oder Wasser) der Umweltschutzgedanke im Vordergrund stehen.[141] Der ersten Variante der Legaldefinition liegen also sowohl individual als auch Allgemeininteressen zugrunde, während die dritte Variante primär auf Allgemeininteressen abstellt. Die Vorschrift des § 559 Absatz 1 BGB dient demnach, ähnlich wie einige steuerrechtliche Vorschriften, letztlich als Instrumentarium oder Vehikel, um ordnungs- und umweltpolitische Zielvorgaben zu verwirklichen.[142]

Der BGH hat indes ausdrücklich den Fall der *nachhaltigen Einsparungen der Energie* entschieden. Ausführungen zur Nachhaltigkeit der Erhöhung des Gebrauchswertes finden sich in dem Urteil nicht. Ebenso finden sich in diesem Urteil keine Hinweise drauf, dass der Begriff der Nachhaltigkeit vom BGH in allgemeingültiger Weise, also auch für die Erhöhung des Gebrauchswertes gelten soll. Verlässliche Argumente oder Anhaltspunkte für eine Übertragbarkeit der vom BGH vorgenommenen Auslegung des Begriffs der Nachhaltigkeit von Energieeinsparungen auf die der Erhöhung des Gebrauchswertes finden sich in dem Urteil ebenso nicht. Im Gegenteil deutet vieles darauf hin, dass die vom BGH vorgenommene Auslegung des Begriffs der Nachhaltigkeit gerade nicht auf die Erhöhung des Gebrauchswertes übertragen werden kann.

Gegen eine Übertragbarkeit sprechen bereits die unterschiedlichen Zweck und Schutzrichtungen der ersten und dritten Variante der Legaldefinition des Modernisierungsbegriffs. Wenn man diese unterschiedlichen Zweck- und Schutzrichtungen bei der Frage der Übertragbarkeit berücksichtigt, wird deutlich, dass eine Gleichbehandlung des Begriffs der Nachhaltigkeit bei der ersten der und der dritten Variante Legaldefinition nicht schlüssig ist. Vor allem ist nicht so recht klar, warum die eine Maßnahme, durch die Energie eingespart wird wodurch letztlich die Allgemeinheit Vorteile erlangt, gleich behandelt werden soll mit dem Fall, in dem „lediglich" der Gebrauchswert der Mietsache erhöht wird oder wurde, wodurch primär auf Allgemeininteressen abgestellt wird.

Im Übrigen ist dem BGB die Verwendung gleichlautender Begriffe mit unterschiedlichen Bedeutungen keinesfalls fremd; so wird beispielsweise der Begriff der Sache in § 90 BGB zwar legaldefiniert in dem Sinne, dass Sachen nur körperliche Gegenstände sein sollen. Inwieweit der Sachbegriff von § 90 BGB auf Vorschriften außerhalb des dritten Buches des BGB anzuwenden ist, ist jedoch jeweils nach dem Sinn und Zweck der einzelnen Vorschriften zu entscheiden.[143] Beispielsweise kann es im Anwendungsbereich von § 119 Absatz 2 BGB oder § 849 BGB aufgrund der Umstände des jeweiligen Einzelfalles möglich sein, den Begriff der Sache anders auszu-

---

141 BGH NJW 2002, 2036, 2037; Staudinger-Emmerich, § 559 Rn. 31.
142 Schmidt-Futterer-Börstinghaus, § 559 Rn. 7.
143 BGH NJW 2008, 1084, 1084.

legen und nicht lediglich auf körperliche Gegenstände zu beschränken. So können beispielsweise Sachen gemäß § 119 Absatz 2 BGB auch nichtkörperliche Gegenstände sein.[144] Ebenso erfasst § 849 BGB auch jede andere Form von Geld als Sache.[145]

In dem oben genannten Urteil des BGH finden sich keine konkreten Anhaltspunkte, die dafür sprechen, dass die eher weite Auslegung des Begriffs der Nachhaltigkeit in den Fällen der Einsparung von Energie (Heizenergie) zwingend auf den Fall der Erhöhung des Gebrauchswertes zu übertragen ist. Aus dem Urteil des BGH lässt sich also keine unangreifbare – auf den Fall der nachhaltigen Erhöhung des Gebrauchswerts übertragbare – Argumentation herleiten.

(2) Argumente gegen das Erfordernis eines Mindestumfangs

Die derzeit übliche Auslegung des Begriffs der Nachhaltigkeit, nach der zusätzlich zu dem Zeitmoment ein gewisses Ausmaß oder ein bestimmter Mindestumfang der Gebrauchswerterhöhung gefordert wird, ist dennoch angreifbar.

Zum einen widerspricht die Sichtweise der wohl herrschenden Meinung bereits dem allgemeinen Sprachgebrauch. Üblicherweise bedeutet Nachhaltigkeit in erster Linie Dauerhaftigkeit im Sinne einer längeren Zeit anhaltenden Wirkung.[146] Demnach geht die Auslegung, die einen bestimmten Mindestumfang verlangt, schon über den Wortlaut des Begriffs der Nachhaltigkeit hinaus.

Zum anderen ist schlichtweg kein Argument ersichtlich, nach welchem ein gewisser Mindestumfang der Maßnahme zwingend erforderlich sein muss. Ein Argument lässt sich auch nicht aus der Aufzählung der einzelnen Maßnahmen aus § 4 ModEnG a.F. ableiten, da sämtliche dort aufgezählte Maßnahmen nicht notwendig einen gewissen Mindestumfang verlangen.

Allenfalls Mieterschutzgründe sprechen für die von der herrschenden Meinung vorgenommene Auslegung des Begriffs der Nachhaltigkeit. Im Gegensatz zur dritten Variante der Legaldefinition können bei der ersten Variante der Legaldefinition Mieterschutzaspekte durchaus berücksichtigt werden. Anders als die dritte Variante, der in erster Linie Allgemeininteressen wie Umweltschutzgedanken zugrunde liegen, dient die erste Variante unter anderem auch dem Schutz des Mieters. Um diesen effektiv gewährleisten zu können, erscheint als Voraussetzung für den Begriff der Nachhaltigkeit ein Umstandsmoment in Form eines gewissen Mindestumfangs durchaus sinnvoll.

Es ist aber zu berücksichtigen, dass der Gedanke des Mieterschutzes nur einer von mehreren Zweck- und Zielrichtungen der ersten Variante der Legaldefinition des Modernisierungsbegriffs des § 559 Absatz 1 BGB darstellt. Daher sollten die Anforderungen an die Annahme eines „gewissen Mindestumfangs" nicht überspannt werden. Eine in der Tendenz weite Auslegung des Begriffs der Nachhaltigkeit erscheint daher

---

144 Palandt-Sprau, § 119 Rn. 27; Bamberger/Roth-Wendland, § 119 Rn. 43.
145 BGH NJW 2008, 1084, 1084; Bamberger/Roth-Spindler, § 849 Rn. 2; MüKo-Wagner, § 849 Rn. 5; Palandt-Sprau, § 849 Rn. 1.
146 Duden, Deutsches Universalwörterbuch.

angebracht. Mit einer so vorgenommenen weiten Auslegung dürfte auch der die Wortlautgrenze des Begriffs der Nachhaltigkeit nicht überstrapaziert werden.

bb) Ergebnis

Der Begriff der Nachhaltigkeit im Sinne der ersten Variante der Legaldefinition des Modernisierungsbegriffs ist inhaltlich nicht identisch mit dem gleichlautenden Begriff innerhalb der dritten Variante der Legaldefinition. Die Gebrauchswerterhöhung erfordert neben dem Zeitmoment objektiv ein gewisses Ausmaß.

c) Gesamtergebnis

Die Erhöhung des Gebrauchswertes im Sinne des § 559 Absatz 1 BGB setzt voraus, dass infolge der durchgeführten baulichen Maßnahme das Wohnen aus Sicht eines durchschnittlichen und vernünftigen Mieters angenehmer, bequemer, gesünder, sicherer oder weniger arbeitsaufwendig wird. Der Begriff der Nachhaltigkeit setzt daneben voraus, dass die Gebrauchswerterhöhung nicht nur zeitweise eintreten darf, sondern vielmehr von Dauer sein – und objektiv ein gewisses Ausmaß aufweisen muss.

4. Verbesserung der allgemeinen Wohnverhältnisse auf Dauer

a) Voraussetzungen

Die zweite Variante der Legaldefinition des Modernisierungsbegriffs des § 559 Absatz 1 BGB ermöglicht dem Vermieter die Miete zu erhöhen, soweit er bauliche Maßnahmen durchgeführt hat, die zur dauerhaften Verbesserung der allgemeinen Wohnverhältnisse führen. Dieser Teil der Legaldefinition ist § 4 Absatz 2 ModEnG a.F. nachgebildet. Nach dieser Vorschrift sind bauliche Maßnahmen, die die allgemeinen Wohnverhältnisse verbessern, insbesondere die Anlage und der Ausbau von nicht öffentlichen Gemeinschaftsanlagen wie Kinderspielplätzen,[147] Grünanlagen, Stellplätzen und anderen Verkehrsanlagen. Aus § 3 Absatz 5 ModEnG a.F., der ebenso auch heute noch zur Auslegung des Modernisierungsbegriffs herangezogen wird, lässt sich ableiten, dass sich die baulichen Maßnahmen – sofern sie der Wohnung zugute kommen – auch auf Gebäudeteile außerhalb der Wohnungen erstrecken können. § 3 Absatz 5 ModEnG a.F. zählt als weitere mögliche Objekte, auf die sich die bauliche Maßnahme erstrecken kann, zur Wohnung zugehörige Nebengebäude, das Grundstück als solches und dessen unmittelbare Umgebung auf.

---

147 Zu der Problematik, ob es durch das Anlegen eines Kinderspielplatzes zu einer Verbesserung der allgemeinen Wohnverhältnisse kommt: siehe Seite 114.

Erfasst werden demnach primär sogenannte Außenmodernisierungen, also bauliche Maßnahmen, die auf eine Verbesserung des Wohngebäudes und des Wohnumfelds gerichtet sind.[148] Solche betreffen zumeist die nicht öffentlichen Gemeinschaftsanlagen oder sonstige die Wohnung umgebenden und mitvermieteten Teile des Hauses und des Grundstücks.[149] Die auf dieser Alternative beruhende zulässige Mieterhöhung rechtfertigt sich dadurch, dass die Qualität einer Wohnung freilich nicht nur durch den Zustand der eigentlichen Räume bestimmt wird, sondern vielmehr dadurch, dass der Mieter neben den Wohnräumen auch die mitvermieteten Teile des Wohngrundstücks zeitgemäß nutzen kann.[150]

Der an die Verbesserung der allgemeinen Wohnverhältnisse anzulegende Maßstab ist – wie bei der nachhaltigen Erhöhung des Gebrauchswerts – objektiv zu bestimmen. Es kommt auch hier auf den Standpunkt eines durchschnittlichen, vernünftigen Mieters an sowie auf den Vergleich zum ursprünglich vertraglich geschuldeten Zustand der Mietsache.[151] Wird nun eine bauliche Maßnahme an einem Wohngebäude durchgeführt, so müssen die Gebrauchsvorteile wie auch schon bei der ersten Variante der Legaldefinition nicht jedem Mieter sogleich und mit demselben Nutzen zugute kommen. Deshalb stellt es beispielsweise eine Gebrauchswerterhöhung dar, wenn eine Garage gebaut oder ein Fahrradständer[152] installiert werden, selbst wenn der einzelne Mieter weder Halter eines Fahrzeuges noch Eigentümer eines Fahrrades ist. Ebenso wird man eine Gebrauchswerterhöhung bejahen können, wenn in einem Mietshaus, in welchem die meisten Mieter in ihrer Wohnung eine eigene Waschmaschine angeschlossen haben, im Keller eine Münzwaschmaschine installiert wird.

Generell reicht es aus, dass der objektive Gebrauchswert des Wohnhauses insgesamt erhöht worden ist.[153] Diese Gebrauchswerterhöhung muss dem Gesetzeswortlaut zufolge von Dauer, also nicht nachhaltig sein. Ausgeschlossen werden hier Maßnahmen, die keine bestimmte Qualität haben und nur kurzfristig wirken.[154] Der sich hieraus ergebende Unterschied wird jedoch als sachlich kaum[155] oder sogar als gar nicht[156] ins Gewicht fallend bezeichnet. Der (lediglich sprachliche) Unterschied zwischen „Nachhaltig" und „auf Dauer" lässt sich mit dem Willen des Gesetzgebers erklären, den Sprachgebrauch des § 559 BGB demjenigen der vergleichbaren Vorschriften für preisgebundenen Wohnraum anzugleichen.[157]

Die eigenständige Bedeutung dieses Teils der Legaldefinition des Modernisierungsbegriffs wird durchweg als gering eingestuft, da die meisten baulichen Maßnahmen, die dieser Alternative unterfallen können, bereits unter die erste Alternative der Legaldefinition des Modernisierungsbegriffs des § 559 Absatz 1 BGB zu subsumieren

---

148 Bamberger/Roth-Ehlert, § 559 Rn. 27.
149 Gramlich, § 559 Nr. 5; Blank/Börstinghaus-Börstinghaus, § 559 Rn. 14; Jauernig-Teichmann, § 559, § 559 a, § 559 b Rn. 3.
150 Bamberger/Roth-Ehlert, § 559 Rn. 27.
151 Staudinger-Emmerich, § 559 Rn. 29.
152 Schmid-Riecke, § 559 Rn. 19.
153 Schmidt/Futterer-Börstinghaus, § 559 Rn. 63.
154 Hannemann/Wiegner-Lutz, § 35 Rn. 112.
155 Staudinger-Emmerich, § 559 Rn. 29; Schmid-Riecke, § 559 Rn. 19.
156 Schmidt-Futterer-Börstinghaus, § 559 Rn. 65.
157 Schmidt-Futterer-Börstinghaus, § 559 Rn. 65; Bamberger/Roth-Ehlert, § 559 Rn. 27.

seien[158] und demnach bereits eine nachhaltige Erhöhung des Gebrauchswertes der Mietsache darstellen.

Typische Beispiele für eine Maßnahme, die zur Verbesserung der allgemeinen Wohnverhältnisse auf Dauer führt, sind im Außenbereich das Anlegen und der Ausbau der bereits o.g. nicht öffentlichen Gemeinschaftsanlagen wie Kinderspielplätzen,[159] Einrichtung einer Feuerwehrzufahrt,[160] Grünanlagen und Stellplätzen.[161] Im Innenbereich fällt insbesondere der Bau oder die Errichtung weiterer Gemeinschaftseinrichtungen wie z. B.[162] einer Waschküche, eines Trockenraumes, eines Fahrradkellers, eines Hobby- oder Partykellers sowie einer Gemeinschaftsantenne oder einer Gemeinschaftsparabolantenne unter diese Alternative.[163]

b) Gesamtergebnis

Eine Verbesserung der allgemeinen Wohnverhältnisse auf Dauer betrifft in erster Linie Außenmodernisierungen. Ob eine Verbesserung der allgemeinen Wohnverhältnisse vorliegt, wird objektiv bestimmt.

5. Nachhaltige Einsparungen von Energie oder Wasser

Als dritte Möglichkeit für eine Modernisierung nennt die Legaldefinition des § 559 Absatz 1 bauliche Maßnahmen, die nachhaltig Einsparungen von Energie oder Wasser bewirken. Anders noch als die Vorgängervorschrift § 4 Absatz 3 ModEnG a.F. erfasst § 559 Absatz 1 BGB in der dritten Variante der Legaldefinition nicht nur Heizenergie, sondern nunmehr alle Arten von Energie.

a) Einsparung von Energie oder Wasser

Der Begriff der Energie- und wassersparenden baulichen Maßnahmen wird generell weit ausgelegt.[164] Die weite Auslegung resultiert nicht nur aus der umfangreichen Aufzählung der heizenergiesparenden Maßnahmen der Vorgängervorschrift, sondern auch und vor allem aus dem Sinn und Zweck der Vorschrift in ihrer aktuellen Fassung.[165]

---

158 Staudinger-Emmerich, § 559 Rn. 28; MüKo, § 559 Rn. 16; Bamberger/Roth-Ehlert, § 559 Rn. 27.
159 AG Hamburg-Altona, WuM 2005, 778, 778.
160 AG Hamburg-Altona, WuM 2005, 778, 779.
161 Palandt-Weidenkaff, § 559 Rn. 10.
162 Kinne, ZMR 2003, 396, 397.
163 Vgl. auch die Aufzählung bei Staudinger-Emmerich, § 559 Rn. 30.
164 Staudinger-Emmerich, § 559 Rn. 32; Schmidt-Futterer-Börstinghaus, § 559, Rn. 67; Bamberger/Roth-Ehlert, § 559 Rn. 27 a.
165 Bamberger/Roth-Ehlert, § 559 Rn. 27 a.

Die Bezugnahme auf die Vorgängervorschrift ist jedoch nicht gänzlich unproblematisch. Dem sich in der Kommentarliteratur[166] oftmals auftauchenden, pauschal formulierten Hinweis, die Vorschriften des ModEnG (a.F.) könnten zur Auslegung des mietrechtlichen Modernisierungsbegriffs des § 559 Absatz 1 BGB weiter verwendet werden oder seien weiter von Bedeutung,[167] ist zumindest an dieser Stelle ausdrücklich zu widersprechen. Die Vorschrift des § 4 Absatz 1 Satz 1 Nr. 4 ModEnG a.F. bestimmt, dass zu den baulichen Maßnahmen, die den Gebrauchswert der Wohnungen erhöhen, auch solche Maßnahmen zählen, die der *Energieversorgung, der Wasserversorgung und der Entwässerung* dienen. Diese Maßnahmen lassen sich aber nun kaum unter den Begriff der *Einsparung von Energie oder Wasser* des § 559 Absatz 1 BGB subsumieren. Im Gegenteil eignen sich die von § 4 Absatz 1 Satz 1 Nr. 4 ModEnG a.F. genannten Maßnahmen aufgrund des geänderten Regelungsinhaltes seit der Neufassung des § 559 Absatz 1 BGB nicht mehr zur Bestimmung einer Definition der nachhaltige Einsparungen von Energie oder Wasser. Insofern stellt sich durchaus die Frage, ob aufgrund der Neuregelungen der §§ 554 BGB und 559 BGB überhaupt noch auf den Katalog des § 4 ModEnG a.F. zurückgegriffen werden kann.[168]

Bei der weiten Auslegung des Begriffs *nachhaltiger Einsparungen von Energie oder Wasser* ist aber jedenfalls der Zweck der Vorschrift zu beachten. Der Zweck der dritten Variante der Legaldefinition ist, wie bereits oben angedeutet, nicht identisch mit dem der übrigen Varianten der Legaldefinition. Die Vorschrift will hier nämlich primär die Einsparung von Energie und Wasser fördern und zielt damit kaum auf Interessen eines Mieters, sondern vielmehr auf das Interesse der Allgemeinheit ab, das darin besteht, aus ökologischen Gründen die Einsparung von Energie und Wasser zu fördern.[169] Daraus ergibt sich für den Mieter die Konsequenz, dass durch die bauliche Maßnahme weder eine Verbesserung des Wohnwerts der Mietsache, noch ein individueller Gebrauchsvorteil eintreten muss.[170] Die Maßnahmen müssen für den Mieter auch nicht „rentabel" sein; es ist dem Mieter sogar zuzumuten, eine energiewirtschaftlich sinnvolle Maßnahme über die Mieterhöhung gemäß § 559 Absatz 1 BGB letztlich mit zu finanzieren, obwohl dadurch seine eigene Belastung ansteigt[171] (näher dazu unten unter B.II.5.aa).

Regelmäßig angeführte Beispiele für energieeinsparende bauliche Maßnahmen sind die wesentliche Verbesserung der Wärmedämmung von Fenstern (durch den Einbau isolierverglaster Fenster),[172] der Außentüren, Außenwänden, oder Dächern[173] und die wesentliche Verminderung des Energieverlustes und des Energieverbrauchs der zentralen Heizungs- und Warmwasseranlage.[174] Beispiele für wassereinsparende bauliche Maßnahmen sind der Einbau von Durchlaufbegrenzern,[175] wassereinsparender Toi-

---

166 Beispielhaft: Staudinger-Emmerich, § 559 Rn. 2.
167 Schmidt-Futterer-Börstinghaus, § 559 Rn. 12.
168 Tücks, NZM 2003, 806, 807.
169 Grundlegend: BGH NJW 2002, 2036, 2037; BGH NJW 2004, 1738, 1739.
170 BGH, NJW-RR 2004, 658, 659.
171 MüKo-Artz, § 559 Rn. 20.
172 Sternel, PiG 1993, 41, 45, 52.
173 LG Halle/Saale, ZMR 2003, 35, 37.
174 Staudinger-Emmerich, § 559 Rn. 32.
175 Schmid-Futterer-Börstinghaus, § 559 Rn. 75.

lettenspülkästen oder die Anlage eines Sammelbehälters für Niederschlagswasser nebst Neuverlegung der entsprechenden Versorgungsleitungen.[176]

aa) Einsparung von Primärenergie ausreichend?

Die vom Gesetzgeber gewählte, auf den ersten Blick scheinbar verständliche und hinsichtlich des Zwecks der Vorschrift einleuchtende Formulierung „Einsparung von Energie" birgt hinsichtlich ihrer Auslegung und Reichweite jedoch ganz erhebliche Schwierigkeiten. Auch bei weiter Auslegung lässt die Vorschrift nämlich offen, was konkret unter Energieeinsparung zu verstehen sein soll. Diese Problematik wird besonders deutlich, wenn man die in der (mietrechtlichen) Praxis regelmäßig vorgenommene Umstellung von Gasetagenheizung auf Fernwärme näher beleuchtet. Streitgegenstand vieler Prozesse ist in diesen Fällen neben der eventuellen Duldungspflicht des Mieters gemäß § 554 Absatz 2 BGB zumeist die Frage, ob der Vermieter die Kosten für die Umrüstung einer Wohnung von der ursprünglich bei Vertragsschluss vorhandenen Gasetagenheizung auf Fernwärmeversorgung unter Berufung auf § 559 Absatz 1 BGB anteilig auf den Mieter umlegen darf. Dabei stellt sich die Rechtsfrage, ob die Umstellung von Gasetagenheizung auf Fernwärme zu einer Einsparung von Energie führt. Nach der Rechtsprechung des BGH[177] ist lediglich eine messbare und nicht nur kurzzeitige Energieeinsparung erforderlich und ausreichend. Selbst ein sehr geringes Einsparungsvolumen wäre hiernach ausreichend. Problematisch ist im Falle der Fernwärme jedoch die Feststellung überhaupt einer (noch so geringen) Energieeinsparung. Die Problematik resultiert aus fehlenden verlässlichen Daten der Fernwärmelieferanten zu Transportverlusten und Energieumwandlungsverlusten. Daher ist es in den meisten Fällen nahezu ausgeschlossen, die sogenannten endenergetischen Daten von Gasetagenheizung und Fernwärme miteinander zu vergleichen und eine Energieeinsparung positiv festzustellen. Selbst wenn aussagekräftiges und im Zivilprozess verwendbares Datenmaterial vorhanden wäre, so bestünde das Problem nahezu unverändert fort, da sich die Endenergieeinsparung üblicherweise nur im einstelligen Prozentbereich bewegt.[178] Die konkrete Feststellung eingesparter Energie ist also im Falle der Umstellung von Gasetagenheizung auf Fernwärme in tatsächlicher Hinsicht in aller Regel schwierig bis unmöglich.

Anders verhält es sich hinsichtlich der Einsparung sogenannter Primärenergie, in diesem Falle Gas. Einer Berechnung zugänglich ist nämlich der Vergleich der Gasetagenheizung und Fernwärme unter dem Gesichtspunkt, in welcher Menge Gas eingespart wurde. Für den Betrieb einer Gasetagenheizung wird Energie durch den Brennstoff Gas erzeugt. Bei Gas handelt es sich um sogenannte Primärenergie, also solche, die mit den natürlich vorkommenden Energieformen, Ressourcen oder Energiequellen zur Verfügung steht (weitere Beispiele: Kohle und Öl).[179] Im Gegensatz dazu wird bei

---

176 Kinne, ZMR 2003, 396, 397.
177 BGH, NJW 2002, 2036, 2037.
178 Vgl. zum Ganzen: Wilcken, NZM 2006, 521, 521.
179 Vgl. auch Wilcken, NZM 2006, 521, 522.

der Erzeugung von Fernwärme ein Großteil der Heizenergie aus der Verwertung von bereits vorhandener sogenannter Rest- und Abfallwärme beispielsweise aus Kraftwerken im Rahmen der Stromerzeugung gewonnen. Für beide Systeme stehen in aller Regel solche Daten und Zahlen zur Verfügung, durch welche sich berechnen und ermitteln lässt, wie viel Primärenergie die jeweiligen Systeme verbrauchen.

Fraglich ist jedoch, ob eine durch eine bauliche Maßnahme bedingte Primärenergieeinsparung eine Energieeinsparung im Sinne des § 559 Absatz 1 BGB darstellt, oder ob es einer Einsparung von Endenergie bedarf durch eine sogenannte Energiebilanz. Damit verbunden ist die Frage, wo ob die Energieeinsparung beim Verbraucher eintreten muss oder letztlich auch im Kraftwerk eintreten darf. Im Wesentlichen sind an dieser Stelle zwei Lesarten und Auslegungen der dritten Variante der Legaldefinition des § 559 Absatz 1 BGB möglich, die beide vertreten werden.

(1) Theorie der Endenergieeinsparung

Teilweise wird die Auffassung vertreten, die Einsparung der Primärenergie sei schon vom Wortlaut der Vorschrift nicht erfasst.[180] Die Einsparung von Primärenergie führe daher weder zum Duldungsanspruch des Vermieters gemäß § 554 Absatz 2 Satz 1 BGB, noch berechtige sie den Vermieter zur Mieterhöhung wegen Modernisierung gemäß § 559 Absatz 1 Variante 3 BGB wegen der Einsparung von Energie. Im Falle der Umstellung der Gasetagenheizung auf Fernwärme beispielsweise werde die eine Energieart lediglich durch eine andere ersetzt.[181] Der eigentliche Energieverbrauch im Bereich der Mietsache bleibe schließlich unverändert.[182] Die Einsparung trete letztlich nur im Kraftwerk ein. Die Vorschrift gehe aber ersichtlich von einer Energieeinsparung beim Verbraucher der Energie aus, also im Bereich der Mietsache selbst und nicht in einem Kraftwerk oder ähnlichem.[183] Diese Anknüpfungsweise ergebe sich daraus, dass sich die Vorschrift gerade nicht an einen Energieerzeuger wende, sondern letztlich bezugnehme auf die Verbrauchereinheiten in der Wohnung oder Hausanlage.[184]

Ferner wird argumentiert, der Begriff der Energieeinsparung stelle auf den Primärenergiefaktor schon gar nicht ab. Eine Energieeinsparung im Sinne des Mietrechts sei generell nicht anhand der verbrauchten Primärenergie zu beurteilen. Schon die Bezugnahme auf die Primärenergie sei ungenügend, da wesentliche Faktoren wie beispielsweise Leitungsverluste, aber auch der Aufwand für die Installation des kilometerlangen Rohrleitungsnetzes einschließlich der notwendigen Erdbauarbeiten im Falle der Fernwärme nicht hinreichend berücksichtigt werden.[185]

---

180 Wohl ebenso: LG Hamburg, WuM 2002, 375, 375; LG Berlin, ZMR 1984, 280, 280, Eisenschmid, WuM 2006, 119, 119 f.; Schmidt-Futterer-Eisenschmid, § 554 Rn. 145; Meyer-Harport, NZM 2006, 524, 527 m.w.N; Schmid-Riecke, § 559 Rn. 20.
181 Schmidt-Futterer-Eisenschmid, § 554 Rn. 145.
182 Meyer-Harport, NZM 2006, 524, 527.
183 Schmidt-Futterer-Eisenschmid, § 554 Rn. 145. .
184 Eisenschmid, WuM 2006, 119, 119 f.
185 Meyer-Harport, NZM 2006, 524, 526.

Die Anhänger dieser Auffassung plädieren für einen Variantenvergleich, durch den ermittelt wird, ob ein bestimmtes System tatsächlich zu einer messbaren Einsparung von Energie führt.[186] Dieser Vergleich müsse beim Energieverbrauch der Mietsache ansetzen.

(2) Theorie der Primärenergieeinsparung

Nach anderer Auffassung ist die Feststellung der Einsparung von Primärenergie ausreichend, um das die dritte Variante der Legaldefinition des Modernisierungsbegriffs des § 559 Absatz 1 BGB, der nachhaltigen Einsparung von Energie, zu bejahen.[187] Warum dies der Fall sein soll wird teilweise völlig offengelassen.[188] Teilweise wird argumentiert, das Tatbestandsmerkmal der Energieeinsparung sei bei Einsparung von Primärenergie, also jeder Einsparung fossiler Energieträger, erfüllt. Der Begriff der „Energie" beispielsweise in § 559 Absatz 1 BGB sei als Oberbegriff für die engeren und spezielleren Begriffe wie Heizenergie, Endenergie, Sekundärenergie und Primärenergie aufzufassen, folglich könne keinesfalls von einer unzulässigen Überschreitung der Wortlautgrenze des Gesetztes gesprochen werden.[189] Maßgeblich sei ferner die teleologische Auslegung, nach der Primärenergie als Energie im Sinne der § 559 Absatz 1 BGB zu werten sei. Daher sei die Durchsetzung umweltpolitischer und volkswirtschaftlicher Ziele durch diese Vorschrift zu beachten. Diese Ziele sollen verwirklicht werden, indem die nicht regenerativen Primärenergieressourcen wie Gas oder Öl nachhaltig zu schonen.[190]

Daraus ergebe sich, dass es auf die Einsparung von Endenergie gerade beim Mieter nicht ankäme, diese sei weder Voraussetzung für die Bejahung des Merkmals des Energieeinsparung gemäß § 559 Absatz1 BGB noch der damit verbundenen und (zeitlich) vorgelagerten Duldungspflicht gemäß § 554 Absatz 1 BGB.[191]

Der BGH hat sich in einem jüngeren Urteil[192] der Theorie der Primärenergie jedenfalls für den Fall angeschlossen, in dem eine mit einer Gasetagenheizung ausgestattete Mietwohnung an das aus Anlagen der Kraft-Wärme-Kopplung gespeiste Fernwärmenetz angeschlossen wird. Zur Begründung beruft sich der BGH auf die Entwicklungsgeschichte sowie die jeweiligen Gesetzesbegründung der Vorgängervorschriften des § 554 BGB sowie auf den Sinn und Zweck der Norm. Ein wesentlicher Aspekt sei hier die vom Gesetzgeber angestrebte und volkswirtschaftlich und ökolo-

---

186 Meyer-Harport, NZM 2006, 524, 527.
187 Palandt-Weidenkaff, §554 Rn. 12; Staudinger-Emmerich, § 554 Rn. 19; Jauernig-Teichmann, §§ 559, 559 a und 559 b, Rn. 3; LG Berlin, jurisPR-MietR 10/2008 mit Anmerkung Flawtow; LG Hamburg, NZM 2006, 536, 536; LG Berlin, NJW-RR 2001, 1590, 1591; AG Berlin Schöneberg vom 11.4.2007, AZ: 14 C 561/05.
188 Beispielsweise ohne jegliche Begründung: Palandt-Weidenkaff, § 554 Rn. 12; ebenso: Staudinger-Emmerich, § 554 Rn. 19.
189 Wilcken, NZM 2006, 521, 523.
190 Wilcken, NZM 2006, 521, 523.
191 jurisPR-MietR 10/2008 Anmerkung Flatow.
192 Urteil vom 24.9.2008: VIII ZR 275/07 zu § 554 BGB.

gisch sinnvolle Einsparung von Energie. Auf den Endenergieverbrauch sei es schon unter Geltung des Modernisierungs- und Energieeinsparungsgesetzes nicht angekommen. Es ginge nach der Gesetzesbegründung ganz allgemein darum, dass der Volkswirtschaft auch in Zukunft Energie in ausreichender Menge und zu angemessenen Preisen zur Verfügung stehe. Dass diese Zielsetzung nicht auf eine Verminderung des Endenergieverbrauchs beschränkt war, sondern auch die Einsparung des Verbrauchs von Primärenergie umfasste, ginge aus dem Hinweis auf die "begrenzten Ressourcen" hervor.

(3) Argumente gegen die Theorie der Endenergieeinsparung

Problematisch an der Theorie der Endenergieeinsparung ist, dass durch deren Anwendung möglicherweise der vom Gesetzgeber[193] und Bundesgerichtshof[194] betonte volkswirtschaftliche und vor allem umweltpolitische Zweck der Vorschrift nicht hinreichend berücksichtigt wird. Aus umweltpolitischer Sicht ist es unerheblich, wo die Energie eingespart wird. Entscheidend ist vielmehr, dass es überhaupt zu einer Energieeinsparung kommt. Demnach kann es keine Rolle spielen, ob die Energieeinsparung beim Verbraucher, also im Bereich der Mietsache oder Hausanlage, oder im Kraftwerk eintritt. Folglich ist unter Berücksichtigung des Zwecks der Vorschrift auch eine Energieeinsparung alleine im Kraftwerk wünschenswert und von der Vorschrift gewollt.

Die Frage des Leitungsverlustes insbesondere bei Fernwärme kann nicht dazu führen, dass Fernwärme im Gegensatz zu einer Gasetagenheizung als generell schlechter eingestuft wird. Hier kann es nicht auf pauschale Vergleiche von Energiearten, sondern nur auf den konkreten Einzelfall und die ganz konkrete Einsparung ankommen. Soweit die Leitungsverluste nachweislich stark und somit beachtlich sind, so kann im Einzelfall Fernwärme immer noch als umweltpolitisch ungünstigere Energieart eingeordnet werden mit der Folge, dass eine Umstellung im Einzelfall nicht als Modernisierung im Sinne des § 559 Absatz 1 Variante 3 BGB anzusehen ist.

(4) Argumente gegen die Theorie der Primärenergieeinsparung

Gegen die Theorie der Primärenergieeinsparung kann der Wortlaut des § 559 Absatz 1 Variante 3 BGB angeführt werden, da schon nach dem natürlichen Sprachgebrauch Energieeinsparung nicht identisch ist mit der Ersetzung einer Energieart durch eine andere.[195] Aber auch unabhängig vom als generell eher schwach angesehenen Wortlautargument lässt die Gesetzesbegründung einen anderen als den von den Vertretern der Theorie der Primärenergieeinsparung gezogenen Schluss zu. Sowohl der Referentenentwurf als auch der Kabinettsentwurf zu § 554 BGB und § 559 Absatz 1 Variante

193   BT-Drucksache 14/4553, S. 58.
194   BGH, NJW 2004, 1738, 1740.
195   Schmidt-Futterer-Eisenschmid, § 554 Rn. 145 f.

3 BGB führen beispielhaft einige Maßnahmen zur Energieeinsparung an.[196] Genannt werden unter anderem der Einbau einer drehzahlgestützten Umwälzpumpe, die Erneuerung von Ventilatoren und Aufzugsmotoren und der Einbau von Energiesparmaßnahmen. All diesen Maßnahmen ist gemein, dass die durch sie bewirkte Einsparung direkt beim Verbraucher eintritt, und gerade nicht eine Energieart durch eine andere ersetzt wird.[197] Es handelt sich also ausschließlich um Fälle, die gerade nicht „nur" zur Einsparung von Primärenergie führen.

Die Sichtweise des BGH[198] ist ebenfalls angreifbar. Zwar ging es nach der Gesetzesbegründung in der Tat auch darum, dass der Volkswirtschaft auch in Zukunft Energie in ausreichender Menge und zu angemessenen Preisen zur Verfügung steht. Wenn der BGH aber argumentiert, dass die Zielsetzung nicht auf eine Verminderung des Endenergieverbrauchs beschränkt war, sondern auch die Einsparung des Verbrauchs von Primärenergie umfasste und dies mit dem Hinweis auf die "begrenzten Ressourcen" begründet, so muss sich diese Argumentation entgegen halten lassen, dass es bei der Frage der Energieeinsparung keinesfalls nur um Energie aus fossilen Brennstoffen gehen kann, deren Ressourcen tatsächlich begrenzt sind. Daneben kann Energie ja auch aus anderen, nichtfossilen Brennstoffen gewonnen werden. Der Verzicht auf eine Energiebilanz ist daher nicht völlig schlüssig.

(5) Stellungnahme

Maßgeblich für die Klärung der Frage, ob eine Maßnahme zur Einsparung von Energie die Einsparung „nur" von Primärenergie erfasst oder nicht, ist neben dem nicht völlig eindeutigen Wortlaut zunächst der Zweck der Vorschrift. Dieser zielt auf eine Entlastung der Umwelt ab.[199] Eine Entlastung der Umwelt kann aber durch verschiedene Arten und Maßnahmen erreicht werden; die Schlussfolgerung, aufgrund des Gesetzeszwecks müsse die Einsparung von Primärenergie § 559 Absatz 1 3. Variante unterfallen, ist keinesfalls zwingend. Ebenso lässt sich die Vorschrift so lesen, dass als Gesetzeszweck im Sinne der Entlastung der Umwelt in erster Linie der Vermieter angehalten werden soll, einen sparsameren Umgang mit Heiz- und Wasserenergie zu veranlassen.[200] Eine solche Veranlassung kann sich vielfältig auswirken: Einen sparsameren Umgang mit Heizenergie könnte der Vermieter beispielsweise durch die Installation von modernen Thermostaten an den Heizkörpern veranlassen bzw. herbeiführen. Auf diese Weise ließe sich der Schutz der Umwelt durch Energieeinsparung ebenso erreichen.

Ein anderer, regelmäßig vernachlässigter Aspekt in diesem Zusammenhang ist die Tatsache, dass § 559 Absatz 1 insgesamt ausweislich der Gesetzesbegründung keinesfalls ausschließlich den Zweck der Entlastung der Umwelt verfolgt. In der Geset-

---

196 Vgl. BT-Drucksache 14/4553, S. 58. sowie Schmidt-Futterer-Eisenschmid, § 554 Rn. 145 f.
197 Schmidt-Futterer-Eisenschmid, § 554 Rn. 145.
198 Urteil vom 24.9.2008: VIII ZR 275/07 zu § 554 BGB.
199 BT-Drucksache 14/4553, S. 58 (rechte Spalte).
200 Ebenso: § 35 Hannemann/Wiegner-Lutz, Rn. 190.

zesbegründung heißt es: "*Die Durchführung von Modernisierungen liegt im allgemeinen Interesse. Dies wird in ihren unterschiedlichen Wirkungen deutlich: Sichtbare Verbesserung des Wohnbestandes, Erhöhung des Wohnkomforts und der Wohnqualität für den Mieter und schließlich Entlastung der Umwelt*".[201] Hiernach ist keine Wertung oder unterschiedliche Gewichtung innerhalb der unterschiedlichen Zweckrichtungen seitens des Gesetzgebers ersichtlich. Im Gegenteil wird man an dieser Stelle durchaus sagen können, dass der Zweck der „Entlastung der Umwelt" als Gesetzeszweck insgesamt überstrapaziert wird, da die anderen, vom Gesetzgeber daneben genannten Ziele der Vorschrift im Rahmen der Argumentation von den Anhängern der Theorie der Primärenergieeinsparung gänzlich außer acht gelassen werden.

Weiterhin ist zu beachten, dass im Rahmen der Diskussion letztlich Rechtsfragen mit politischen Fragen vermischt werden. Die Argumentation, dass nur dadurch, dass die Einsparung auch von Primärenergie der 3. Variante des § 559 Absatz 1 BGB unterfalle, der Umweltschutz hinreichend gewährleistet sei, verlässt den Bereich des Mietrechts und stellt damit eine mietrechtsfremde Argumentation dar.[202] Diese mietrechtsfremde und letztlich politische Argumentation verkennt nämlich, dass die Subvention und Förderung des Umweltschutzes durch den einzelnen Mieter systematisch nicht ins Mietrecht passt. Es ist durchaus legitim, die Einsparung von Primärenergie zu befürworten und entsprechend zu fördern, jedoch sollte dafür nicht eine mietrechtliche Vorschrift als Vehikel dienen. Falls dies dennoch versucht werden sollte, so ist zu beachten, dass für ein derartiges Vorgehen eine eindeutig und klar formulierte Vorschrift notwendig ist. Derzeit erscheint es teilweise so, dass ein mögliches Ziel des Gesetzgebers, welches so direkt nicht im Gesetz zum Ausdruck kommt und somit auch nicht kodifiziert wurde, von einigen Gerichten dennoch umgesetzt wird in einer Form der Erweiterung des Energieeinsparungsbegriffs.[203]

Problematischer Aspekt an der Theorie der Primärenergieeinsparung ist letztlich, dass die Anhänger der Theorie das Merkmal der *Einsparung von Energie* keinesfalls eng auslegen. Eine enge Auslegung würde zwangsläufig dazu führen, dass tatsächlich eine Energie*einsparung* feststellbar sein müsste, um das Merkmal bejahen zu können. Soweit die die Einsparung auch von Primärenergie unter *Einsparung von Energie* gefasst wird, so wird man dies als weite Auslegung des Merkmals bezeichnen müssen. Dieses Vorgehen ist aber nicht konsequent. Nach ganz herrschender Auffassung[204] handelt es sich bei § 559 BGB um eine eng auszulegende Ausnahmevorschrift. Eine Vorschrift einerseits als „eng auszulegende Ausnahmevorschrift" zu bezeichnen, gleichzeitig jedoch – und wenn nur innerhalb eines einzelnen Tatbestandes – extensiv auszulegen, ist widersprüchlich und stellt die Argumentation der Vertreter der Theorie der Primärenergieeinsparung insgesamt in Frage.

Das oben genannte Urteil des BGH dürfte die Streitfrage insgesamt nicht völlig geklärt haben. Zwar hat sich der BGH explizit zu der in Rede stehenden Frage geäußert,

---

201 BT-Drucksache 14/4553, S. 58 (linke Spalte).
202 Ebenso: Eisenschmid, WuM 2006, 119, 122.
203 Schmidt-Riecke, § 559 Rn. 20.
204 BGH, Urteil vom 9.4.2008: VIII ZR 286/06; BGH NJW 2007, 3122, 3123; Bamberger/Roth-Ehlert, § 559 Rn. 5; Schmidt-Futterer-Börstinghaus § 559 Rn. 2; Blank/Börstinghaus-Börstinghaus, § 559 Rn. 1; Hannemann/Wiegner-Lutz, § 35 Rn. 188.

eine Stellungnahme jedoch ausdrücklich auf den "Anschluss einer (ursprünglich) mit einer Gasetagenheizung ausgestatteten Mietwohnung an das aus Anlagen der Kraft-Wärme-Kopplung gespeiste Fernwärmenetz" beschränkt. Diese Beschränkung wird umso deutlicher, als dass der BGH über die "Duldungspflicht des Mieters hinsichtlich anderer Maßnahmen, mit denen (lediglich) Primärenergie eingespart wird" ganz ausdrücklich nicht entschieden hat.

bb) Ergebnis

Eine durch eine bauliche Maßnahme bedingte Primärenergieeinsparung stellt nach hier vertretener Ansicht keine Energieeinsparung im Sinne des § 559 Absatz 1 3 Variante BGB dar.

b) Nachhaltigkeit

Das Gesetz verlangt in § 559 Absatz 1 BGB ferner, das durch die bauliche Maßnahme eine nachhaltige Energie- und Wassereinsparung eintritt. Seit Erlass eines Urteils des BGH[205] wird ganz überwiegend die Auffassung[206] vertreten, dass eine Einsparung dann nachhaltig ist, wenn überhaupt eine messbare Einsparung zum Beispiel an Energie erzielt wird und diese dauerhaft ist. Die Feststellung einer bestimmten Mindestenergieeinsparung ist nicht erforderlich. Nachhaltigkeit ist bereits dann anzunehmen, wenn die Einsparung nicht nur vorübergehend besteht.[207] Maßstab für die Feststellung der Nachhaltigkeit der Einsparung ist im Übrigen der bisherige Verbrauch und nicht eine gegebenenfalls mit der Maßnahme verbundene Kostenersparnis.

Nach früher vertretener Ansicht[208] setzte Nachhaltigkeit im Sinne des § 559 Absatz 1 BGB stets voraus, dass die Einsparung nicht nur von Dauer, sondern auch wesentlich sein müsse. Als unwesentlich galt demnach eine Einsparung von 5 % oder weniger. Auch sollten die Einsparungen zumindest auch dem Mieter zugute kommen, da andernfalls die auf die Durchführung der Maßnahme gestützte Mieterhöhung nicht gerechtfertigt wäre.[209] Diese Ansicht ist aber nach dem oben genannten Urteil des BGH kaum mehr aufrechtzuerhalten. Der BGH begründet seine Auffassung mit dem eindeutigen Willen des Gesetzgebers, der an dieser Stelle kaum eine andere Sichtweise und damit andere Auslegung des Begriffs der Nachhaltigkeit zulässt. Aus dem Bericht des Rechtsausschusses, auf dessen Vorschlag die Fassung von § 3 Absatz 1 MHRG als nahezu wortgleiche Vorgängervorschrift des § 559 Absatz 1 BGB zurückgeht, er-

205 BGH, NJW 2002, 2036, 2037; bestätigt durch BGH, NJW 2004, 1738, 1739.
206 BGH, NJW 2002, 2036, 237 BGH, NJW-RR 2004, 658, 659; Staudinger-Emmerich, § 559 Rn. 33; Schmidt-Futterer-Börstinghaus, § 559 Rn. 71; Palandt-Weidenkaff, § 559 Rn. 11; vgl. auch Eisenschmid, WuM 2006, 119, 122.
207 BGH, NJW 2002, 236, 237.
208 AG Köln, WM 1986, 344, 345; AG Neustadt/Weinstraße, WM 1989, 398, 398; Sternel, NZM 2001, 1058, 1060; Sonnenschein, PiG 1983, 13, 65, 73.
209 Sonnenschein, PiG 1983, 13, 65, 73.

gibt sich zweifelsfrei, dass es für die Auslegung des Begriffs der Nachhaltigkeit nicht erforderlich sein soll, dass sich die Maßnahme nur geringfügig energiesparend auswirkt.[210]

c) Gebot der Wirtschaftlichkeit

Eng mit der Auslegung des Begriffs der Nachhaltigkeit verbunden ist die Frage, ob bauliche Maßnahmen, die zur nachhaltigen Einsparungen von Energie oder Wasser führen, wirtschaftlich sein müssen. Es geht also darum, ob sich die baulichen Maßnahmen zur nachhaltigen Einsparung von Energie oder Wasser zumindest mittel- oder langfristig (betriebs-) kostensenkend auswirken oder teilweise oder gar vollständig amortisieren. Wenn man verlangt, dass die in Rede stehenden baulichen Maßnahmen wirtschaftlich sein müssen, dann wäre die Zulässigkeit einer auf § 559 Absatz 1 BGB gestützten Mieterhöhung durch Zumutbarkeitsgesichtspunkte wirtschaftlicher Art begrenzt. Ob eine solche Begrenzung vorzunehmen ist, wird unterschiedlich beurteilt.

aa) Berücksichtigung des Gebots der Wirtschaftlichkeit

In Rechtsprechung[211] und Literatur wurde[212] beziehungsweise wird[213] die Auffassung vertreten, die bauliche Maßnahme müsse aus Sicht des Mieters objektiv wirtschaftlich vertretbar sein. Soweit der durch die bauliche Maßnahme erreichte Wasser- oder Energieeinsparungseffekt in keinem Verhältnis zu den Kosten der Maßnahme und vor allem zu der daraus resultierenden Mieterhöhung stehe, sei dies nicht der Fall (sogenanntes Gebot der Wirtschaftlichkeit).[214] Dem Mieter sei es nicht zumutbar, im Interesse der Gesamtwirtschaft und der Energiepolitik sämtliche Kosten ohne Rücksicht auf seine persönlichen Belange zu übernehmen. Hinter dieser Argumentation steht der Gedanke, dass dem Mieter in derartigen Konstellationen keinerlei Vorteile in Form einer möglichen Kostenersparung entstehen, er jedoch eine erhöhte Miete zu entrichten hat. Gerade dies wurde beziehungsweise wird für unbillig erachtet.[215] Dogmatisch wurde das Gebot der Wirtschaftlichkeit teilweise aus § 242 BGB,[216] teilweise aus

---

210 Bericht des Rechtsausschusses, BT-Drucksache 8/1782, S.6 (linke Spalte).
211 BVerwG, NJW-RR 1990, 849, 849; OLG Karlsruhe, WuM 1985, 17, 18; LG Berlin, NZM 2002, 64, 64; LG Frankfurt/Oder, NZM 1999, 1037, 1038, 1039; LG Hamburg, NJW-RR 1991, 845, 846.
212 Sternel, PiG 1993, 41, 45, 60; Gramlich, § 559 Nr. 6; Palandt-Weidenkaff, 63. Auflage § 559 Rn. 13; Scholz, WM 1995, 87, 88.
213 Schmidt-Futterer-Börstinghaus, § 559 Rn. 78 f; Hannemann/Wiegner-Lutz, § 35 Rn. 218; wohl ebenso: Schmid-Rieke, § 559 Rn. 31.
214 MüKo-Artz, § 559 Rn. 21.
215 Vgl. auch Staudinger-Emmerich, § 559 Rn. 34.
216 Staudinger-Emmerich, Neubearbeitung 2003, § 559 Rn. 34.

§ 13 ModEnG a.f.[217] oder aus § 5 Wirtschaftsstrafgesetz in Verbindung mit § 134 BGB[218] hergeleitet.

Die Zumutbarkeitsgrenze sah man für den Mieter dann als überschritten an, wenn beispielsweise die Mieterhöhung mehr als doppelt so hoch wie die überhaupt erzielbare Energieeinsparung war (sogenannte 200 % Grenze).[219]

bb) Keine Berücksichtigung des Gebots der Wirtschaftlichkeit

Nach Ansicht des BGH[220] sowie einiger Autoren[221] wird die Zulässigkeit einer Mieterhöhung wegen energieeinsparender baulicher Maßnahmen nicht durch das Verhältnis der Ersparnis begrenzt. Der BGH begründet seine Sichtweise mit dem Fehlen einer entsprechenden gesetzlichen Grundlage aus der sich ergebe, dass bauliche Maßnahmen zur nachhaltigen Einsparungen von Energie oder Wasser wirtschaftlich sein müssen. Ferner habe der Gesetzgeber aus volkswirtschaftlichem Interesse an der Modernisierung des Wohnungsbestandes von einer begrenzenden Regelung bewusst abgesehen. Die noch im Regierungsentwurf zu § 3 MHRG a.f. aus mieterschützenden Gründen enthaltene Kappungsgrenze, nach der die durch Modernisierungsmaßnahmen erhöhte Miete 10 % der ortsüblichen Vergleichsmiete nicht sollte übersteigen dürfen, sei schließlich im weiteren Gesetzgebungsverfahren gestrichen worden. Ebenfalls sei, obwohl vom Ausschuss für Raumordnung, Bauwesen und Städtebau damals vorgeschlagen, keine Härteklausel in die Neuregelung eingefügt worden. Die Aufnahme des Gebots der Wirtschaftlichkeit in das Gesetz sei lediglich diskutiert, aber schlussendlich gerade nicht normiert worden. Im Gegenteil sei unter Verweis auf umweltpolitische und volkswirtschaftliche Interessen aufgeführt worden, dass ein Anreiz zur Durchführung von Modernisierungsmaßnahmen weiterhin erforderlich sei.

Nach Ansicht des BGH ergebe sich auch aus Treu und Glauben gemäß § 242 BGB keine pauschale Begrenzung der Mieterhöhung, da einer solchen Begrenzung die Entscheidung des Gesetzgebers entgegenstünde. Der Mieter sei im Übrigen im Bereich des preisgebundenen Wohnraums wegen der erforderlichen Zustimmung der Berechnungsstelle zur Modernisierungsmaßnahme, im Bereich sowohl des preisgebundenen als auch des nichtpreisgebundenen Wohnraumes durch § 554 Absatz 2 BGB hinreichend geschützt.

---

217 OLG Karlsruhe, WuM 1985, 17, 18.
218 OLG Karlsruhe, NJW 1984, 62, 62, 63; Vgl. BGH, NJW 2002, 2036, 2037.
219 Bamberger/Roth-Ehlert, § 559 Rn. 30; Staudinger-Emmerich, § 559 Rn. 34.
220 BGH, NJW 2004, 1738, 1739; ebenso AG Lichtenberg, NZM 2003, 759, 760; Kinne, ZMR 2003, 396, 402; Lammel, § 559 Rn. 12.
221 Palandt-Weidenkaff, § 559 Rn. 13; Blank/Börstinghaus-Börstinghaus, § 559 Rn. 18; Kinne, ZMR 2003, 396, 402; Lammel, § 559 Rn. 12.

cc) Stellungnahme

Der Ansicht des BGH ist zuzustimmen. Bereits ein Blick in die maßgeblichen Gesetzesmaterialien lässt kaum einen anderen Schluss zu, da der Gesetzgeber tatsächlich bewusst darauf verzichtet hat, eine Begrenzung der Mieterhöhung durch das Wirtschaftlichkeitsgebot zu normieren.

Ferner wäre die Einführung einer ungeschriebenen Kappungsgrenze mit dem Sinn und Zweck der Vorschrift nicht vereinbar. Der Vorschrift des § 559 Absatz 1 BGB und damit dem mietrechtlichen Modernisierungsbegriff (dritte Variante) liegen volkswirtschaftliche und ökologische Gedanken zugrunde. Das von derartigen Gedanken und Zielen der einzelne Mieter nicht stets unmittelbar profitiert liegt auf der Hand. Dem Argument der fehlenden Zumutbarkeit lässt sich entgegenhalten, dass dem einzelnen Mieter eine Mieterhöhung nach vom Vermieter durchgeführten baulichen Maßnahmen zur nachhaltigen Einsparungen von Energie oder Wasser eben doch oder gerade zumutbar ist. Schließlich profitiert der einzelne Mieter als Teil der Gesellschaft zumindest mittelfristig von einer Modernisierung des Wohnungsbestandes und weniger Emissionen.

Würde man nun – eine wie von einigen Autoren verlangt – bei allen Mieterhöhungen wegen baulicher Maßnahmen zur nachhaltigen Einsparung von Energie oder Wasser aus reinen Billigkeitsgründen eine entsprechende Kappungsgrenze wie beispielsweise die oben genannte 200 % Grenze einführen, so liefe ein solches Vorgehen dem Willen des Gesetzgebers zuwider. Letztlich handelt es sich bei der dargestellten Problematik auch um eine politische Frage, nämlich ob man den Mieter mit den Mehrkosten einer Mieterhöhung belasten will oder nicht. Nach hier vertretener Ansicht hat der Gesetzgeber diese Frage zulasten des Mieters entschieden. Der Mieter ist im Übrigen keineswegs schutzlos gestellt. Der – auch vom BGH betonte – Schutz aus § 554 Absatz 2 Satz 2 (und 3) BGB ist durchaus geeignet, unbillige Ergebnisse zu vermeiden: Die Duldungspflicht des Mieters entfällt gemäß § 554 Absatz 2 Satz 3 BGB nämlich, wenn die *Maßnahme für ihn oder seine Familie eine Härte bedeuten würde, die auch unter Würdigung der berechtigten Interessen des Vermieters und anderer Mieter in dem Gebäude nicht zu rechtfertigen ist.* Dabei ist unter anderem auch die zu erwartende Erhöhung des Mietzinses zu berücksichtigen. Die Vorschrift des § 554 Absatz 2 Satz 2 und 3 ordnet also an, dass eine umfassende Interessenabwägung vorzunehmen ist. Erst wenn diese zugunsten des Vermieters ausfällt, ist der Mieter verpflichtet, die Modernisierung zu dulden und nach vom Mieter durchgeführter Modernisierung eine entsprechend erhöhte Miete zu zahlen (zur Nachhaltigkeit und zum Erfordernis eines Mindestumfangs siehe auch oben unter B.II.3.b).

d) Ökologisch sinnvolle Maßnahmen/erneuerbare Energien

Unter den Stichworten „ökologisch sinnvolle Maßnahmen" und „erneuerbare Energien" wird diskutiert, ob bestimmte bauliche Maßnahmen, die aus ökologischer Sicht sinnvoll erscheinen da durch sie erneuerbare Energien für die Mietsache nutzbar gemacht werden, dem Modernisierungsbegriff des § 559 Absatz 1 (dritte Variante) unterfallen.[222] Typische Beispiele für solche baulichen Maßnahmen sind der nachträgliche Einbau von Sonnenkollektoren oder Photovoltaikanlagen zur Nutzung der Solarenergie oder Windkraftanlagen zur Nutzung der Windenergie.[223]

Betrachtet man zunächst lediglich den Zweck der dritten Variante des Modernisierungsbegriffs des § 559 Absatz 1 BGB unter dem Gesichtspunkt, dass die Norm im Interesse der Allgemeinheit nachhaltig Einsparungen von Energie oder Wasser fördern will, so könnte man annehmen, dass auch eine ökologisch sinnvolle bauliche Maßnahme an der Mietsache wie eben die Installation von Sonnenkollektoren zur Energiegewinnung eine Modernisierung im Sinne der Legaldefinition darstellt und somit den Vermieter zur Mieterhöhung berechtigt. (Die Frage stellt sich freilich dann nicht, wenn und soweit derartige ökologisch sinnvolle Maßnahmen bereits eine nachhaltige Erhöhung des Gebrauchswertes der Mietsache im Sinne der zweiten Variante des § 559 Absatz 1 BGB darstellen, da dann in aller Regel sowohl der Duldungsanspruch aus § 554 Absatz 2 BGB als auch das Recht der Mieterhöhung gemäß § 559 Absatz 1 BGB gegeben sind.) An für sich stellt sich hier erneut das oben dargestellte Problem der Einsparung (nur) von Primärenergie. Die meisten Autoren argumentieren jedoch anders.

Nach überwiegend vertretener Auffassung[224] unterfallen schlicht ökologisch sinnvolle Maßnahmen nicht der dritten Variante des Modernisierungsbegriffs des § 559 Absatz 1 BGB (Einsparung von Energie). Dies wird regelmäßig mit dem eindeutigen Wortlaut der Vorschrift begründet. Diese Sichtweise wird umso klarer, wenn man die in diesem Zusammenhang angeführten Beispiele näher betrachtet. Eine Photovoltaikanlage (auch PV-Anlage oder Solarstromanlage genannt) ist ein Kraftwerk, in welchem mittels Solarzellen ein Teil der Sonnenstrahlung in elektrische Energie umgewandelt wird. Die so erzeugte elektrische Energie wird dann im Haushalt genutzt. Bei dieser Vorgehensweise durch Nutzung der selbst erzeugten elektrischen Energie wird nun aber nicht weniger Energie verbraucht; es wird also beim Verbraucher keine Energie eingespart. Der von den Endverbrauchern genutzte Strom wird lediglich auf andere Art und Weise hergestellt.[225] Der an dieser Stelle eindeutige Wortlaut der Vorschrift des § 559 Absatz 1 BGB (dritte Variante) verwendet aber den Begriff des „Einsparens". Ein Einsparen von Energie liegt aber gerade nicht vor. Es handelt sich vielmehr um eine bloße Umstellung der Energieversorgung auf eine ökologisch vorteilhaftere Energiequelle.[226]

Soweit Windkraftanlagen zur Nutzung der Windenergie installiert werden liegt der Fall genauso, da der Verbraucher bzw. Mieter wiederum keinen Strom einspart, son-

---

222 Beispielsweise: Staudinger-Emmerich, § 559 Rn. 32 a; Schmidt-Futterer-Börstinghaus, § 559 Rn. 77.
223 Weitere Beispiele bei Schmidt-Futterer-Eisenschmid, § 554 Rn. 146-152.
224 Staudinger-Emmerich, § 559 Rn. 32 a; Sternel, NZM 2001, 1058, 1965; MüKo-Artz, § 559 Rn. 19; Schmidt-Futterer-Börstinghaus, § 559 Rn. 77; Eisenschmid, WuM 2006, 119, 120 ff.; wohl ebenso: Bamberger/Roth-Ehlert, § 559 Rn. 28 a; AG Starnberg NZM 2000, 821, 822.
225 Schmidt-Futterer-Börstinghaus, § 559 Rn. 77.
226 Tücks, ZMR 2003, 806, 807.

dern genau wie bei Photovoltaikanlagen der Strom nur auf eine andere Art und Weise erzeugt wird.

Warum allerdings die schlicht ökologisch sinnvollen Maßnahmen wie die Installation von Photovoltaikanlagen oder Windkraftanlagen von einigen Autoren[227] anders behandelt werden als sonstige Maßnahmen zur Einsparung von Primärenergie wie der oben dargestellte Umstellung von Gasetagenheizung auf Fernwärme leuchtet indes nicht recht ein. Die Differenzierung ist schon deshalb problematisch, weil auch die sonstigen Maßnahmen zur Einsparung von Primärenergie ökologisch sinnvoll sind (Dies wird auch von den Anhängern der Theorie der Endenergieeinsparung nicht in Frage gestellt). Beide Maßnahmenarten ähneln einander derart stark, dass bereits aufgrund der Ähnlichkeit eine Ungleichbehandlung nicht gerechtfertigt erscheint. Daneben ist kein sachlicher Grund ersichtlich, der eine rechtlich unterschiedliche Behandlung der beiden Maßnahmenarten rechtfertigt.

Nach hier vertretener Auffassung sind die oben genannten „ökologisch sinnvollen Maßnahmen" und die Maßnahmen, die zur Nutzbarkeit von „erneuerbare Energien" ergriffen werden, gleich zu behandeln mit beispielsweise der oben (unter B. II. 5. a. aa.) dargestellten Umstellung von Gasetagenheizung auf Fernwärme. Es handelt sich bei all diesen Maßnahmen letztlich um solche, die in ein und derselben Fallgruppe zusammenzufassen sind. Entscheidendes Kennzeichen dieser Fallgruppe ist, dass es bei den in Rede stehenden Maßnahmen darum geht, was konkret Einsparung von Energie bedeutet und ob man den Gedanken des Umweltschutzes als Gesetzeszweck als Hauptzweck ansieht. Die rechtliche Behandlung der jeweiligen Maßnahmen, d.h. die Subsumtion unter die dritte Variante des Modernisierungsbegriffs hängt entscheidend davon ab, ob man der Theorie der Primärenergieeinsparung oder der Theorie der Endenergieeinsparung den Vorzug gibt.

6. Gesamtergebnis

Die Legaldefinition des Modernisierungsbegriffs des § 559 Absatz 1 BGB besteht aus drei Alternativen, die sämtlich vom Vermieter bereits durchgeführte bauliche Maßnahmen voraussetzen. Die baulichen Maßnahmen müssen entweder den Gebrauchswert der Mietsache nachhaltig erhöhen, die allgemeinen Wohnverhältnisse auf Dauer verbessern oder nachhaltig Einsparungen von Energie oder Wasser bewirken.

III. Begriff im Kontext der Vorschrift, Sinn und Zweck

Wie bereits bei den einzelnen Bestandteilen der Legaldefinition des Modernisierungsbegriffs dargestellt, liegen sowohl dem Modernisierungsbegriff als auch der Vorschrift des § 559 Absatz 1 BGB in Ganzen unterschiedliche Gedanken und Zielrichtungen zugrunde, so dass man kaum von bloß einem einzigen Normzweck sprechen kann. An

---

227 Beispielsweise Staudinger-Emmerich, § 554 Rn. 19./. § 559 Rn. 32 a.

dieser Stelle sollen Sinn und Zweck des Modernisierungsbegriffs im Kontext der Vorschrift unter einem allgemeineren Blickwinkel dargestellt werden.

1. Anreizfunktion durch zumindest teilweise Aufwendungsersatz des Vermieters

Die Vorschrift des § 559 Absatz 1 BGB soll den Vermieter nicht von Verbesserungen des vermieteten Wohnraumes dergestalt abhalten, dass eine an den von ihm durchgeführten Verbesserungen orientierte Mieterhöhung ausgeschlossen wäre.[228] Im Gegenteil soll für den (einzelnen) Vermieter ein gewisser Anreiz geschaffen werden, insbesondere ältere Wohnungen zu verbessern und zu modernisieren.[229] Ob diese der Vorschrift zugrundeliegende Anreizfunktion, also der Anreiz zur Wohnungsmodernisierung tatsächlich nur „denkbar gering[230]" ist, oder ob gerade das Gegenteil der Fall ist, was sich an der Qualität des westdeutschen Wohnungsbestandes (im Vergleich zum früheren Wohnungsbestand der ehemaligen DDR) insgesamt zeige,[231] ist letztlich Spekulation und kann schwerlich eindeutig beantwortet werden. Nichtsdestoweniger gewährt die Vorschrift dem Vermieter die Möglichkeit, zumindest einen Teil seiner für die vermietete Wohnung getätigten Aufwendungen auf den Mieter umzulegen, so dass jedenfalls von einem zumindest theoretischen Anreiz für den Vermieter zur Modernisierung der Mietsache gesprochen werden kann. Die Anreizfunktion durch zumindest teilweisen Aufwendungsersatz des Vermieters betrifft indes nicht nur die Vorschrift des § 559 Absatz 1 BGB, sondern gleichfalls den Modernisierungsbegriff des Mietrechts.

2. Entlastungsfunktion des Vermieters

In der Praxis kommt es regelmäßig vor, dass ein Vermieter die Mietsache nicht aus eigenem Antrieb modernisiert, sondern aufgrund von Anordnungen Dritter wie Behörden oder aufgrund von geänderten Bauvorschriften wie Rechtsverordnungen oder auch kommunalen Satzungen bauliche Maßnahmen durchführen lassen muss. Die Vorschrift des § 559 BGB und damit auch der Modernisierungsbegriff ermöglicht es dem Vermieter in derartigen Fällen, wenigstens einen Teil seiner Investitionen auf den die Wohnung nutzenden Mieter umlegen zu können.[232] Folglich dienen Vorschrift und Modernisierungsbegriff auch der finanziellen Entlastung des Vermieters.

---

228 Palandt-Weidenkaff, § 559 Rn. 1; Bamberger/Roth-Ehlert, § 559 Rn. 2; Schmidt-Futterer-Börstinghaus, § 559 Rn. 3.
229 BGH NJW 2004, 2088, 2089; OLG Hamburg, NJW 1981, 2820, 2821; Schmidt-Futterer-Börstinghaus § 559 Rn. 6; Staudinger-Emmerich, § 559 Rn. 1.
230 So: Staudinger-Emmerich, § 559 Rn. 3.
231 So: Schmidt-Futterer-Börstinghaus § 559 Rn. 6; ähnlich: Sonnenschein, NJW 1998, 2172, 2177.
232 Bamberger/Roth-Ehlert, § 559 Rn. 5.

3. Wirtschaftspolitische Funktion

Der Vorschrift des § 559 Absatz 1 BGB und dem Modernisierungsbegriff kommt ferner eine wirtschaftspolitische Bedeutung zu.[233] Diese liegt darin, dass Modernisierungsmaßnahmen (von Mietwohnungen) eine wesentliche Stütze der Bauwirtschaft darstellen und Einschränkungen bei den mietrechtlichen Umlagemöglichkeiten von Modernisierungskosten direkte Auswirkungen auf den Arbeitsmarkt haben.[234] Die Bedeutung der wirtschaftspolitischen Funktion wird umso klarer, wenn man sich vor Augen führt, dass es in Bundesrepublik Deutschland derzeit mehr als 20 Millionen Wohnraummietverhältnisse gibt.[235]

4. Schutz des Mieters

a) Schutz des Mieters über § 559 BGB

Die Vorschrift des § 559 BGB als Teil des sozialen Mietrechts (siehe hierzu auch unten unter B. IV. 2.) enthält freilich auch eine mieterschützende Komponente, sogenannte mieterschützende Funktion.[236] Diese wird besonders deutlich, wenn man sich vor Augen führt, dass § 559 BGB dem Vermieter zwar das Recht einräumt, den zuvor durch Mietvertrag gemäß § 535 BGB festgelegten Leistungsumfang einseitig zu ändern. Dieses Recht des Vermieters wird jedoch gleichzeitig dadurch eingeschränkt, dass der Vermieter nur unter ganz bestimmten Voraussetzungen, nämlich denen der §§ 554 BGB und § 559 BGB, den Leistungsumfang aus dem Mietvertrag ändern kann.[237] Der Mieterschutz lässt sich also sowohl der Vorschrift des § 559 Absatz 1 BGB im Ganzen, als auch dem Modernisierungsbegriffs entnehmen. Betrachtet man zusätzlich noch Regelungen über die Anrechnung der Kürzungsbeträge, § 559 a BGB, so wird die mieterschützende Funktion der Vorschrift des § 559 Absatz 1 BGB und des Modernisierungsbegriffs noch deutlicher.[238]

Die mieterschützende Funktion ist weiterhin bei der Auslegung aller Tatbestandsvoraussetzungen des § 559 BGB mit zu beachten. Die Vorschrift des § 559 BGB birgt für den Mieter nämlich ein erhebliches Risiko, da die Höhe der zukünftigen Miete für ihn nur schwer kalkulierbar ist.[239]

---

233 BGH NJW 2004, 2088, 2089; Blank/Börstinghaus-Börstinghaus, § 559 Rn. 1.
234 Schmidt-Futterer-Börstinghaus § 559 Rn. 5; Sonnenschein, NJW 1998, 2172, 2177.
235 Deutscher Mieterbund: http://www.mieterbund.de/aufgaben_ziele.html.
236 Bamberger/Roth-Ehlert, § 559 Rn. 2; Hannemann/Wiegner-Lutz, § 35 Rn. 191; Blank/Börstinghaus-Börstinghaus, § 559 Rn. 1.
237 Schmidt-Futterer-Börstinghaus § 559 Rn. 8.
238 Schmidt-Futterer-Börstinghaus § 559 Rn. 8.
239 Schmidt-Futterer-Börstinghaus § 559 Rn. 8.

b) Schutz des Mieters über § 559 i.V.m. § 554 Absatz 2 Satz 2 BGB

Im Bereich der Mieterhöhungen bei Modernisierung gemäß § 559 Absatz 1 BGB ist der Mieter von Wohnraum ferner über die Vorschrift des § 554 Absatz 2 Satz 2 geschützt. Dies ergibt sich aus dem Zusammenspiel von § 559 BGB, der die Mieterhöhung bei Modernisierung normiert, und § 554 Absatz 2 Satz 1 BGB („Duldung von Erhaltungs- und Modernisierungsmaßnahmen"). Letztere Vorschrift regelt den Duldungsanspruch in dem Falle, in dem es sich um Maßnahmen zur Verbesserung der Mietsache, zur Einsparung von Energie oder Wasser (…) handelt. Dabei ist zu beachten, dass trotz nicht völlig gleichlautenden Wortlauts die Modernisierungsbegriffe beider Vorschriften inhaltlich weitestgehend miteinander übereinstimmen.[240] Die wenigen Unterschiede zwischen den beiden Modernisierungsbegriffen fallen in der Praxis praktisch nicht ins Gewicht.[241]

Wenn nun der Vermieter die baulichen Veränderungen an der Mietsache vornehmen will, um nach durchgeführter Modernisierung die Miete erhöhen zu können, dann setzt der Mieterschutz hinsichtlich der drohenden Mieterhöhung gemäß § 559 Absatz 1 BGB bereits in zeitlicher Hinsicht früher, nämlich schon beim Duldungsanspruch aus § 554 Absatz 2 Satz 1 BGB an. Dieser Duldungsanspruch besteht gemäß § 554 Absatz 1 Satz 2 BGB nämlich gerade dann nicht, wenn die Maßnahme für den Mieter, seine Familie oder einen Angehörigen seines Haushaltes *eine Härte bedeuten würde, die auch unter Würdigung der berechtigten Interessen des Vermieters und anderer Mieter in dem Gebäude nicht zu rechtfertigen ist.*

Soweit die Tatbestandsvoraussetzungen vorliegen, verneint § 554 Absatz 2 Satz 2 BGB nicht nur die Duldungspflicht des Mieters, sondern „verhindert" logischerweise auch die mit der Modernisierung üblicherweise verbundene Mieterhöhung nach § 559 Absatz 1 BGB. Aus dem Zusammenspiel der Vorschrift des § 554 Absatz 2 Satz 2 f. und § 559 Absatz 1 BGB folgt somit, dass Mieter gegenüber Modernisierungsmaßnahmen keinesfalls schutzlos gestellt ist.[242]

Der Modernisierungsbegriff des § 559 Absatz 1 BGB beinhaltet also auch unter diesem Gesichtspunkt ein den Mieter schützendes Element.

5. Interesse des Mieters

Zweck des Modernisierungsbegriffs ist aber nicht nur wie eben dargestellt Mieterschutz, sondern auch die Berücksichtigung der Interessen des Mieters.

Im Falle der nachhaltigen Erhöhung des Gebrauchswertes durch eine bauliche Maßnahme kommt es zu einer objektiven Verbesserung der Mietsache. Von dieser objektiven Verbesserung profitiert der Mieter, da so die Wohnqualität und Wohnkomfort der Mietsache objektiv gesteigert wird.[243] Diese Steigerung ist im zumindest ob-

---

240 Staudinger-Emmerich, § 559 Rn. 15.
241 Staudinger-Emmerich, § 559 Rn. 15; vgl. aber: Sternel, NZM 2001, 1058, 1059.
242 BGH, NJW 2004, 1738, 1740.
243 MüKo-Artz, § 559 Rn. 3; BT-Drucksache 14/4553, S. 58 (rechte Spalte).

jektiven Interesse des Mieters. Das gleiche gilt im Falle der zweiten Variante der Legaldefinition des Modernisierungsbegriffs, der Verbesserung der allgemeinen Wohnverhältnisse auf Dauer.

6. Umweltschutzfunktion als öffentliches Interesse

Eine weitere Funktion von Vorschrift und Modernisierungsbegriff liegt darin, insbesondere durch bauliche Maßnahmen zur Energieeinsparung und durch die Schaffung entsprechender finanzieller Anreize für den Vermieter diesen dazu zu motivieren, möglichst umweltschonend mit Energien umzugehen. Die Entlastung der Umwelt[244] stellt folglich eine weitere Funktion der Vorschrift des § 559 Absatz 1 BGB und damit auch des Modernisierungsbegriffs dar. Eine Besonderheit besteht darin, dass die umweltpolitische Funktion und Zielrichtung ausschließlich im öffentlichen Interesse erfolgt[245] und daher mit Mietrecht an sich wenig zu tun hat.[246]

7. Modernisierung des Wohnungsbestandes im öffentliches Interesse

Nicht vergessen werden sollte die Tatsache, dass in der Bundesrepublik der Wohnungsbestand zu großen Teilen aus Alt- und Nachkriegsbauten besteht. Diese Situation ist durch die Wiedervereinigung noch verstärkt worden, da der Wohnungsbestand im Bereich der neuen Bundesländer sich in einem teilweise desolaten Zustand befand. Die sich aus dieser Situation ergebende Funktion des § 559 BGB, dem erhöhten Investitions- und Modernisierungsbedarf durch Förderung der Sanierung und der Bestandspflege Rechnung zu tragen und so auf eine permanente Modernisierung des teilweise überalterten Wohnungsbestandes hinzuwirken, liegt im öffentlichen Interesse.[247]

8. Rangfolge

Aus der Gesetzesbegründung ergibt sich keine unmittelbare Rangfolge der unterschiedlichen Gedanken, Zweck- und Zielrichtungen, die dem Modernisierungsbegriff des § 559 BGB zugrunde liegen. Der BGH betont regelmäßig, dass § 559 BGB – ebenso wie die frühere entsprechende Regelung in § 3 MHG – aus wohnungs-, wirt-

---

244 BT-Drucksache 14/4553, S. 58 (rechte Spalte); BGH, NJW 2004, 2088, 2089; Schmidt-Futterer-Börstinghaus, § 559 Rn. 7.
245 Bamberger/Roth-Ehlert, § 559 Rn. 2; MüKo-Artz, § 559 Rn. 3; Schmidt-Futterer-Börstinghaus, § 559 Rn. 7; Staudinger-Emmerich, § 559 Rn. 31.
246 Schmidt-Futterer-Börstinghaus § 559 Rn. 7.
247 BGH NJW 2004, 2088, 2089; Sonnenschein PiG 1983, 13, 65, 70; Sternel, NZM 2001, 1058, 1058; BT-Drucksache 14/4553, S. 58 (linke Spalte); Schmidt-Futterer-Börstinghaus § 559 Rn. 6.

schafts- und umweltpolitischen Gründen den Zweck verfolgt, die Modernisierung vorhandenen alten Wohnbestands zu fördern.[248]

Diese Aussage greift angesichts der vielen unterschiedlichen Zweck- und Zielrichtungen des Modernisierungsbegriffes jedoch zu kurz. Sinnvollerweise sollte im jeweiligen Einzelfall geprüft werden, welcher Zweck und welches Ziel des Modernisierungsbegriffes vorrangig zu berücksichtigen sind. Neben den Umständen des Einzelfalles sollte zudem stets bedacht werden, dass bei den einzelnen Varianten der Legaldefinition des Modernisierungsbegriffs wie oben dargestellt unterschiedliche Zweck- und Zielrichtungen im Vordergrund stehen.

Eine pauschale und allgemeingültige Aussage zur Rangfolge der Ziel- und Schutzrichtungen kann daher kaum getroffen werden.

9. Schlussfolgerungen

§ 559 Absatz 1 BGB hat eine Vielzahl von bei der Rechtsanwendung zu beachtenden Zweck- und Schutzrichtungen. Diese Zweck- und Schutzrichtungen und Funktionen spielen sowohl bei der Auslegung der gesamten Vorschrift des § 559 Absatz 1 BGB, als auch bei der Auslegung und Interpretation des mietrechtlichen Modernisierungsbegriffs eine erhebliche Rolle. Eine allgemeingültige Rangfolge der Zweck- und Schutzrichtungen ist kaum festlegbar.

IV. Begriff im Kontext des 2. Unterkapitels des zweiten Kapitels sowie des gesamten BGB

Zum besseren Verständnis des Modernisierungsbegriffs sowie der Vorschrift des § 559 Absatz 1 BGB ist es hilfreich, sich auch die systematische Stellung im Gesetz vor Augen zu führen. Die Vorschrift des § 559 BGB steht im Unterkapitel 2., Regelungen über die Miethöhe im 2. Kapitel des 2. Untertitels, Mietverhältnisse über Wohnraum. Gemäß § 549 Absatz 1 BGB gilt § 559 BGB für Mietverhältnisse über Wohnraum mit Ausnahme der in § 549 Absatz 2 und 3 genannten Fälle.

Aus der systematischen Stellung sowohl innerhalb des Mietrechts, als auch innerhalb des gesamten BGB ergeben sich für Anwendung und Auslegung der Vorschrift bestimmte Schlussfolgerungen.

1. § 559 BGB als eng auszulegende Ausnahmevorschrift

Die Vorschrift des § 559 BGB stellt im System der Mieterhöhungen des BGB eine Besonderheit dar, da ihr ein dem BGB sonst fremder gedanklicher Ansatz zugrunde liegt.

---

248 BGH NJW 2008, 2031, 2031; NJW 2007, 3122, 3123; NJW 2007, 1738, 1740.

Im Allgemeinen kennt das BGB unterschiedliche Arten der Mieterhöhungen.[249] Es existieren Regelungen zur Mieterhöhung, die an vertragliche Vereinbarungen anknüpfen (Staffelmiete gemäß § 557 a BGB und Indexmiete gemäß § 557 b BGB). Im Unterschied dazu knüpfen §§ 558 ff. BGB (Mieterhöhung bis zur ortsüblichen Vergleichsmiete), § 559 BGB (Mieterhöhung bei Modernisierung) und in eingeschränktem Umfang auch § 560 (Veränderungen von Betriebskosten) an den Bestand als solchen an. Vergleicht man nun die letzten drei Vorschriften zur Mieterhöhung, die an den Bestand anknüpfen, miteinander, so fällt auf, dass sich die Mieterhöhung gemäß § 559 BGB im Gegensatz zu den anderen Vorschriften ausschließlich an den durch die Modernisierung entstandenen Kosten orientiert (sogenannte Kostenmiete)[250] und gerade nicht daran, was allgemein oder üblicherweise für modernisierten Wohnraum gezahlt wird.[251] Die Vorschrift des § 559 BGB basiert also nicht wie die anderen Vorschriften zur Mieterhöhung auf einer Einigung der Vertragsparteien, die sich an der ortsüblichen Vergleichsmiete orientiert.[252] Durch diesen dem BGB sonst fremden Kostenansatz, der in der Literatur bisweilen auch als Systembruch,[253] Fremdkörper[254] oder gar als überflüssig[255] bezeichnet wird, stellt sich die Vorschrift des § 559 BGB nach ganz überwiegend vertretener Auffassung[256] als Ausnahmevorschrift dar, die eng auszulegen ist.

2. § 559 BGB als Ausdruck des sozialen Mietrechts

Die Vorschrift des § 559 BGB wird als Teil und Ausdruck des sozialen Mietrechts angesehen.[257] Unter sozialem Mietrecht versteht man bestimmte Normen des BGB für Mietverhältnisse über Wohnraum und bestimmte zivilprozessuale Vorschriften, die erstmals im Gesetz über den Abbau der Wohnungszwangswirtschaft und über ein soziales Miet- und Wohnrecht von 1960 (AbbauG)[258] dem Grunde nach angelegt und später hauptsächlich in Form des 1. – 3. Mietrechtsänderungsgesetzes (MietRÄndG)[259] sowie das Mietrechtsreformgesetz (MietRRefG)[260] kodifiziert wurden.[261] Zwar gilt der Grundsatz der Vertragsfreiheit (selbstverständlich) auch im Miet-

---

249 Vgl. Blank/Börstinghaus-Blank, Vorbemerkung zu §§ 557-561 Rn. 7.
250 Staudinger-Emmerich, § 559 Rn. 3.
251 Bamberger/Roth-Ehlert, § 559 Rn. 5.
252 MüKo-Artz, § 559 Rn. 3.
253 Staudinger-Emmerich, § 559 Rn. 3; Schmid-Riecke, § 559 Rn. 2.
254 Weitemeyer, NZM 2001, 563, 570.
255 Rips, NZM 2001, 326, 326; Bamberger/Roth-Ehlert, § 559 Rn. 6.
256 BGH, Urteil vom 9.4.2008: VIII ZR 286/06; BGH NJW 2007, 3122, 3123; Bamberger/Roth-Ehlert, § 559 Rn. 5; Schmidt-Futterer-Börstinghaus § 559 Rn. 2; Blank/Börstinghaus-Börstinghaus, § 559 Rn. 1; Hannemann/Wiegner-Lutz, § 35 Rn. 188.
257 Blank/Börstinghaus-Börstinghaus, § 559 Rn. 1; Schmidt-Futterer-Börstinghaus § 559 Rn. 8; Bamberger/Roth-Ehlert, § 535 Rn. 134 sowie § 559 Rn. 2; Hannemann/Wiegner-Lutz, § 35 Rn. 191; Palandt-Weidenkaff, Einf v § 535 Rn. 90 sowie Rn. 128.
258 BGBl. I 389.
259 BGBl. I 505; BGBl. I 457; BGBl. I 1248.
260 BGBl. I 149.
261 Umfassend hierzu: Staudinger-Emmerich, Vorbemerkungen zu § 535 Rn. 8 ff.

recht (über Wohnraum), es existieren jedoch einige Vorschriften insbesondere im Bereich des Preis- und Bestandsschutzes,[262] die sich als rechtlich Einschränkungen aus sozialen Gründen darstellen. Einseitige Mieterhöhungen des Vermieters sind daher nur in bestimmtem Umfang zulässig um im Falle des § 559 BGB die Miete an den gesteigerten Mietwert des Wohnraumes anzupassen. § 559 BGB enthält demnach eine beachtliche soziale Komponente (zum Schutz des Mieters siehe auch unter D.IV.4). Zusammenfassend lässt sich also festhalten, dass der der Vorschrift des § 559 BGB zugrundeliegende Gedanke des sozialen Mietrechts sowohl bei Anwendung als auch Auslegung der Vorschrift stets mit zu berücksichtigen ist. Daraus folgt, dass konsequenterweise auch bei der Auslegung und Interpretation des Modernisierungsbegriffs der der Vorschrift insgesamt zugrundeliegende Gedanke des sozialen Mietrechts nicht außer acht gelassen werden darf.

3. § 559 BGB als Ausnahme vom Grundsatz pacta sunt servanda

Betrachtet man die Vorschrift des § 559 Absatz 1 BGB nicht nur im System der mietrechtlichen Vorschriften, sondern im Kontext des gesamten BGB, so fällt eine weitere dogmatische Besonderheit auf. Die Vorschrift des § 559 Absatz 1 BGB gewährt dem Vermieter nämlich die Möglichkeit, ohne Zustimmung des Mieters einen bestehenden Vertrag zu ändern. Dieses dem Vermieter zustehende Recht weicht freilich erheblich vom allgemeinen Grundsatz ab, nach welchem keine Vertragspartei befugt ist, während der Vertragslaufzeit einseitig den Vertragsgegenstand sowie den Leistungsumfang zu ändern.[263]

Die vom Vermieter gemäß § 559 Absatz 1 zulässigerweise durchgesetzten Änderungen des Mietvertrages erfolgen auch nicht wie beispielsweise im Falle der § 558 ff durch einen Abänderungsvertrag, auf dessen Abschluss der Vermieter unter bestimmten, in den §§ 558 ff. normierten Voraussetzungen einen Anspruch hat, sondern durch lediglich einseitige Erklärung des Vermieters.[264] Dem Vermieter billigt das Gesetz also ein Gestaltungsrecht zu, welches auf einseitige Änderung des Vertragsinhaltes gerichtet ist. Dieses Recht wird auch als Anpassungsbestimmungsrecht bezeichnet.[265] Sowohl in dogmatischer als auch in praktischer Hinsicht ist dieses Anpassungsbestimmungsrecht des Vermieters als nicht unproblematisch anzusehen.[266] Dogmatisch bedeutet das Anpassungsbestimmungsrecht, dass der Vermieter entgegen den Grundsätzen des allgemeinen Vertragsrechts sowie der Vorschrift des § 311 Absatz 1 BGB sowohl Vertragsgegenstand als auch Miete während des laufenden Mietverhältnisses einseitig und vor allem zum Nachteil des Mieters ändern kann.[267] In praktischer Hinsicht folgt aus dem Anpassungsbestimmungsrecht des Vermieters, dass dieser bei

262 Palandt-Weidenkaff, Einf. v. § 535 Rn. 127 ff.
263 Bamberger/Roth-Ehlert, § 559 Rn. 6; Schmidt-Futterer-Börstinghaus, § 559 Rn. 4; Staudinger-Emmerich, § 559 Rn. 3.
264 Bamberger/Roth-Ehlert, § 559 Rn. 2; MüKo-Artz, § 559 Rn. 1.
265 MüKo-Artz, § 559 Rn 1.
266 So auch: Staudinger-Emmerich, § 559 Rn. 3; Weitemeyer, NZM 2001, 563, 570.
267 Staudinger-Emmerich, § 559 Rn. 3.

sinkenden Mieten eine Mieterhöhung erreichen kann, die der Markt, beispielsweise aufgrund eines Überangebots, nicht hergeben würde.[268] Die Möglichkeit des Vermieters, sowohl Vertragsgegenstand auch Leistungsumfang des Mietvertrages durch das ihm zustehende Anpassungsbestimmungsrecht einseitig zu ändern, führt dazu, dass § 559 BGB auch unter diesem Aspekt als Ausnahmevorschrift angesehen werden muss.[269]

4. Schlussfolgerungen

Es bleibt festzuhalten, dass die Vorschrift des § 559 Absatz 1 BGB aus mehreren Gründen eine Ausnahmevorschrift darstellt, die konsequenterweise eng auszulegen ist. Dies ist nicht nur bei Rechtsfolge des Anpassungsbestimmungsrechts des Vermieters zur Mieterhöhung von Bedeutung, sondern gleichfalls bei der Auslegung der einzelnen Tatbestandsmerkmale, also auch sämtlicher Bestandteile der Legaldefinition des Modernisierungsbegriffs zu berücksichtigen.

268 Weitemeyer, NZM 2001, 563, 570.
269 Ebenso: Hannemann/Wiegner-Lutz, § 35 Rn. 188 f.

C. Begriff der Modernisierung gemäß § 22 Absatz 2 Satz 1 WEG

I. Einleitung

Die im Zuge der WEG Novelle neu eingeführte Vorschrift des § 22 Absatz 2 WEG spricht in Satz 1 von Maßnahmen, *die der Modernisierung entsprechend § 559 Absatz 1 des BGB dienen*. Der Gesetzgeber hat also mit § 22 Absatz 2 Satz 1 WEG keinen neuen Modernisierungsbegriff geschaffen. Er hat außerdem den Begriff der Modernisierung nicht erneut definiert. Vielmehr erklärt das Gesetz in § 22 Absatz 2 Satz 1 WEG den bisherigen und schon existierenden Modernisierungsbegriff des § 559 Absatz 1 BGB durch eine Verweisung für anwendbar. Einschränkungen in der Anwendbarkeit oder Hinweise zur Reichweite der Verweisung finden sich in der neu gefassten Vorschrift nicht. Lediglich das Wort „*entsprechend*" könnte auf eine inhaltliche Beschränkung der Reichweite der Verweisung auf den mietrechtlichen Modernisierungsbegriff hindeuten. Allerdings wird durch das Wort "*entsprechend*" gesetzestechnisch lediglich erreicht, dass der mietrechtliche Modernisierungsbegriff des § 559 Absatz 1 BGB überhaupt außerhalb des BGB, also hier im WEG anwendbar sein kann. Daher ergibt sich aus dem Wort "*entsprechend*" hier keine Aussage über die inhaltliche Beschränkung der Reichweite des (mietrechtlichen) Modernisierungsbegriffs.

Trotz dieser pauschalen Verweisung liegt es schon in der Natur der Regelungsmaterie, dass zwischen dem mietrechtlichen Modernisierungsbegriff des BGB und einem Modernisierungsbegriff innerhalb des Anwendungsbereiches des WEG gewisse Unterschiede bestehen müssen.

Zunächst ist der mietrechtliche Modernisierungsbegriff Teil eines eigenen mietrechtlichen Regelungskomplexes, nämlich der Vorschriften der Mietverhältnisse über Wohnraum: Regelungen über die Miethöhe (§ 557 bis 561 BGB). Ein entsprechender oder auch nur vergleichbarer Regelungskomplex existiert im WEG nicht. Das folgt daraus, dass zwischen WEG und Miete strukturelle und systematische Unterschiede bestehen: Das Mietrecht ist – vereinfacht ausgedrückt – gemäß § 535 BGB geprägt von der Gebrauchsgewährung des Vermieters einerseits und der Mietzahlung des Mieters andererseits. Mit anderen Worten: Ein Mietverhältnis ist ein vertragliches Schuldverhältnis zwischen Vermieter und Mieter, das auf Gebrauchsgewährung gegen Entgelt (die Miete) gerichtet ist.[270] Es handelt sich dabei um einen gegenseitigen Vertrag im Sinne der §§ 320 BGB ff.[271]

Ein vergleichbarer gegenseitiger Vertrag existiert im hier interessierenden Bereich des WEG nicht. Auch die beim Mietvertrag im Gegenseitigkeitsverhältnis stehende Entgeltzahlung findet im WEG keine Entsprechung. Folglich kann im Bereich des WEG auch keine Erhöhung eines entsprechenden Entgelts verlangt werden.

---

270 Palandt-Weidenkaff, Einf v § 535 Rn. 1.
271 Palandt-Weidenkaff, Einf v § 535 Rn. 2.

Aber auch die beteiligten Parteien unterscheiden sich grundlegend. Während sich im Mietrecht Vermieter und Mieter mit rechtlich unterschiedlichen Interessen gegenüberstehen, so geht das WEG von grundsätzlich gleichberechtigten Miteigentümern als Teil der Wohnungseigentümergemeinschaft aus (vgl. beispielsweise § 25 Absatz 2 Satz 1 WEG).

Mietrecht und Wohnungseigentumsrecht unterscheiden sich also strukturell und systematisch erheblich.

Aufgrund dieser offensichtlichen Unterschiede in der Regelungsmaterie erscheint es daher nahe liegend, von einem eigenen, wohnungseigentumsrechtlichen Modernisierungsbegriff innerhalb der wohnungseigentumsrechtlichen Systematik auszugehen. Es soll nun versucht werden, Eigenart und Struktur dieses wohnungseigentumsrechtlichen Modernisierungsbegriffs herauszuarbeiten und darzustellen. Dabei soll insbesondere auf die Systematik des § 22 Absatz 2 WEG sowie den hinter der Vorschrift und damit dem Modernisierungsbegriff liegenden Zweck näher eingegangen werden.

Inwiefern der wohnungseigentumsrechtliche Modernisierungsbegriff tatsächlich dem mietrechtlichen entspricht und ob die Verweisungstechnik des Gesetzes sinnvoll ist, wird später im Teil D dieser Arbeit dargestellt und vertieft. Dabei wird auf die einzelnen Bestandteile der Legaldefinition des § 559 Absatz 1 BGB im – neuen – Anwendungsbereich des Wohnungseigentumsrecht näher eingegangen und hinterfragt, ob die Legaldefinition des mietrechtlichen Modernisierungsbegriffs direkt auf das Wohnungseigentumsrecht übertragbar ist.

II. Bauliche Maßnahmen im Wohnungseigentumsrecht

Analog zum Modernisierungsbegriff des § 559 Absatz 1 BGB erfordert eine Modernisierung im Anwendungsbereich des § 22 Absatz 2 WEG zunächst eine bauliche Maßnahme. Nach der Vorschrift des § 22 Absatz 2 Satz 1 WEG müssen nämlich Maßnahmen im Sinne von baulichen Veränderungen (…) vorliegen, die der Modernisierung (…) dienen. Damit gehört der Begriff der (baulichen) *Maßnahme* streng genommen nicht zum wohnungseigentumsrechtlichen Modernisierungsbegriff. Jedoch ist aufgrund der Normenstruktur der Vorschriften der §§ 21 und 22 WEG der Begriff der Maßnahme nahezu untrennbar mit dem Modernisierungsbegriff verbunden. Ohne eine bauliche Maßnahme im Sinne des WEG liegt auch keine Modernisierung vor. Die Erörterung des einen macht ohne die Erörterung des anderen folglich wenig Sinn. Daher ist zunächst auf den Begriff der baulichen Maßnahme im Anwendungsbereich des WEG näher einzugehen.

In einer Wohnanlage im Sinne des WEG gibt es zwei Arten des Eigentums, das Gemeinschaftseigentum gemäß § 1 Absatz 5 WEG und das Sondereigentum gemäß § 1 Absatz 2 WEG. Bauliche Maßnahmen können sowohl im Bereich des Sonder- als auch im Bereich des Gemeinschaftseigentums durchgeführt werden. Die generelle Zulässigkeit baulicher Veränderungen innerhalb des Sondereigentums ergibt sich aus § 13 Absatz 1 WEG. Ein Wohnungseigentümer kann demnach bauliche Veränderungen innerhalb seines Sondereigentums durchführen, solange sie nicht das Gemeinschaftseigentum beeinträchtigen oder mit § 14 und 15 WEG nicht vereinbar sind.[272] Ebenfalls zulässig ist eine Änderung der inneren Aufteilung und Ordnung der im Sondereigentum stehenden Räume, solange die Festigkeit der übrigen Gebäudeteile nicht gefährdet ist.[273]

Während jeder Wohnungseigentümer grundsätzlich alleine über bauliche Veränderungen seines Sondereigentums entscheiden kann, so ist die Situation im Bereich des Gemeinschaftseigentums zwangsläufig eine andere. Hier bedarf es einer Entscheidung der Gemeinschaft der Wohnungseigentümer darüber, ob eine bauliche Maßnahme durchgeführt wird, oder nicht.

Das WEG unterscheidet im Rahmen eines abgestuften Systems zwischen verschiedenen baulichen Maßnahmen. Im Wesentlichen lassen sich drei verschiedene Arten baulicher Maßnahmen festhalten: bauliche Veränderungen (§ 22 Absatz 1 Satz 1 WEG), Modernisierungsmaßnahmen/Anpassungen an den Stand der Technik (§ 22 Absatz 2 WEG) und Maßnahmen der Instandhaltung/Instandsetzung (§ 21 Absatz 5 Nr. 2 WEG). Im Einzelfall kann ferner eine Maßnahme der ordnungsgemäßen Verwaltung (§ 21 Absatz 3 WEG) baulicher Art sein, jedoch stellen Maßnahmen der ordnungsgemäßen Verwaltung in diesem Zusammenhang eher einen Sonderfall dar.

Diese baulichen Maßnahmen haben jeweils unterschiedliche rechtliche Voraussetzungen. Auch sind für ihren rechtsgültigen Beschluss unterschiedliche Mehrheiten der Wohnungseigentümer erforderlich. Aus diesen Gründen ist eine exakte rechtliche Einordnung der jeweiligen Maßnahme unerlässlich. Die für den Modernisierungsbegriff des § 22 Absatz 2 Satz 1 WEG erforderliche bauliche Maßnahme ist regelmäßig von den anderen baulichen Maßnahmen des WEG abzugrenzen, daher kann eine schlüssige Darstellung der Struktur des Modernisierungsbegriffs nur innerhalb des Systems der baulichen Maßnahmen des WEG erfolgen.

1. Allgemeine bauliche Veränderungen gemäß § 22 Absatz 1 Satz 1 WEG

Das Gesetz definiert den Begriff der baulichen Veränderungen negativ. Nach § 22 Absatz 1 Satz 1 WEG können bauliche Veränderungen und Aufwendungen, die über die ordnungsgemäße Instandhaltung oder Instandsetzung des gemeinschaftlichen Eigentums hinausgehen, beschlossen oder verlangt werden, wenn jeder Wohnungseigentümer zustimmt, dessen Rechte durch die Maßnahme (…) beeinträchtigt werden. Unter baulicher Veränderung versteht man die gegenständliche Umgestaltung oder Veränderung des Erscheinungsbildes des gemeinschaftlichen Eigentums in Abweichung vom Zustand bei der Entstehung oder nach Vornahme früherer zulässiger baulicher Veränderungen.[274] Es muss also ein neuer Zustand geschaffen werden.[275] Dabei sind weder bauliche Tätigkeiten, noch bestimmte Arten der verwendeten Mittel entscheidend, ausschlaggebend ist allein, ob durch die Umgestaltung der ursprüngliche

---

272 Bärmann/Pick, § 13 Rn. 4.
273 OLG Hamm, NZM 2007, 294, 295.
274 Palandt-Bassenge, § 22 WEG Rn 1.
275 Niedenführ, NZM 2001, 1105, 1105.

bauliche Zustand des Gemeinschaftseigentums verändert wird.[276] Demnach kann bereits das Aufstellen von Blumenkästen oder Parabolantennen auf einem Balkon eine bauliche Veränderung sein, selbst wenn keine feste Verbindung zum Gebäude hergestellt wird.[277] Weitere Beispiele baulicher Veränderungen sind das Errichten eines Außenkamins,[278] eines Carports,[279] das Anbringen einer Garderobe im Treppenhaus,[280] das Anbringen einer Lichterkette am Balkongeländer[281] sowie das Verlegen von Trittplatten im Garten.[282] Dagegen werden solche baulichen Veränderungen, die sich ausschließlich auf den Bereich des Sondereigentums beschränken, nicht von § 22 Absatz 1 Satz 1 WEG erfasst.[283]

Die in § 22 Absatz 1 WEG ebenfalls genannten *Aufwendungen* sind freiwillige Vermögensopfer, die genau wie die *baulichen Veränderungen* über Instandhaltung und Instandsetzung hinausgehen, ohne jedoch mit einer Umgestaltung des Gemeinschaftseigentums verbunden zu sein.[284] Typisches Beispiel für eine Aufwendung ist die Anschaffung eines nicht zwingend erforderlichen elektrischen Rasenmähers.[285]

Für allgemeine *bauliche Veränderungen* ist nach § 22 Absatz 1 Satz 1 WEG die Zustimmung aller (…) beeinträchtigten Eigentümer erforderlich. Durch Vereinbarung der Wohnungseigentümer kann jedoch eine hiervon abweichende Regelung getroffen werden.[286]

2. Modernisierungsmaßnahmen/Anpassung an den Stand der Technik gemäß § 22 Absatz 2 Satz 1 WEG

Nach der Neuregelung des § 22 Absatz 2 Satz 1 WEG können die Wohnungseigentümer Maßnahmen zur Modernisierung und Anpassung des Gemeinschaftseigentums an den Stand der Technik ohne Zusammenhang mit einer Reparatur beschließen. Dabei ist der Begriff „Maßnahme" gleichbedeutend mit „baulicher Veränderung" im Sinne des § 22 Absatz 1 Satz 1 WEG, dies stellt das Gesetz in § 22 Absatz 2 Satz 2 WEG ausdrücklich klar. Unter Modernisierungsmaßnahmen sind dem Gesetzeswortlaut zufolge Maßnahmen entsprechend § 559 Absatz 1 BGB zu verstehen, die den Gebrauchswert der Anlage nachhaltig erhöhen, die allgemeinen Wohnverhältnisse auf Dauer verbessern oder nachhaltig Einsparung von Energie und Wasser bewirken. Mit „Stand der Technik" ist das Niveau einer anerkannten und in der Praxis bewährten, fortschrittlichen technischen Entwicklung gemeint, das ein Erreichen des gesetzlich

---

276 MüKo-Engelhardt, § 22 WEG Rn. 2.
277 OLG Stuttgart, NJWE-MietR 1996, 131, 131.
278 OLG Köln, NZM 2000, 764, 764.
279 BayObLG, NJW-RR 2000, 226, 227.
280 BayObLG, NJW-RR 1998, 875, 875.
281 LG Köln, Beschluss vom 11.2.2008, Az.: 29 T 205/06; BeckRS 2008, 11032.
282 BayObLG, NJW-RR 2002, 158, 158.
283 BayObLG, NJW-RR 2002, 445, 446.
284 Armbrüster, ZWE 2008, 61, 62.
285 Armbrüster, ZWE 2008, 61, 62.
286 Niedenführ/Kümmel/Vandenhouten-Niedenführ, § 22 Rn. 140.

vorgegebenen Ziels gesichert erscheinen lässt.[287] Nach dem Gesetzeswortlaut nicht erfasst sind jedoch solche Maßnahmen, die die Eigenart der Wohnanlage ändern oder die einen Wohnungseigentümer gegenüber anderen unbillig beeinträchtigen.

Sowohl für Modernisierungsmaßnahmen, als auch für Maßnahmen zur Anpassung an den Stand der Technik ist eine sogenannte doppelt qualifizierte Mehrheit[288] erforderlich, § 22 Absatz 2 Satz1 WEG. Darunter versteht man die Mehrheit der in der Versammlung anwesenden Eigentümer nach Köpfen und die Mehrheit aller Miteigentumsanteile. Gemäß § 22 Absatz 2 Satz 2 WEG kann diese Befugnis nicht durch Vereinbarung der Wohnungseigentümer eingeschränkt oder ausgeschlossen werden. Die Vorschrift des § 22 Absatz 2 WEG ist also nicht dispositiv.

3. Instandhaltung/Instandsetzung

a) Instandhaltung/Instandsetzung

Maßnahmen, die der Instandhaltung oder Instandsetzung des gemeinschaftlichen Eigentums dienen, sind in § 21 Absatz 5 Nr. 2 WEG geregelt. Diese Maßnahmen sind regelmäßig von den baulichen Veränderungen abzugrenzen.

Instandhaltung wird definiert als Erhaltung des ordnungsgemäßen Zustands des Gemeinschaftseigentums durch Pflege, Vorsorge und Erhaltungsmaßnahmen.[289] Neben nicht den Charakter verändernden Garten- und Baumarbeiten durch Auslichten und Zurückschneiden unterfällt auch die Wahrung von Verkehrssicherungspflichten gegenüber den einzelnen Wohnungseigentümern und Dritten der Instandhaltung des Gemeinschaftseigentums im Sinne des § 21 Absatz 5 Nr. 2 WEG.[290] Bei größeren Wohnanlagen kann auch die Anstellung eines Hausmeisters dem Begriff der Instandhaltung unterfallen.[291]

Unter Instandsetzung wird die Wiederherstellung eines ordnungsgemäßen Zustandes des Gemeinschaftseigentums verstanden.[292] Dieser ordnungsgemäße Zustand kann auch durch Ersetzung nicht reparaturfähiger oder reparaturwürdiger Gebäudeteile (oder Geräte oder Pflanzen) erfolgen. Ebenso kann auch die Beseitigung ursprünglich vorhandener Baumängel sowie die erstmalige Herstellung eines einwandfreien Zustands einschließlich der notwendigen Vorbereitungsmaßnahmen eine Instandsetzung darstellen.[293] Gleiches gilt für die Anbringung zeitgemäßer Isolierung der Außenhaut im Bereich der Kellerwände.[294]

In der Kommentarliteratur wird bisweilen begrifflich nicht zwischen Instandhaltung und Instandsetzung unterschieden, da eine genaue rechtliche Einordnung einer Maß-

---

287 Bamberger/Roth-Hügel, § 22 WEG Rn. 18.
288 Hügel/Elzer, § 7 Rn. 47.
289 Palandt-Bassenge, § 21 WEG Rn 14.
290 Palandt-Bassenge, § 21 WEG Rn 14.
291 Jennißen-Heinemann, § 21 Rn. 69.
292 BayObLG, NZM 2002, 75, 76; Palandt-Bassenge, § 21 WEG Rn 14.
293 BayObLG, NJW-RR 1989, 1293, 1294; Palandt-Bassenge, § 21 WEG Rn 14; Bamberger/Roth-Hügel, § 21 WEG Rn. 6.
294 OLG Düsseldorf NZM 2005, 184, 185.

nahme entweder als Instandhaltung oder Instandsetzung in aller Regel aufgrund der jeweils identischen Rechtsfolgen nicht für erforderlich gehalten wird.[295] Der Einfachheit halber wird dieser Sprachregelung hier gefolgt und zukünftig die Terminologie Instandhaltung/Instandsetzung verwendet. Unabhängig von der konkreten Einordnung entweder als Instandhaltung oder Instandsetzung sind von § 21 Absatz 5 Nr. 2 WEG als Maßnahme der Instandhaltung/Instandsetzung allgemein gesagt alle Reparaturmaßnahmen am Gebäude sowohl bei Beschädigung, als auch durch Abnutzung oder Alterung erfasst.[296] Erfolgen kann die Instandhaltung/Instandsetzung grundsätzlich durch pflegende, erhaltende und vorsorgende Maßnahmen.[297]

Für einen entsprechenden Beschluss solcher Maßnahmen reicht eine einfache Mehrheit aus, § 21 Absatz 5 Nr. 2 WEG i.V.m. § 21 Absatz 3 WEG. Eine einfache Mehrheit reicht selbst dann aus, wenn die Instandhaltung/Instandsetzung eine bauliche Veränderung bedeutet.[298] Eine abweichende Vereinbarung der Wohnungseigentümer über die erforderlichen Mehrheiten ist aber möglich, § 21 Absatz 3 WEG.

b) Modernisierende Instandsetzung

Eng verwand mit den Maßnahmen der Instandhaltung/Instandsetzung sind solche Maßnahmen, die nicht nur die Instandhaltung und Instandsetzung des Gemeinschaftseigentums betreffen, sondern gleichzeitig modernisierenden Charakter haben. Derartige Maßnahmen bezeichnet man als modernisierende Instandsetzung, § 22 Absatz 3 WEG.

Gemäß § 22 Absatz 3 WEG stellt eine modernisierende Instandsetzung keine (allgemeine) bauliche Veränderung im Sinne des WEG dar. Rechtsdogmatisch gesehen wird die modernisierende Instandsetzung den allgemeinen Verwaltungsangelegenheiten zugerechnet, dies gilt jedenfalls dann, wenn sie eine sinnvolle Werterhaltung beinhaltet. Die modernisierende Instandsetzung ist daher sowohl von der baulichen Veränderung, als auch – und das ist hier von größerem Interesse – von der Modernisierung gemäß § 22 Absatz 2 Satz 1 WEG zu unterscheiden.

Für die Unterscheidung kommt es nach überwiegend vertretener Auffassung darauf an, ob die Neuerung einen Bezug zur Instandhaltung oder Instandsetzung hat, ob also vorhandene Einrichtungen wegen bereits notwendiger oder absehbarer Reparaturen technisch auf einen aktuellen Stand gebracht oder durch eine wirtschaftlich sinnvollere Lösung ersetzt werden.[299] Mit anderen Worten ist eine modernisierende Instandsetzung eine Maßnahme, die über die bloße Wiederherstellung des bisherigen Zustandes hinausgeht[300] und anerkanntermaßen eine Verbesserung bedeutet. Diese Verbesserung

---

295 Bamberger/Roth-Hügel, § 21 WEG Rn. 6.
296 Hügel/Elzer, § 7 Rn. 8.
297 KG Berlin, NZM 1999, 131, 131.
298 Palandt-Bassenge, § 22 WEG Rn 22.
299 Niedenführ/Kümmel/Vandenhouten-Niedenführ, § 22 Rn. 151; Bamberger/Roth-Hügel, § 22 WEG Rn. 5; Erman-Grziwotz, § 22 WEG Rn. 8; Abramenko, § 4 Rn. 30; Häublein, ZMR 2007, 409, 420, 421; BT-Drucksache 16/887, S. 32; OLG Schleswig, NZM 2007, 650, 650.
300 Palandt-Bassenge, § 21 WEG Rn 28.

muss unter dem Gesichtspunkt einer vernünftigen Kosten- und Nutzenrelation einer ordnungsgemäßen bzw. sinnvollen Verwaltung entsprechen. Als Maßstab gilt hier ein vernünftiger, wirtschaftlich denkender und erprobten Neuerungen gegenüber aufgeschlossenen Eigentümer.[301] Ein Fall der ordnungsgemäßen Verwaltung soll dann vorliegen, wenn die Verbesserung der Werterhaltung, der Versorgungssicherheit oder des umweltbewusstem Umgangs mit Energie oder der Energieeinsparung dient.[302] Typische Beispiele modernisierender Instandsetzungsmaßnahmen sind Austausch von einfachverglasten Fenstern durch Thermofenster[303]oder das Anbringen einer wärmedämmenden Fassade.[304] Ebenso stellen der Ersatz morscher Holzpfosten eines Zauns durch Stahlpfosten[305] oder die Neueindeckung eines Daches mit Dachziegeln anstelle von Wellteerpappe[306] eine modernisierende Instandsetzung dar.

Nach teilweise vertretener Ansicht soll der Begriff der modernisierenden Instandsetzung im Interesse eines modernen und zeitgemäßen Wohnkomforts weit auszulegen sein mit der Folge, dass nicht auf einen aktuellen oder potentiellen Renovierungsbedarf abzustellen sei, sondern darauf, ob ein vorhandener, noch funktionsfähiger Standard hinter den Anforderungen nach einem zeitgemäßen Wohnen zurückbleibt.[307] Dieser Auffassung ist jedoch schon deshalb nicht zu folgen, weil andernfalls die Abgrenzung der modernisierenden Instandsetzung gemäß § 22 Absatz 3 WEG zur Modernisierung gemäß § 22 Absatz 2 WEG kaum noch möglich wäre.[308] Die vom Gesetzgeber neugeschaffene Beschlusskompetenz der Gemeinschaft für Modernisierungsmaßnahmen nach § 22 Absatz 2 Satz 1 WEG wäre ferner weitestgehend nutzlos, da praktisch alle denkbaren Maßnahmen bereits als modernisierende Instandsetzungen einzuordnen wären. Ein solches Ergebnis entspricht aber nicht dem Willen des Gesetzgebers. Im Übrigen ist das ebenfalls angeführte Kriterium des „üblichen Standards" weitgehend unbestimmt und daher kaum geeignet, der Auslegung der modernisierenden Instandsetzung dienlich zu sein.

Modernisierende Instandsetzungsmaßnahmen können grundsätzlich als Maßnahmen ordnungsmäßiger Verwaltung nach § 22 Absatz 3 WEG in Verbindung mit § 21 Absatz 3 WEG mehrheitlich, also mit einfacher Mehrheit beschlossen werden. Auch hier sind anderweitige Vereinbarungen der Wohnungseigentümer möglich, § 21 Absatz 3 WEG.

4. Sonderfall: Maßnahmen der ordnungsgemäßen Verwaltung

Aufgrund der Abgrenzungsproblematik der einzelnen baulichen Maßnahmen voneinander soll im Rahmen dieser Darstellung der zu Veränderungen der Wohnanlage füh-

301 Palandt-Bassenge, § 22 WEG Rn 28.
302 Bärmann/Pick, § 21 Rn. 44.
303 Hügel/Elzer, § 7 Rn. 9.
304 BayObLG, NZM 2002, 75, 76.
305 OLG Düsseldorf, MDR 1986, 677, 677.
306 OLG Braunschweig, WuM 1994, 501,503; Jennißen-Heinemann, § 21 Rn. 71.
307 Bub, ZWE 2008, 205, 207.
308 Im Ergebnis ebenso: OLG Schleswig, NZM 2007, 605, 650.

renden baulichen Maßnahmen noch auf Maßnahmen der ordnungsgemäßen Verwaltung im Sinne der Generalklausel des § 21 Absatz 3 WEG eingegangen werden. Nach dieser für die Praxis enorm wichtigen Vorschrift können die Wohnungseigentümer, soweit die Verwaltung des gemeinschaftlichen Eigentums nicht durch Vereinbarung der Wohnungseigentümer geregelt ist, eine der Beschaffenheit des gemeinschaftlichen Eigentums entsprechende ordnungsgemäße Verwaltung durch Stimmenmehrheit beschließen. Ordnungsmäßig ist eine Maßnahme, die bei objektiv vernünftiger Betrachtungsweise unter Berücksichtigung der besonderen Umstände des Einzelfalls dem geordneten Zusammenleben der Gemeinschaft dient, den Interessen der Gesamtheit der Wohnungseigentümer nach billigem Ermessen entspricht und der Gemeinschaft nützt.[309] Ob dies der Fall ist beurteilt sich danach, ob die Maßnahme bei einer an den konkreten Bedürfnissen und Möglichkeiten der Gemeinschaft ausgerichteten Kosten-Nutzen-Analyse und unter Berücksichtigung der Verkehrsauffassung sowie der wirtschaftlichen Leistungsfähigkeit der Gemeinschaft als vertretbar erscheint[310] Den Wohnungseigentümern steht bei der Einschätzung grundsätzlich zwar ein Ermessensspielraum zu,[311] dieser ist jedoch nicht unbegrenzt, da nach der Systematik des Gesetzes die Generalklausel des § 21 Absatz 3 WEG durch die (nicht abschließende) Aufzählung in § 21 Absatz 5 Nr. 1 bis 6 WEG konkretisiert wird. Beispiele für eine Maßnahme ordnungsgemäßer Verwaltung sind nach der Aufzählung in § 21 Absatz 5 Nr. 1 bis 6 WEG das Aufstellen einer Hausordnung (Nr.1), die Aufstellung eines Wirtschaftsplanes (Nr. 5) oder die Herstellung von Fernseh-/Rundfunk-/ Energie-Versorgungseinrichtungen zu Gunsten eines Wohnungseigentümers (Nr.6). Als Beispiel für gesetzlich nicht geregelte Fälle ordnungsgemäßer Verwaltung können der Abschluss von Verträgen im Namen der Gemeinschaft (typischerweise Werkverträge zur Instandhaltung/ Instandsetzung des gemeinschaftlichen Eigentums oder Verträge zur Versicherung des gemeinschaftlichen Eigentums gegen Risiken),[312] der Kauf von Gerätschaften[313] oder auch die Geltendmachung und Durchsetzung von Ansprüchen der Gemeinschaft gegen Dritte[314] genannt werden.

5. Abgrenzungsprobleme

Bereits vor der WEG Novelle führte die Abgrenzung insbesondere von ordnungsgemäßer Instandhaltung/Instandsetzung als Maßnahme ordnungsgemäßer Verwaltung (§ 21 Absatz 3 und 5 Nr. 2 WEG) zur allgemeinen baulichen Veränderung bzw. besonderen Aufwendungen (§ 22 Absatz 1 WEG) zu erheblichen Schwierigkeiten.[315] Es spricht vieles dafür, dass sich daran durch die Novellierung des WEG nichts ändern

309 Bamberger/Roth-Hügel, § 21 WEG Rn.4.
310 BayObLG, NZM 2002, 531, 532.
311 Palandt-Bassenge, § 21 WEG Rn 8.
312 Jennißen-Heinemann, § 21 Rn. 105.
313 Jennißen-Heinemann, § 21 Rn. 105.
314 BGH, NJW 1989, 1091, 1093; OLG Düsseldorf, NZM 2003, 643, 643; Jennißen-Heinemann, § 21 Rn. 7 und 107.
315 Niedenführ, NZM 2001, 1105, 1106 f.

wird. Erfahrungsgemäß beinhalten derartige Maßnahmen nicht nur wegen der oftmals nicht unerheblichen Kosten für die Eigentümer ein gewisses Streitpotential, sondern auch wegen der häufig in der Wohnanlage sichtbaren baulichen Veränderung. In der Eigentümergemeinschaft finden sich häufig Eigentümer, die sowohl mit den auf sie zukommenden Kosten, als auch mit der sichtbaren Veränderung des Gemeinschaftseigentums nicht einverstanden sind. Streitpunkt in diesen Fällen ist regelmäßig die Frage, welche Mehrheit für die Beschlussfassung der Maßnahme erforderlich ist. Welche Mehrheit erforderlich ist hängt wiederum davon ab, wie die in Rede stehende Maßnahme rechtlich einzuordnen ist. Die genaue Einordnung der Maßnahme ist also höchst relevant.

Maßnahmen der ordnungsgemäßen Instandhaltung/Instandsetzung gemäß § 21 Absatz 3 und 5 Nr. 2 WEG können (weiterhin) mit Stimmmehrheit beschlossen werden, auch wenn sie bauliche Veränderungen des gemeinschaftlichen Eigentums erfordern. Für allgemeine bauliche Veränderungen und besondere Aufwendungen im Sinne von § 22 Absatz 1 WEG ist es hingegen erforderlich, dass jeder Eigentümer zustimmt, dessen Rechte durch die Maßnahme (…) beeinträchtigt werden. Als Faustformel für die Abgrenzung gilt: Eine Maßnahme der ordnungsgemäßen Verwaltung liegt immer dann vor, wenn durch die Maßnahme der tatsächliche Zustand des Gemeinschaftseigentums nicht geändert wird. Soweit diese Grenze überschritten ist, so ist in aller Regel von einer baulichen Änderung auszugehen, die einem Mehrheitsbeschluss gemäß § 21 Absatz 2 und 5 Nr. 2 WEG nicht mehr zugänglich ist.[316]

6. Sperrwirkung des § 22 Absatz 2 Satz 1 WEG gegenüber § 22 Absatz 1 WEG?

Eng verwandt mit der Abgrenzungsproblematik und bislang ungeklärt ist das Verhältnis von § 22 Absatz 2 WEG zu § 22 Absatz 1 WEG. Es geht dabei um die Frage, ob § 22 Absatz 2 WEG eine Sperrwirkung in dem Sinne entfaltet, dass eine unter die Norm fallende Maßnahme nicht (mehr) nach § 22 Absatz 1 WEG behandelt werden kann.[317] Hintergrund der Problematik ist, dass viele der nunmehr als Modernisierung gemäß § 22 Absatz 2 Satz 1 WEG einzuordnenden Maßnahmen nach bisherigem Verständnis *bauliche Veränderungen* gemäß § 22 Absatz 1 WEG a.F. waren.

[318]Die Bedeutung und Tragweite der Abgrenzungsproblematik wird deutlich, wenn man sich vergegenwärtigt, dass Situationen durchaus denkbar sind, in denen die Mehrheit der Eigentümer an einer Beschlussfassung im Sinne des § 22 Absatz 1 WEG interessiert ist, obwohl es sich bei dem Beschlussgegenstand um eine Modernisierungsmaßnahme im Sinne des § 22 Absatz 2 Satz 1 WEG handelt. Ein durchaus realistisches Beispiel hierfür wäre eine Situation in einer Eigentümerversammlung, in der die von § 22 Absatz 2 Satz 1 WEG vorgeschriebene Mehrheit schon deshalb nicht erreicht werden kann, weil nicht einmal 75 % aller stimmberechtigten Eigentümer auf der Versammlung anwesend oder vertreten sind. Insbesondere in Anlagen mit zahlreichen

---

316 Hügel/Elzer, § 7 Rn. 12.
317 Armbrüster, ZWE 2008, 61, 61.
318 Häublein, NZM 2007, 752, 758 f.

Kapitalanlegern liegt die Beteiligungsquote oftmals unter diesem Wert. Wenn also ein Beschluss nach § 22 Absatz 2 WEG an dem Erfordernis der doppelt qualifizierten Mehrheit scheitern sollte, so kann – je nach Sichtweise – der Beschluss entweder auch nach § 22 Absatz 1 WEG zustande kommen, oder nicht. Dies hängt davon ab, ob man in § 22 Absatz 2 WEG eine abschließende Spezialvorschrift sieht die Sperrwirkung entfaltet[319] – oder nicht.[320]

Gegen eine grundsätzliche Sperrwirkung der Vorschrift des § 22 Absatz 2 WEG gegenüber § 22 Absatz 1 WEG könnte der Wortlaut des Absatz 2 sprechen, nach welchem die Möglichkeit eines Beschlusses mit doppelt qualifizierter Mehrheit neben ein Vorgehen nach Absatz 1 gestellt wird.[321] Ferner könnte der Zweck der Neuregelung gegen eine Sperrwirkung angeführt werden, zumal der Gesetzgeber ausdrücklich eine „Erweiterung der Kompetenz" erreichen wollte.[322] Demnach wäre eine Abstimmung auch nach § 22 Absatz 1 WEG durch einfachen Mehrheitsbeschluss zulässig.[323] Dieser wäre freilich anfechtbar, es handelte sich dann um einen sogenannten Zitterbeschluss.[324]

Für eine solche Sperrwirkung spricht jedoch, dass es für die betroffenen Rechtskreise kaum hinnehmbar wäre, wenn je nach Bedarf zwischen zwei gleichberechtigten Möglichkeiten der Beschlussfassung gewählt werden könnte.[325] Eine derartige Wahlmöglichkeit der Gemeinschaft der Eigentümer würde zu erheblicher Rechtsunsicherheit und Rechtsunklarheit führen. Rechtsstreitigkeiten über den zu wählenden oder gewählten Abstimmungsmodus wären ferner an der Tagesordnung und die Klagen in erheblicher Anzahl wegen falscher Beschlussverkündungen wären vorhersehbar.[326] Auch ist das Argument, der Wortlaut des Absatzes 2 besage, die Vorgehen stünden nebeneinander, nicht überzeugend, denn in § 22 Absatz 2 WEG formuliert der Gesetzgeber „*abweichend* von Absatz 1". Gerade aus der Formulierung *abweichend* könnte ebenso der Schluss gezogen werden, die beiden Absätze stünden in einem Ausschließlichkeitsverhältnis. Im Übrigen lässt sich der Gesetzesbegründung entnehmen, die Möglichkeit durch Bestandskraft eines einfachen Mehrheitsbeschlusses zur Legalisierung einer baulichen Veränderung zu gelangen solle gerade nicht ausreichen.[327]

Daher spricht im Ergebnis mehr dafür, § 22 Absatz 2 WEG als eine gegenüber Absatz 1 abschließende Spezialregelung zu klassifizieren. Demnach kann ein Mehrheitsbeschluss nur in dem Fall genügen, in dem keine Modernisierung oder Anpassung an den Stand der Technik vorliegt.[328]

---

319 Abramenko, § 4 Rn. 35 f.; Hügel/Elzer, § 7 Rn. 41; Für eine Sperrwirkung aber hinsichtlich der Möglichkeit des Mehrheitsbeschlusses nach § 22 Absatz 1 WEG differenzierend: Häublein, NZM 2007, 752, 758, 759.
320 Armbrüster, ZWE 2008, 61, 61.
321 Armbrüster, ZWE 2008, 61, 61.
322 BT-Drucksache, 16/887, S. 29.
323 Niedenführ/Kümmel/Vandenhouten-Niedenführ, § 22 Rn. 160.
324 Hügel/Elzer, § 7 Rn. 17 und 41; Häublein, NZM 2007, 752, 758.
325 Abramenko, § 4 Rn. 37.
326 Abramenko, § 4 Rn. 37.
327 Abramenko, § 4 Rn. 37; BT-Drucksache, 16/887, S. 31 (linke Spalte).
328 Ebenso: Abramenko, § 4 Rn. 37.

7. Schlussfolgerungen

Unabhängig von der Abgrenzung der ordnungsgemäßen Instandhaltung/Instandsetzung zur baulichen Veränderung bzw. besonderen Aufwendungen und von der Problematik der Sperrwirkung des § 22 Absatz 2 WEG dürfte die neue Gesetzeslage nicht zur Vereinfachung beitragen.[329] Im Gegenteil ist eher anzunehmen, dass die Abgrenzungsproblematik der einzelnen Maßnahmen voneinander nicht nur fortbestehen, sondern aufgrund der neu hinzugekommenen Maßnahmen des § 22 Absatz 2 Satz 1 WEG verstärkt auftreten wird. Dieses Problem wird durch den verkürzten Instanzenzug von nunmehr nur noch zwei Instanzen aller Voraussicht nach nicht in naher Zukunft von der Rechtsprechung geklärt werden, da eine einheitliche Rechtsprechung sich so nur schwer wird herausbilden können.[330]

III. Die Vorschrift des § 22 WEG vor und nach der WEG Novelle

Bevor auf die Verweisung des § 22 Absatz 2 Satz 1 WEG und damit auf den wohnungseigentumsrechtlichen Modernisierungsbegriff im Kontext der Vorschrift eingegangen wird, soll zum besseren Verständnis zunächst eine kurze Gegenüberstellung des Regelungsgehaltes des § 22 WEG vor und nach der WEG Novelle erfolgen.

1. Vor der WEG Novelle

Das WEG unterscheidet grundlegend zwischen Angelegenheiten, die die Wohnungseigentümer durch Mehrheit, also durch einen Mehrheitsbeschluss, und solchen, die sie durch Vereinbarung regeln können. Gemäß der unverändert gebliebenen Vorschrift des § 23 Absatz 1 WEG können durch Beschlussfassung solche Angelegenheiten geordnet werden, über die nach dem WEG oder nach einer Vereinbarung die Wohnungseigentümer durch Beschluss entscheiden können. Anderenfalls ist eine Vereinbarung erforderlich, § 10 Absatz 1 WEG. Die Mehrheitsherrschaft bedarf damit der Legitimation durch Kompetenzzuweisung.[331] Die Mehrheitsherrschaft war nach dem ursprünglichen Willen des Gesetzgebers nicht die Regel, sondern die Ausnahme und war damit nur in den Bereichen zulässig, in denen es um das Verhältnis der Wohnungseigentümer untereinander ging, also insbesondere im Bereich der Ausgestaltung des ordnungsgemäßen Gebrauchs und der ordnungsmäßigen Verwaltung des gemeinschaftlichen Eigentums.[332] Das WEG unterschied demnach bewusst von den gesetzlichen Vorschriften, die für die körperschaftlich organisierten Verbände des Gesell-

---

329 Ebenso: Köhler, § 22 Rn. 354.
330 Köhler, § 22 Rn. 355.
331 BGH, NJW 2000, 3500, 3502.
332 BGH, NJW 2000, 3500, 3502; BGH, NJW 1991, 2637, 2638.

schaftsrechts grundsätzlich das Mehrheitsprinzip anordnen, und orientiert sich an der für Personengesellschaften geltenden Rechtslage.[333]

Nach der Rechtslage vor der WEG Novelle konnten bauliche Veränderungen sowie Aufwendungen, die über die ordnungsgemäße Instandhaltung und Instandsetzung hinausgingen, nach dem Gesetzeswortlaut des § 22 Absatz 1 Satz 1 WEG a.F. nicht gemäß § 21 Absatz 3 WEG beschlossen oder gemäß § 21 Absatz 4 WEG verlangt werden. Daraus folgte eigentlich, dass zum Beschluss solcher Maßnahmen die rechtsgeschäftliche Zustimmung aller Wohnungseigentümer notwendig war, deren Rechte durch die Veränderung über das in § 14 WEG bestimmte Maß, das heißt: nicht ganz unerheblich, beeinträchtigt wurden.[334] Mit anderen Worten war also ein Beschluss der Wohnungseigentümer nicht möglich, vielmehr musste nach dem Gesetzeswortlaut die Zustimmung in Form einer Vereinbarung erfolgen.

Diese an sich aus dem Gesetzeswortlaut folgende Konsequenz ist jedoch nicht gezogen worden. Nach herrschender Meinung[335] war es nämlich möglich, dass ein Mehrheitsbeschluss, letztlich abweichend vom Gesetzeswortlaut, dann Gültigkeit erlangte, wenn dieser wegen unterbliebener Anfechtung bestandskräftig wurde. Begründet wurde diese Auffassung damit, dass die Wohnungseigentümer die Möglichkeit hätten, Regelungen über den Gebrauch, die Verwaltung sowie die Instandhaltung und Instandsetzung des gemeinschaftlichen Eigentums zu treffen, jedenfalls, soweit es sich um „ordnungsgemäße" Maßnahmen handele.[336] Diese Kompetenz der Wohnungseigentümergemeinschaft führte dazu, dass ein Mehrheitsbeschluss über eine die „Ordnungsgemäßheit" hinausgehende Maßnahme nicht wegen absoluter Unzuständigkeit zur Beschlussfassung als nichtig galt, sondern lediglich für anfechtbar erachtet wurde.[337] Argumentiert wurde, dass aus Gründen der Rechtssicherheit die „Ordnungsgemäßheit" einer Maßnahme nicht kompetenzbegründend sei,[338] so dass für Gebrauchs-, Verwaltungs- und die hier maßgeblichen Instandhaltungsregelungen auch bestandskräftige Mehrheitsbeschlüssen gültig seien. Dies sei selbst dann der Fall, wenn der Regelungsgegenstand den Abschluss einer Vereinbarung oder Einstimmigkeit erfordert hätte (sogenannte vereinbarungsersetzende Beschlüsse).[339]

2. Nach der WEG Novelle

Die Vorschrift des § 22 Wohnungseigentumsgesetz ist durch die WEG-Novelle vom 26. März 2007[340] insgesamt stark verändert und erweitert worden. Unter der unverändert gebliebenen Überschrift „Besondere Aufwendungen, Wiederaufbau" sind in

333 BGH, NJW 2000, 3500, 3502.
334 Hügel/Elzer, § 7 Rn. 1.
335 BGH, NJW 2000, 3500, 3503; BayObLG, NZM 2001, 133, 134; Palandt/Bassenge, 59. Auflage, § 24 WEG Rn. 7; Wenzel, NZM 2000, 257, 259 f.
336 BGH, NJW 2000, 3500, 3502.; Hügel/Elzer, § 7 Rn. 2.
337 Hügel/Elzer, § 7 Rn. 2.
338 BGH, NJW 2000, 3500, 3502.
339 BGH, NJW 2000, 3500, 3502; BayObLG, NZM 2001, 133, 134.
340 BGBl. I 370.

nunmehr vier Absätzen bauliche Veränderungen der Wohnungseigentumsanlage geregelt. Die bisherige Handhabung in der Praxis, Zustimmungen für bauliche Veränderungen im Beschlusswege einzuholen, ist nun in § 22 Absatz 1 Satz 1 festgelegt worden in Form einer ausdrücklichen Beschlusskompetenz.[341]

Während § 22 Absatz 1 Satz 1 WEG also eine Regelung zu allgemeinen baulichen Veränderungen und Aufwendungen trifft, die über die ordnungsgemäße Instandhaltung oder Instandsetzung des gemeinschaftlichen Eigentums hinausgehen und hierfür grundsätzlich die Zustimmung jedes Wohnungseigentümers verlangt, dessen Rechte durch die Maßnahmen beeinträchtigt werden, so ordnet § 22 Absatz 2 Satz 1 WEG an, dass diese Maßnahmen gemäß Absatz 1 Satz 1,

– die der Modernisierung entsprechend § 559 Absatz 1 des BGB oder
– der Anpassung des gemeinschaftlichen Eigentums an den Stand der Technik dienen,
– die Eigenart der Wohnanlage nicht ändern und
– keinen Wohnungseigentümer gegenüber anderen unbillig beeinträchtigen,
– grundsätzlich abweichend von Absatz 1 durch eine Mehrheit von drei Viertel aller stimmberechtigten Wohnungseigentümer (…) beschlossen werden.

Der Vollständigkeit halber sei erwähnt, dass § 22 Absatz 3 WEG die Maßnahmen der modernisierenden Instandsetzung im Sinne des § 21 Absatz 5 Nr. 2 WEG regelt. Nach dem Gesetz verbleibt es bei diesen Maßnahmen bei den Vorschriften des § 21 Absatz 3 und 4 WEG.

IV. Der Modernisierungsbegriff im Kontext des § 22 Absatz 2 WEG – Zweck und Systematik der Vorschrift des § 22 Absatz 2 WEG

Nach § 22 Absatz 2 Satz 1 WEG muss die Maßnahme also der Modernisierung gemäß § 559 Absatz 1 BGB dienen. Es handelt sich demnach um Maßnahmen, also bauliche Veränderungen und Aufwendungen gemäß § 22 Absatz 1 Satz 1 WEG, die *den Gebrauchswert der Mietsache nachhaltig erhöhen, die allgemeinen Wohnverhältnisse auf Dauer verbessern oder nachhaltig Einsparung Einsparungen von Energie oder Wasser bewirken* (Modernisierungsbegriff im Sinne der Legaldefinition des § 559 Absatz 1 BGB). Eines oder mehrere dieser vom Modernisierungsbegriff formulierten Ziele muss also Zweck der Maßnahme des § 22 Absatz 2 Satz 1 WEG sein bzw. dieser Zweckerreichung dienen. In der Vorschrift des § 22 Absatz 2 Satz 1 WEG hat der Gesetzgeber durch die Formulierung „entsprechend § 559 Absatz 1 BGB" zunächst klargestellt, dass es sich im Anwendungsbereich des WEG bei dem veränderten oder zu verändernden Objekt freilich nicht um eine „Mietsache" handelt, sondern dass Gemeinschaftseigentum gemäß § 1 Absatz 5 WEG.

Auf den ersten Blick könnte man nun annehmen, der Modernisierungsbegriff des WEG entspräche dem des Mietrechts. Die Verweisungstechnik des Gesetzgebers in

---

341 Hügel/Elzer, § 7 Rn. 2.

§ 22 Absatz 2 Satz 1 WEG könnte dies zumindest nahe legen. Wenn dem so wäre, dann gäbe es möglicherweise keinen eigenständigen wohnungseigentumsrechtlichen Modernisierungsbegriff, sondern lediglich den des Mietrechts. Dagegen spricht jedoch, dass schon aufgrund der unterschiedlichen Strukturen und der unterschiedlichen Regelungsmaterie von Wohnungseigentumsrecht und Mietrecht die Modernisierungsbegriffe voneinander abweichen müssen. Daher ist von einem eigenständigen wohnungseigentumsrechtlichen Modernisierungsbegriff auszugehen.

Nachfolgend soll versucht werden, Eigenart und Struktur des wohnungseigentumsrechtlichen Modernisierungsbegriffs herauszuarbeiten. Daher sollen Zweck und Systematik der Vorschrift des § 22 Absatz 2 WEG herausgearbeitet werden. Da die Vorschrift des § 22 Absatz 2 Satz 1 WEG hinsichtlich des Modernisierungsbegriffs auf § 559 Absatz 1 BGB verweist, lässt sich die Struktur des wohnungseigentumsrechtlichen Modernisierungsbegriffs freilich nicht ohne jegliche Bezugnahme auf das Mietrecht und den mietrechtlichen Modernisierungsbegriff darstellen. Andererseits ist der wohnungseigentumsrechtliche Modernisierungsbegriff im Kontext der Vorschrift des § 22 Absatz 2 WEG zu interpretieren. Aus diesem Kontext innerhalb der Vorschrift lassen sich Rückschlüsse über die Struktur des wohnungseigentumsrechtlichen Modernisierungsbegriffs ziehen. Um sich der Materie zu nähern soll zunächst der Wille des Gesetzgebers dargestellt und sodann näher zu beleuchtet werden.

1. *Ermittlung von Zweck und Systematik der Vorschrift des § 22 Absatz 2 WEG anhand der Gesetzesmaterialien: BT-Drucksache 16/887 S. 28ff.*

a) *Intention des Gesetzgebers zur Novellierung des § 22 WEG im Allgemeinen*

Nach Auffassung des Reformgesetzgebers[342] warf die Vorschrift des § 22 WEG a.F. in mehrfacher Hinsicht Schwierigkeiten auf, denen abgeholfen werden sollte.

Unter der alten Rechtslage kam es regelmäßig zu einem Missverständnis, welches auf einer Fehlinterpretation der Vorschrift beruhte. Oftmals wurde die Vorschrift „von nicht rechtskundigen Wohnungseigentümern" nämlich so verstanden, dass bauliche Veränderungen stets der Einstimmigkeit bedürften, und zwar unabhängig davon, ob die Maßnahme die Rechte einzelner Wohnungseigentümer beeinträchtige – oder nicht. Dieses Missverständnis hatte zur Folge, dass manche Gemeinschaften von durchaus sinnvollen Maßnahmen absahen, weil die vermeintlich erforderliche Einstimmigkeit wegen des Widerstandes oder Desinteresses einzelner Wohnungseigentümer nicht erreichbar war und weil sie wegen des Missverständnisses über die Rechtslage angenommen haben, eine erfolgreiche gerichtliche Klärung sei nicht zu erreichen.[343] Durch die Neufassung des § 22 Absatz 1 Satz 1 WEG sollte dieses Missverständnis beseitigt werden.

Ein weiteres Problem ergab sich im Zusammenhang mit der Vorschrift des § 22 Absatz 1 WEG a.F. daraus, dass – nach Auffassung des Reformgesetzgebers – die

---

342 BT-Drucksache 16/887, S. 28 ff.
343 BT-Drucksache 16/887, S. 28 (linke Spalte).

Anpassung des Gemeinschaftseigentums an veränderte Umstände durch die alte Gesetzeslage verhindert wurde. Durch die von Rechtsprechung und Literatur vorgenommene weite Auslegung des Begriffes „bauliche Veränderung" des § 22 Absatz 1 Satz 1 WEG a.F. sowie des damit in Zusammenhang stehenden Begriffs der „Beeinträchtigung" gemäß § 22 Absatz 1 Satz 2 in Verbindung mit § 14 Nr. 1 WEG a.F. wurde jede nicht ganz unerhebliche Veränderung des Status quo erfasst, weshalb viele Neuerungen der Zustimmung praktisch aller Wohnungseigentümer einer Anlage bedurften. Die demnach erforderliche Zustimmung, die sogenannte Allstimmigkeit, war aber jedenfalls in mittleren und größeren Anlagen praktisch kaum zu erreichen, da es dort fast immer den einen oder andern Miteigentümer gegeben habe, der auch aus nicht sachlichen Gründen widersprochen oder sich mangels Interesse nicht an der Abstimmung beteiligt habe, so dass viele wirtschaftlich sinnvoll und wünschenswert erscheinende Maßnahmen in der Praxis scheiterten. Insbesondere bei älteren Anlagen führte dies sowohl hinsichtlich des gemeinschaftlichen Eigentums als auch des Sondereigentums zu einem Wertverlust. Die rechtliche Möglichkeit der Wohnungseigentümergemeinschaft, Maßnahmen der modernisierenden Instandhaltung/Instandsetzung gemäß § 21 Absatz 3 und 5 Nr. 2 WEG a. F. mit Mehrheit beschließen zu können, änderte nach Auffassung des Reformgesetzgebers daran nichts wesentliches, da die Maßnahmen der modernisierenden Instandhaltung/Instandsetzung maßgeblich an eine bereits notwendige oder bald absehbare Reparatur anknüpften und somit nur einen kleinen Teil der Neuerungen und Umgestaltungen erfassten. Aus diesem Grunde war, so der Reformgesetzgeber, eine Erweiterung der Kompetenz angezeigt. Die Wohnungseigentümer sollten die Möglichkeit haben, mit qualifizierter Mehrheit auch Maßnahmen zur Modernisierung und Anpassung an den Stand der Technik ohne Zusammenhang zur Reparatur beschließen zu können. Hierfür findet sich in § 22 Absatz 2 Satz 1 WEG n.F. eine entsprechende Regelung. Die Kompetenz, mit einfacher Mehrheit Maßnahmen der modernisierenden Instandhaltung/Instandsetzung beschließen zu können, sollte davon unberührt bleiben.

b) Intention des Gesetzgebers zu § 22 Absatz 2 Satz 1 WEG

aa) Begriff der Modernisierung

Erklärtes Ziel des Gesetzgebers[344] war es also, der Wohnungseigentümergemeinschaft die Möglichkeit einzuräumen, mit qualifizierter Mehrheit über Maßnahmen der Modernisierung und Anpassung des Gemeinschaftseigentums an den Stand der Technik ohne Zusammenhang mit einer Reparatur entscheiden zu können. Von dieser neuen Beschlusskompetenz betroffen sind demnach Maßnahmen, die über Instandhaltung und Instandsetzung, auch die modernisierenden, hinausgehen. Aus diesem Grunde ist der Modernisierungsbegriff des § 559 Absatz 1 BGB für (entsprechend) anwendbar erklärt worden. Nach Ansicht des Gesetzgebers sind von der Mehrheitsmacht kleine,

---

344 BT-Drucksache 16/887, S. 29 f.

mittlere und größere Vorhaben erfasst, etwa das Aufstellen eines Fahrradständers, das nachträgliche Anbringen einer Gegensprechanlage oder auch der Einbau eines Fahrstuhls.

Auf den Begriff der Modernisierung gemäß § 559 Absatz 1 BGB sei auch deshalb abgestellt worden, da dieser Maßnahmen erfasse, die der Mehrheitsmacht unterliegen sollen und der – was die Einzelmaßnahmen anbelangt – in Rechtsprechung und Literatur bereits weitgehend geklärt sei. Im Unterschied zum Mietrecht kämen den Wohnungseigentümern aber auch alle die Veränderungen zugute, die im Mietrecht nur den Vermieter, nicht aber immer den Mieter treffen, so insbesondere technische Verbesserungen des Hauses. Um insoweit Missverständnisse zu vermeiden, werde im Entwurf auch „Anpassung an den Stand der Technik" abgestellt. Nicht erfasst seien Maßnahmen, die eine Umgestaltung der Wohnanlage bedeuten oder die bisherige Eigenart der Wohnanlage ändern. Als Beispiel nennt der Gesetzgeber unter anderem den Anbau eines Wintergartens, die Aufstockung oder den Abriss von Gebäudeteilen. Auch nicht erfasst sei der Fall, in dem eine die Wohnanlage umgebende größere Grünfläche weithin zum Abstellen von Autos asphaltiert werden soll.

Ebenso seien solche Maßnahmen nicht erfasst, die zu einer nachteiligen Veränderung des optischen Gesamteindrucks führen, auch, wenn ein uneinheitlicher Gesamteindruck entsteht, so, wenn nur einzelne Balkone an der Front eines Hauses, nicht aber alle verglast werden. Begründet wird dies mit dem schützenswerten Vertrauen des Erwerbers auf den wesentlichen inneren und äußeren Bestand der Eigentumsanlage, das in der Regel Grundlage seiner Erwerbsentscheidung war.

bb) „Dienen"

Die Maßnahme, also die bauliche Veränderung gemäß § 22 Absatz 1 Satz 1 WEG, muss dem Gesetzeswortlaut zufolge entweder der Modernisierung gemäß § 559 Absatz 1 BGB oder der Anpassung des Eigentums an den Stand der Technik *dienen*. Der Begriff *dienen* stellt nach Auffassung des Reformgesetzgebers sicher, dass, im Unterschied zur ebenfalls in Erwägung gezogenen Formulierung „geboten sein", die Anforderungen an einen Modernisierungsbeschluss nicht höher sind als die an einen Beschluss zur modernisierenden Instandsetzung. In beiden Fällen reiche es aus, dass die Maßnahme sinnvoll sei. Es komme dabei auf die voraussichtliche Eignung der Maßnahme an. Bei der Beurteilung sei auf den Maßstab eines vernünftigen, wirtschaftlich denkenden und sinnvollen Neuerungen gegenüber aufgeschlossenen Hauseigentümers abzustellen. Nur bei einer solchen Sicht sei die durch Modernisierung be- zweckte dauerhafte Erhaltung des Verkehrswertes von langlebigen Wirtschaftsgütern wie Häusern hinreichend gewährleistet.[345] Vereinfacht gesagt muss die in Rede stehende Maßnahme schlich sinnvoll sein.[346]

---

345 BT-Drucksache 16/887, S. 30 (rechte Spalte).
346 Abramenko, § 4 Rn. 32.

c) Stellungnahme und Kritik

Die Gesetzesbegründung deutet darauf hin, dass – jedenfalls nach Ansicht des Reformgesetzgebers – sowohl der wohnungseigentumsrechtliche Modernisierungsbegriff des WEG als auch der mietrechtliche Modernisierungsbegriff des BGB in sehr weiten Teilen deckungsgleich sind. Auf die offensichtlichen Verschiedenheiten von mietrechtlichem und wohnungseigentumsrechtlichem Modernisierungsbegriff aufgrund der unterschiedlichen Regelungsmaterien Mietrecht und Wohnungseigentumsrecht geht die Gesetzesbegründung kaum ein. Lediglich an einer Stelle deutet der Gesetzgeber die strukturellen Unterschiede zwischen WEG und Mietrecht an, indem er auf die Veränderungen eingeht, die allen Wohnungseigentümer zugutekommen und nicht wie im Unterschied zum Mietrecht nur den Vermieter, nicht aber nicht den Mieter treffen. Als Beispiel nennt der Gesetzgeber technische Verbesserungen des Hauses. Diese allgemein gehaltene Formulierung ist jedoch weder für die Klärung von Eigenart und Struktur, noch für die nähere Auslegung des Modernisierungsbegriffs des WEG hilfreich. Im Gegenteil scheint die Formulierung in ihrer Weite eher verwirrend als erläuternd.

Nach Ansicht des Gesetzgebers ist der Begriff der Modernisierung gemäß § 559 Absatz 1 BGB – was die Einzelmaßnahmen anbelangt – in Rechtsprechung und Literatur bereits weitgehend geklärt. Diese Aussage erscheint gerade in ihrer Allgemeinheit mehr als fraglich. Allein der die Darstellung des Modernisierungsbegriffs des § 559 Absatz 1 BGB im Rahmen dieser Untersuchung (siehe insbesondere oben unter B. II.) mit den diversen unterschiedlichen Auffassungen, die in Rechtsprechung und Literatur vertreten werden sowie den teilweise ungeklärten Problemen zu den einzelnen Maßnahmen, deutet eher auf das Gegenteil hin. Beispielhaft sei hier nur an die strittige Frage erinnert, ob im Falle der „nachhaltigen Einsparung von Energie" gemäß § 559 Absatz 1 BGB die generell Einsparung (nur) von Primärenergie ausreichen kann.

Aber auch unabhängig von dieser m.E. zweifelhaften Aussage ergeben sich aus der amtlichen Begründung mehr Probleme als Hilfestellungen, da die Begründung teilweise nicht dem Gesetzestext entspricht und bisweilen Tendenzen einer über den Wortlaut hinausgehenden Auslegung erkennbar sind. Für die Bestimmung von Eigenart und Struktur des Modernisierungsbegriffs eignet sich die Gesetzesbegründung aufgrund dieser Probleme und aufgrund von inhaltlichen Widersprüchen nur eingeschränkt. Exemplarisch sei hier auf zwei prägnante Beispiele hingewiesen: Das vom Gesetzgeber systemwidrig genannte Beispiel der Asphaltierung von Grünflächen sowie der vom Gesetzgeber formulierte Zweck der neugefassten Vorschrift des § 22 Absatz 2 Satz 1 WEG.

aa) Asphaltierung einer Grünfläche keine Modernisierungsmaßnahme?

Nach der Begründung des Reformgesetzgebers sind solche Maßnahmen nicht erfasst, die eine Umgestaltung der Wohnanlage bedeuten oder die bisherige Eigenart der

Wohnanlage ändern.[347] Ein in diesem Zusammenhang genanntes und ausdrücklich nicht erfasstes Beispiel soll die Asphaltierung einer die Wohnanlage umgebenden größeren Grünfläche „weithin zum Abstellen von Autos" sein. Dass dieser Fall in der Praxis oftmals eine „die Eigenart der Wohnanlage" verändernde Maßnahme darstellt, dürfte auf der Hand liegen. Problematisch erscheint dieser Fall jedoch unter dem Gesichtspunkt, dass die geschilderte Asphaltierung der die Wohnanlage umgebenden Grünfläche doch einen geradezu typischen Fall der Verbesserung der allgemeinen Wohnverhältnisse auf Dauer gemäß § 559 Absatz 1 Variante 2 BGB und damit eine typische Modernisierungsmaßnahme im Sinne des BGB darstellen dürfte.[348] Bereits die Vorgängervorschrift des § 559 Absatz 1 BGB, nämlich § 4 ModEnG a.F., führte als bauliche Maßnahmen, die die allgemeinen Wohnverhältnisse verbessern, „die Anlage und den Ausbau von nicht öffentlichen Gemeinschaftsanlagen wie (…) Stellplätzen und anderen Verkehrsanlagen" auf. Sowohl die Vorgängervorschrift als auch § 559 Absatz 1 Variante 2 erfassen den Ausbau nicht öffentlicher Gemeinschaftsanlagen,[349] also der Außenmodernisierungen. Und um eine solche handelt es sich hier. Die Gesetzesbegründung ist an dieser Stelle missglückt[350] und gleichfalls widersprüchlich und deutet auf eine nicht intensive Prüfung der zu regelnden Materie hin.

Festzuhalten bleibt, dass dieses vom Reformgesetzgeber gewählte Beispiel mangels Tauglichkeit kaum geeignet sein dürfte, zur Auslegung der neuen Vorschrift des § 22 Absatz 2 Satz 1 WEG und damit des Modernisierungsbegriffs des WEG herangezogen zu werden. Im Gegenteil belegt dieses Beispiel, dass mietrechtlicher und wohnungseigentumsrechtlicher Modernisierungsbegriff strukturell und inhaltlich verschiedener sind, als es die Gesetzesbegründung vermuten lässt.

bb) Sich widersprechende Zweck- und Zielrichtungen

Der Reformgesetzgeber formuliert als Ziel des Gesetzes die durch Modernisierung bezweckte dauerhafte Erhaltung des Verkehrswertes von langlebigen Wirtschaftsgütern wie Häusern.[351] Auch wenn dieses Ziel sicherlich legitim und als solches kaum angreifbar erscheint, so birgt diese Aussage des Gesetzgebers und die Formulierung dieses Ziels für die Auslegung der Vorschrift doch erhebliche Probleme. Bei der Auslegung eines Gesetzes ist im Sinne der historischen Interpretation allein der vom Gesetzgeber gemeinte Sinn und Zweck maßgebend. Dieser wird ermittelt anhand der Gesetzesmaterialien.[352] Dem Modernisierungsbegriff des BGB, auf den die Vorschrift des § 22 Absatz 2 Satz 1 WEG verweist, liegen im Kontext der Vorschrift des § 559 Absatz 1 BGB – wie oben unter B. III. dargestellt – eine Fülle von verschiedenen Schutz- und Zielrichtungen zugrunde, auf die bei der Auslegung des Modernisie-

---

347 BT-Drucksache 16/887, S. 30 (rechte Spalte).
348 Ebenso: Abramenko, § 4 Rn. 40.
349 Schmidt-Futterer-Börstinghaus, § 559 Rn. 63.
350 Abramenko, § 4 Rn. 41.
351 BT-Drucksache 16/887, S. 30 (rechte Spalte).
352 MüKo-Säcker, Einleitung zum BGB Rn. 130.

rungsbegriffs zu achten ist. Wenn nun der Gesetzgeber im Rahmen der Begründung zu § 22 WEG lediglich einen Zweck formuliert und auf die vielschichtigen Ziele und Zwecke des Modernisierungsbegriffs und die umfassende Kasuistik dazu nicht mit einem Wort eingeht, so ist dies für die Anwendbarkeit der Vorschrift des § 22 Absatz 2 Satz 1 WEG nicht von Vorteil. Im Gegenteil dürfte dies zu ganz erheblichen Auslegungsschwierigkeiten führen.

Beispielhaft sei hier nur auf den weitgehend unstrittigen Zweck des Umweltschutzes hingewiesen, der der dritten Variante des Modernisierungsbegriffs des BGB zugrunde liegt. In welchem Verhältnis dieser nun zum oben formulierten Ziel des Gesetzes, der Erhaltung des Verkehrswertes der Wohnanlage steht, bleibt unklar.

d) Zwischenergebnis

Die Gesetzesbegründung erläutert teilweise, welche in der Vergangenheit auftretenden Rechtsfolgen durch die Neufassung nunmehr vermieden werde sollen. Der Zweck der Vorschrift des § 22 Absatz 2 WEG wird insofern zumindest teilweise skizziert. Die Eigenart des wohnungseigentumsrechtlichen Modernisierungsbegriffs sowie eine scharf umrissene Struktur lässt sich anhand der Gesetzesbegründung zu § 22 Absatz 2 Satz 1 WEG n.F. jedoch nicht ermitteln. Im Gegenteil erweckt die Gesetzesbegründung den Anschein, als seien die beiden Modernisierungsbegriffe weitestgehend deckungsgleich. Das soeben unter C. IV. 1. c. aa. genannten Beispiel zeigt jedoch exemplarisch, dass zwischen mietrechtlichem und wohnungseigentumsrechtlichem Modernisierungsbegriff nicht unerheblich Unterschiede bestehen. Sowohl das vom Gesetzgeber gewählte (unter C. IV. 1. c. aa. dargestellte) Beispiel sowie der vom Gesetzgeber genannte (C. IV. 1. c. bb.) Zweck der Vorschrift führen bei näherer Betrachtung mehr zu Problemen als dass sie hilfreich sind.

Zur genaueren Klärung von Eigenart und Struktur des wohnungseigentumsrechtlichen Modernisierungsbegriffs ist nunmehr auf die neuere Literatur zu § 22 Absatz 2 Satz 1 WEG n.F. einzugehen. Dabei soll insbesondere auf Zweck und Systematik der Vorschrift des § 22 Absatz 2 WEG näher eingegangen werden.

2. Ermittlung von Zweck und Systematik der Vorschrift des § 22 Absatz 2 WEG anhand neuerer Literatur zu § 22 Absatz 2 WEG

Im Nachgang zur WEG Novellierung ist eine Vielzahl von Literatur insbesondere zu den von der Novellierung unmittelbar betroffenen Vorschriften des WEG erschienen. Nachfolgend findet sich eine Auswertung wesentlicher Teile neuerer Äußerungen im Schrifttum zum neu gefassten § 22 Absatz 2 Satz 1 WEG und damit zum Modernisierungsbegriff des WEG. Als ein Ergebnis dieser Auswertung lässt sich bereits vorab festhalten, dass im Wesentlichen zwei verschiedene Tendenzen im Rahmen der Kommentierung und Interpretation des § 22 Absatz 2 Satz 1 WEG und somit des Modernisierungsbegriffs erkennbar sind:

– Es wird vertreten, dass sowohl auf Rechtsprechung als auch Schrifttum zu § 559 Absatz 1 BGB wegen der Einordnung von Einzelmaßnahmen zurückgegriffen werden kann. Daraus lässt sich schlussfolgern, dass nach Ansicht der Vertreter dieser Auffassung der Modernisierungsbegriff des BGB inhaltlich weitestgehend deckungsgleich mit dem des WEG sein muss. Andernfalls würde der „Generalverweis" auf mietrechtliches Schrifttum und Literatur kaum Sinn ergeben.

– Eine (kleinere) Gruppe von Autoren äußert direkt oder zumindest angedeutet Zweifel an der Verweisungstechnik, die der Gesetzgeber in § 22 Absatz 2 Satz 1 WEG verwendet. Der pauschale Verweis des § 22 Absatz 2 Satz 1 WEG auf den Modernisierungsbegriff des BGB wird für zumindest fragwürdig erachtet. Zusammenfassend gesagt kann nach Auffassung dieser Autoren der Modernisierungsbegriff des BGB inhaltlich nicht komplett deckungsgleich mit dem Modernisierungsbegriff des WEG sein.

a) Inhaltlich gleichlautende Übernahme des Modernisierungsbegriffs des BGB/ Übertragbarkeit von Literatur und Rechtsprechung

Im Rahmen der Kommentierung zu § 22 Absatz 2 WEG wird von den meisten Autoren bzw. Kommentatoren[353] der Inhalt der Regierungsbegründung zu § 22 Absatz 2 WEG übernommen, teilweise sogar wortwörtlich. Gleiches gilt für die Autoren derjenigen Aufsätze,[354] die sich mit der Novellierung des WEG befassen. Über den Grund für dieses – oftmals unkritischen – Vorgehens kann teilweise nur spekuliert werden. Es lässt sich aber regelmäßig daraus der Schluss ziehen, dass nach Auffassung der meisten dieser Autoren auf den Modernisierungsbegriff des BGB sowie des dazu vorhandenen Schrifttums[355] und die dazu ergangene Rechtsprechung uneingeschränkt zurückzugreifen ist. Die Modernisierungsbegriffe sowohl des BGB als auch des WEG dürften nach Auffassung dieser Autoren demnach inhaltlich deckungsgleich sein. Eine andere Schlussfolgerung wäre jedenfalls bei den Autoren, die explizit im Rahmen der Kommentierung des § 22 Absatz 2 WEG auf Rechtsprechung zu § 559 Absatz 1 BGB verweisen und diese benennen,[356] kaum zu begründen. Teilweise wird auch ganz ausdrücklich auf den Modernisierungsbegriff des § 559 Absatz 1 BGB verwiesen.[357] Eine Begründung für diese nicht zwingende Schlussfolgerung findet sich freilich bei sämtlichen hier zitierten Autoren nicht.

353 Niedenführ/Kümmel/Vandenhouten-Niedenführ, § 22 Rn. 151 ff.; Bärmann/Pick, § 22 Rn. 30 f.; Bamberger/Roth-Hügel, § 22 WEG Rn. 18 f; Palandt-Bassenge, § 22 WEG Rn. 14 f; Hügel/Elzer, § 7 Rn. 31; Hügel/Scheel-Hügel, Teil 13, A VIII Rn. 32 ff.
354 Niedenführ, NJW 2007, 1841, 1842; Hügel, DNotZ 2007, 352, 352; Saumweber, MittBayNot 2007, 364, 364.
355 An dieser Stelle ausdrücklich: Abramenko, § 4 Rn. 32.
356 Palandt-Bassenge, § 22 WEG Rn. 15; Niedenführ/Kümmel/Vandenhouten-Niedenführ, § 22 Rn. 151.
357 Bamberger/Roth-Hügel, § 22 WEG Rn. 18; ebenso: Niedenführ/Kümmel/Vandenhouten-Niedenführ, § 22 Rn. 151.

b) Nur eingeschränkte Möglichkeit der Übernahme des Modernisierungsbegriffs des
BGB/keine komplette Übertragbarkeit von Literatur und Rechtsprechung

Obwohl die Materie aufgrund des vor erst jüngerer Zeit geänderten Gesetzes noch verhältnismäßig neu ist, so haben sich doch bereits innerhalb der kritischen Stimmen im Schrifttum einige Tendenzen zur Frage der Struktur und Auslegung des Modernisierungsbegriffs des § 22 Absatz 2 Satz 1 WEG herausgebildet.

Vereinzelt wird in nur vager Art und Weise die Problematik der unterschiedlichen Strukturen und Regelungsinhalte von WEG auf der einen und BGB in Form des Mietrechts auf der anderen Seite angedeutet, beispielsweise, indem für die Auslegung des Modernisierungsbegriffs des § 22 Absatz 2 Satz 1 WEG auf das Mietrecht als Ausgangspunkt hingewiesen wird, dies jedoch in „spezifischer Transformation ins WEG Recht[358]". Wie genau diese "spezifische Transformation" aber nun aussehen soll, was also transformiert werden kann und was nicht, bleibt völlig offen. Dass dieser wenn auch nicht unkritische Ansatz für die oben aufgeworfene Frage dieser Untersuchung nur wenig hilfreich sein kann, dürfte auf der Hand liegen.

Andere Autoren formulieren die Problematik präziser. Nach Häublein[359] führt der Verweis auf das Mietrecht zu Interpretationsbedarf. So sei für die Ermittlung der Gebrauchswerterhöhung der vertragsgemäße Gebrauch (§ 535 BGB) maßgebend. Für das Wohnungseigentumsrecht existiere ein solcher nicht, weshalb es wohl auf den sich aus der Gemeinschaftsordnung, hilfsweise der Natur der Anlage ergebenden bestimmungsgemäßen Gebrauch ankomme. Unter anderem sei auch bei der dritten in § 559 BGB geregelten Fallgruppe, der nachhaltigen Einsparung von Energie und Wasser, die Situation im Wohnungseigentumsrecht eine andere als im Mietrecht. Die im Mietrecht unter dem „Gebot der Wirtschaftlichkeit" diskutierten grenzen der Duldungs- bzw. Kostentragungspflicht des Mieters können nicht ohne weiteres auf das WEG übertragen werden.

Köhler[360] weist zwar darauf hin, dass jedenfalls bis zur Festlegung einer herrschenden Auffassung im wohnungseigentumsrechtlichen Bereich die mietrechtliche Rechtsprechung und Literatur zu der Einordnung der fraglichen Maßnahme als Modernisierung heranzuziehen sei, jedoch können die mietrechtlichen Modernisierungen nicht mit wohnungseigentumsrechtlichen Modernisierungen gleichgesetzt werden. Ebenso spricht er auch die besondere Situation des Verhältnisses zwischen Vermieter und Mieter und damit die strukturelle Verschiedenheit von Mietrecht und Wohnungseigentumsrecht an. Seiner Auffassung nach werde bei allen Modernisierungsmaßnahmen zu fragen sein, wie und wo die Grenzen „Änderung der Eigenart der Wohnanlage" und „Unbilligkeit" gezogen werden sollen, wobei diesen Begriffen eine weitgehende Unbestimmtheit zueigen sei, da ersterer diffus und zweiter eine Leerformel darstelle.[361] Hiernach führen eine inhaltlich gleichlautende Übernahme des mietrechtlichen Modernisierungsbegriffs sowie die direkte und unreflektierte – also nicht auf die Be-

---

358 Bärmann/Pick, § 22 Rn. 30.
359 Häublein, ZMR 2007, 409, 420.
360 Köhler, § 22 Rn. 407.
361 Köhler, § 22 Rn. 411 ff.

sonderheiten des Wohnungseigentumsrechts näher eingehende – Übertragung von Literatur und Rechtsprechung desselben zu erheblichen Problemen.

Bub[362] konstatiert, dass es sich bei der „Modernisierung" im Sinne des § 559 BGB um einen spezifisch mietrechtlichen Begriff handele, der nicht ohne weiteres in das Wohnungseigentumsrecht übertragen werden könne. Der Gesetzgeber habe „auf gut Glück" eine mietrechtliche Begrifflichkeit in das Wohnungseigentumsrecht übertragen.

Merle[363] betont, dass der mietrechtliche Modernisierungsbegriff lediglich entsprechend anwendbar sei, dies resultiere aus den unterschiedlichen Regelungszwecken.

c) Zwischenergebnis

Eine inhaltlich gleichlautende Übernahme des Modernisierungsbegriffs des § 559 Absatz 1 Satz 1 BGB in das WEG und die Übertragung der mietrechtlichen Literatur und Rechtsprechung führt nach Teilen der Literatur zu erheblichen Problemen. Mietrechtlicher und wohnungseigentumsrechtlicher Modernisierungsbegriff müssen sich demnach zumindest in Teilbereichen inhaltlich voneinander unterscheiden. Ein Grund dafür stellt die strukturelle Unterschiedlichkeit von Mietrecht und Wohnungseigentumsrecht dar. Sowohl Struktur als auch Charakteristik des wohnungseigentumsrechtlichen Modernisierungsbegriffs scheinen in der Literatur jedoch noch nicht geklärt zu sein. Aufgrund dessen lässt sich die Eigenart des wohnungseigentumsrechtlichen Modernisierungsbegriffs anhand der vorliegenden neueren Literatur zu § 22 Absatz 2 Satz 1 WEG nicht abschließend herausarbeiten.

d) Schlussfolgerungen

Die neuere Literatur zu § 22 Absatz 2 WEG trägt insgesamt wenig dazu bei, über den Wortlaut der Gesetzesbegründung hinaus den Zweck der Vorschrift des § 22 Absatz 2 WEG sowie deren Systematik zu konkretisieren. Der wohnungseigentumsrechtliche Modernisierungsbegriff lässt sich insoweit – also unter ausschließlicher Zuhilfenahme der neueren Literatur zu § 22 Absatz 2 Weg – (noch) nicht hinreichend umreißen und/oder bestimmen.

Daher soll in einem nächsten Schritt die Vorschrift des § 22 Absatz 2 Satz 1 WEG unter dem Blickwinkel näher betrachtet werden, welche Aussagen sich direkt aus der Vorschrift für den wohnungseigentumsrechtlichen Modernisierungsbegriff herleiten lassen.

---

362 Bub, ZWE 2008, 205, 205.
363 Bärmann, § 22 Rn. 330.

3. Ermittlung von Zweck und Systematik der Vorschrift des § 22 Absatz 2 WEG anhand des Gesetzeswortlautes: Einschränkung des Modernisierungsbegriffs aufgrund Anpassung an den Stand der Technik?

Die Vorschrift des § 22 Absatz 2 Satz 1 WEG trifft hinsichtlich der Charakteristik des Modernisierungsbegriffs des WEG eine beachtliche Aussage. Nach dem Wortlaut der Vorschrift stellt eine Anpassung des gemeinschaftlichen Eigentums an den Stand der Technik keine Modernisierung dar.

§ 22 Absatz 2 Satz 1 WEG normiert auf Tatbestandsseite verschiedene Merkmale. Zunächst ist erforderlich, dass eine *Maßnahme gemäß Absatz 1 Satz 1* WEG, also eine *bauliche Veränderung* vorliegt. Diese bauliche Veränderung kann nun entweder

– *der Modernisierung entsprechend § 559 Absatz 1 BGB*

oder

– *der Anpassung des gemeinschaftlichen Eigentums an den Stand der Technik dienen* (die weiteren Tatbestandsmerkmale des § 22 Absatz 2 Satz 1 WEG sind für diese Erwägungen nicht von Bedeutung).

Der Gesetzestext verwendet hier das Wort *oder* zwischen den beiden Tatbestandsmerkmalen und stellt damit klar, dass die bauliche Veränderung, die der Modernisierung entsprechend § 559 Absatz 1 BGB dient, mit anderen Worten also der Modernisierungsbegriff, nicht identisch ist mit solchen baulichen Veränderungen, die der Anpassung des gemeinschaftlichen Eigentums an den Stand der Technik dienen. Das Gesetz differenziert hier also. Wenn nun diese beiden Maßnahmen aufgrund der Formulierung des Gesetzes nicht identisch sind, dann soll hier – auch, um eine Abgrenzung der beiden Merkmale voneinander zu ermöglichen – das Merkmal des Stands der Technik zumindest kurz dargestellt werden.

a) Stand der Technik

Unter *Stand der Technik* ist nach Auffassung des Gesetzgebers[364] das Niveau einer anerkannten und in der Praxis bewährten, fortschrittlichen technischen Entwicklung gemeint, das das Erreichen des gesetzlich vorgegebenen Ziels gesichert erscheinen lässt. Ausdrücklich verzichtet wurde auf die Formulierung „Stand von Wissenschaft und Technik", da andernfalls eine Überforderung der Wohnungseigentümer einzutreten drohe. Der Begriff *Stand der Technik* verlange, dass wirtschaftliche Gesichtspunkte zu berücksichtigen seien und sei auch deshalb verwendet worden,[365] um im Gegensatz zur in § 641 a Absatz 3 Satz 4 BGB verwendeten Begrifflichkeit der „anerkannte Regeln der Technik" ein höheres Anforderungsniveau zu begründen, um Streit über den mit der Maßnahme erreichbaren Grad der Modernisierung zu vermeiden.

---

364 BT-Drucksache 16/887 S. 30 (linke Spalte).
365 In Anlehnung einer BGH Entscheidung zum Anbringen von Parabolantennen, BGH NJW/NZM Sonderdruck 2004, 18, 18.

Ob dieser Streit tatsächlich vermeiden werden kann, ist jedoch zweifelhaft. Wenn nach Auffassung des Gesetzgebers mit dem verwendeten Begriff das Niveau einer anerkannten und der Praxis bewährten, fortschrittlichen technischen Entwicklung gemeint sein soll, so ist diese Aussage möglicherweise nicht mit dem Wortlaut des Begriffs in Einklang zu bringen. „Anerkannt" muss nicht zwingend inhaltlich gleichbedeutend sein mit „bewährt". Auch setzen die „anerkannten Regeln der Technik" gerade voraus, dass die neue Methode unter Fachleuten überwiegend Zustimmung erfahren hat.[366] Das ist aber beim „Stand der Technik" noch nicht (zwingend) der Fall. Oftmals ist doch der Stand der Technik schon viel weiter, als dass alle Fachleute dem neuen Stand „zugestimmt" haben. Beispielhaft sei nur der Stand der Technik im Bereich der Computertechnik oder der Automobilindustrie genannt. Bei so vorgenommener Auslegung des Begriffs könnte daher jede Neuheit beschlossen werden.[367] Andererseits kann nach allgemeinem Sprachgebrauch und Sprachempfinden unter Stand der Technik auch der Stand verstanden werden, der jedenfalls einen gewissen Grad der Bewährung erfahren hat. Dies ließe sich anhand des Wortes „Stand" festmachen. Als Beispiel kann eine Hauseingangstür genannt werden, die mittels eines Zahlencodes zu öffnen ist. Dies entspricht sicherlich heutigem Stand der Technik und hat sich gleichfalls bewährt. Eine Haustür, die mittels einer biometrische Erkennung durch ein Scannen der Iris geöffnet wird, stellt dagegen das technisch machbare dar. Das technisch machbare ist in diesem Fall aber nicht gleichbedeutend mit dem Stand der Technik.

Durch all diese verschiedenen und möglichen unterschiedlichen sprachlichen Auslegungen dürfte die vom Gesetzgeber gewählte Formulierung dann aber nicht wie beabsichtigt dazu geeignet sein, Streit über den mit der Maßnahme erreichbaren Grad der Modernisierung vermeiden zu können.

b) Abgrenzung

Wenn nun – so die Aussage des § 22 Absatz 1 Satz 2 WEG – die Anpassung an den Stand der Technik *keine* Modernisierung entsprechend § 559 Absatz 1 BGB darstellen soll, dann wird durch diese Aussage der Modernisierungsbegriff im Sinne des § 559 Absatz 1 BGB inhaltlich eingeschränkt, da Maßnahmen der Anpassung an den Stand der Technik aus dem Modernisierungsbegriff herausgenommen werden.[368] Allerdings ist diese Aussage in ihrer Allgemeinheit nur dann zutreffend, wenn man ausdrücklich von einer Einschränkung des wohnungseigentumsrechtlichen Modernisierungsbegriffs ausgeht. Der rein mietrechtliche Modernisierungsbegriff ist von dieser Einschränkung nicht betroffen, dies auch deshalb, weil die Vorschrift des § 22 Absatz 2 Satz 1 WEG den rein mietrechtlichen Modernisierungsbegriff freilich nicht verändern kann.

Im Anwendungsbereich des mietrechtlichen Modernisierungsbereichs kommt es regelmäßig zu Überschneidungen einer Variante des Modernisierungsbegriffs und ei-

---

366 Köhler, § 22 Rn. 408.
367 Köhler, § 22 Rn. 408.
368 Wohl ebenso: Bub, ZWE 2008, 205, 209.

ner „Anpassung an den Stand der Technik". Die Überschneidungen innerhalb des mietrechtlichen Modernisierungsbegriffs entstehen deshalb, weil die Trennung und Unterscheidung von Modernisierung und Anpassung an den Stand der Technik innerhalb des § 559 Absatz 1 BGB nicht existiert. Beispielsweise wird eine Erhöhung des Gebrauchswertes im Sinne des § 559 Absatz 1 BGB oft gleichzeitig zu einer Anpassung an den Stand der Technik führen. Ebenso ist eine Maßnahme zur Energie- oder Wassereinsparung oftmals untrennbar mit einer Anpassung an den Stand der Technik verbunden. So wird man beispielsweise den Einbau von Durchlaufbegrenzern und/ oder wasserverbrauchsreduzierenden Toilettenspülkästen in einer Mietwohnung eines 1960 errichteten und seitdem unveränderten Gebäudes sowohl als wassersparende Maßnahme im Sinne des § 559 Absatz 1 BGB, als auch als Anpassung an den Stand der (heutigen) Technik ansehen müssen.

Innerhalb des wohnungseigentumsrechtlichen Modernisierungsbegriffs soll dies nun anders sein. Wenn in der Literatur an dieser Stelle von einer „Erweiterung des mietrechtlich geprägten Modernisierungsbegriffs"[369] die Rede ist, so ist dies streng genommen nicht zutreffend. Der Modernisierungsbegriff ist durch die Legaldefinition des § 559 Absatz 1 BGB geprägt. Diese Legaldefinition mit ihren drei Varianten wird durch die Aussage, die Anpassung an den Stand der Technik sei keine Modernisierung, nicht verändert. Im Gegenteil wird der Modernisierungsbegriff des WEG damit präzisiert indem Maßnahmen der Anpassung an den Stand der Technik ausdrücklich keine Modernisierungen darstellen. Gleichermaßen findet im Gegensatz zum mietrechtlichen Modernisierungsbegriff eine Einschränkung statt. Zutreffender erscheint es daher, von einer Erweiterung des Anwendungsbereichs von § 22 Absatz 2 WEG auszugehen.[370]

4. Ermittlung von Zweck und Systematik der Vorschrift des § 22 Absatz 2 WEG anhand des Gesetzeswortlautes: Einschränkung des Modernisierungsbegriffs wegen möglicher Änderung der Eigenart der Wohnanlage?

Die Vorschrift des § 22 Absatz 2 Satz 1 WEG enthält noch eine weitere zumindest mittelbare Einschränkung des Modernisierungsbegriffs.

Nach § 22 Absatz 2 Satz 1 WEG unterliegen nur solche Maßnahmen der Mehrheitsmacht, die *nicht die Eigenart der Wohnanlage ändern*. Es handelt sich bei diesem Merkmal zwar dogmatisch und systematisch nicht um einen Bestandteil des wohnungseigentumsrechtlichen Modernisierungsbegriffs, jedoch schränkt dieses Merkmal den Modernisierungsbegriff ein und ist inhaltlich daher eng mit ihm verbunden. Dies gilt umso mehr, als dass bauliche Maßnahmen und bauliche Veränderungen naturgemäß schon oftmals zu einer Veränderung des optischen Gesamteindrucks und damit meist auch zu einer Änderung der Eigenart der Wohnanlage führen. Das Merkmal der

369 Häublein, ZMR 2007, 409, 421.
370 Ebenso: Meffert, ZMR 2007, 758, 759.

Änderung der Eigenart der Wohnanlage als Ausschlusstatbestand[371] könnte somit zur Klärung des Struktur und Charakteristik des wohnungseigentumsrechtlichen Modernisierungsbegriffs zumindest hilfsweise herangezogen werden.

Die genaue Bedeutung des Merkmals *Änderung der Eigenart der Wohnanlage* und damit die Folge, dass bei Vorliegen einer solchen Änderung die Maßnahme nicht der Mehrheitsmacht des § 22 Absatz 2 Satz 1 WEG unterfällt, ist jedoch noch nicht abschließend geklärt.

Teilweise wird vertreten, der Begriff müsse großzügig verstanden werden.[372] Aus Sicht der veränderungswilligen Mehrheit der Wohnungseigentümer sei eine großzügige Linie geboten um zu verhindern, dass der Einzelne durchaus sinnvolle Modernisierungsmaßnahmen durch sein Veto zu Fall bringen kann.[373] Dies ergebe sich schon daraus, dass der Gesetzgeber ausdrücklich den Anbau eines Fahrstuhls[374] als Maßnahme im Sine von § 22 Absatz 2 WEG nennt. Gegen eine enge Interpretation des Begriffs der Eigenart spreche, dass die Änderung des optischen Erscheinungsbildes in der Rechtsprechung der häufigste die Zustimmungspflicht des § 22 Absatz 1 WEG a.F. auslösende Grund war. Gerade dieser Rechtsprechung wollte der Gesetzgeber durch die Einführung des neuen § 22 Absatzes 2 WEG begegnen. Zum anderen wollte der Gesetzgeber die Einwendungen einzelner Eigentümer gegen die beschlossene Maßnahme auf „erhebliche" Nachteile beschränkt wissen, was zunächst im Wortlaut der Norm klar zum Ausdruck kam. Daher gebe es eine sogenannte (ungeschriebene) Erheblichkeitsschwelle für das Merkmal des Nachteils. Der Begriff *Eigenart der Wohnanlage* müsse daher enger verstanden werden als jede nicht ganz unerhebliche Veränderung des optischen Gesamteindrucks, durch die sich ein Eigentümer verständlicherweise beeinträchtigt fühlt darf.[375]

Teilweise[376] wird vertreten, dem Anliegen des Gesetzgebers sei nur zu entsprechen, indem man nur „grobe ästhetische Beeinträchtigungen" und/oder „Verschandelungen" als einen nach § 22 Absatz 2 Satz 1 WEG relevanten Nachteil ausreichen ließe.

Beiden Sichtweisen ist zuzubilligen, dass freilich nicht jede geringfügige Änderung der Eigenart der Wohnanlage ausreichen kann, um eine bauliche Maßnahme aus dem Anwendungsbereich des § 22 Absatz 2 Satz 1 WEG auszuklammern. Problematisch erscheinen jedoch die jeweiligen Begründungen.

Nach Häublein ist unter anderem auf eine Formulierung des Gesetzgebers zurückzugreifen, die zunächst im Gesetzesentwurf stand, dann aber im Rechtsausschuss durch eine andere Formulierung geändert wurde.[377] Der zunächst verwendete Begriff „erheblich" ist durch den Begriff „unbillig" ersetzt worden. Hätte der Gesetzgeber – wie Häublein meint – inhaltlich nichts an der „Erheblichkeit" der Beeinträchtigung ändern wollen, so hätte er dies im Gesetz selbst durch eine entsprechende Formulierung klarstellen müssen. Die Schlussfolgerung Häubleins, es müsse eine ungeschriebene Er-

---

371 Abramenko, § 4 Rn. 40.
372 Häublein, NZM 2007, 752, 757.
373 Häublein, ZMR 2007, 409, 421.
374 Hierzu auch unter D. III. 3. g.
375 Häublein, ZMR 2007, 409, 421.
376 Abramenko, § 4 Rn. 43.
377 Beschlussempfehlung des Bundestages: BT-Drucksache 16/3843, S. 3.

heblichkeitsschwelle geben ist keinesfalls zwingend. Maßgeblich für jede Auslegung des Gesetzes ist doch die Fassung des Gesetzes selbst.

Gegen Abramenkos[378] Sichtweise spricht bereits, dass die von ihm vorgeschlagene Begrifflichkeit der „grob ästhetischen Beeinträchtigung" zu unbestimmt ist und damit für die Praxis der Verwaltung weder hilfreich noch geeignet sein dürfte. Insbesondere im Bereich der Ästhetik eines Gebäudes, einer Wohnanlage oder Teilen davon variiert das menschliche Empfinden, was generell ästhetisch ist und was nicht, enorm, da Ästhetik schlichtweg subjektiv geprägt ist. So empfindet der eine das Austauschen von Sprossenfenstern aus Holz gegen einteilige Fenster aus Kunststoff als ästhetische Zumutung, während für den anderen die Ästhetik eines Gebäudes erst beeinträchtigt wird, wenn eine süddeutsche Fachwerkfassade mit grauem Rauhputz versiegelt wird. Wie dann aber eine grob ästhetische Beeinträchtigung feststellbar sein soll ist kaum erklär- oder feststellbar. Genauso unklar ist, was genau eigentlich eine „Verschandelung" sein soll und wann eine solche vorliegt. Es kann letztlich auch nicht Sinn einer Vorschrift oder eines Tatbestandsmerkmals sein, festzulegen, was ästhetisch ansprechend ist und was nicht. Eine derartige Vorgehensweise wäre ferner mit ganz erheblicher Rechtsunsicherheit verbunden. Hinzukommt, dass der Gesetzeswortlaut für eine derartige Auslegung, nach der nur extreme Fälle eine *Änderung der Eigenart der Wohnanlage* darstellen, keine Anhaltspunkte gibt. Daher geht die von Abramenko vorgenommene Interpretation über den Wortlaut hinaus und ist auch aus diesem Grunde abzulehnen.

Gegen beide Sichtweisen sprechen im Übrigen folgende Überlegungen: Der Erwerber einer Eigentumswohnung erwirbt seine Miteigentumsanteile grundsätzlich im Vertrauen darauf, dass die Wohnanlage nicht in für ihn maßgeblichen Punkten geändert wird. Maßgeblich für ihn ist also der innere und äußere Bestand der Wohnanlage. Das Interesse sowohl am inneren als auch äußeren Bestand ist auch rechtlich schützenswert, Artikel 14 GG. Die verfassungsrechtliche Problematik des neugeschaffenen § 22 Absatz 2 Satz 1 WEG ist zwar nicht Gegenstand dieser Bearbeitung, die von einigen Autoren[379] geäußerten Bedenken hinsichtlich der Verfassungsmäßigkeit der Vorschrift sind jedoch nicht unbeachtlich. Soweit argumentiert wird, mit Mehrheitsmacht könne der Widerstand der restlichen Miteigentümer überwunden werden, stellt sich in der Tat die Frage nach der Verfassungsmäßigkeit der Vorschrift.

Daher spricht vieles dafür, das Merkmal der *Änderung der Eigenart der Wohnanlage* so zu interpretieren, dass das Vertrauen des Einzelnen in den inneren und äußeren Bestand der Wohnanlage hinreichend geschützt ist. Durch eine großzügige Interpretation ist dies jedenfalls nicht der Fall. Daher sollte – nach hier vertretener Auffassung – der Begriff restriktiv ausgelegt werden. Es sollte auch stets beachtet werden, dass ein Eigentümer möglicherweise seine Wohnung gerade deshalb erworben hat, weil in der Wohnanlage ein nur geringer und damit vergleichsweise kostengünstiger Standard vorhanden war.[380] Dieses „Recht auf einen kostengünstigen Standard" auch abseits von Luxusmodernisierungen würde nun aber eingeschränkt, wenn künftig jeder Ei-

---

378 Abramenko, § 4 Rn. 43.
379 Köhler, § 22 Rn. 409, Bub, NZM 2006, 841, 848.
380 Bub, ZWE 2008, 205, 212; NZM 2006, 841, 848.

gentümer Modernisierungen fordern könnte.[381] Unter Eigenart der Wohnanlage könnte daher die Gesamtheit des inneren und äußeren Bestandes unter besonderer Berücksichtigung des optischen Erscheinungsbildes und des vorhandenen Ausstattungsstandards verstanden werden. Auf subjektive und kaum greifbare Kriterien wie ästhetisch oder unästhetisch sollte es hingegen nicht ankommen. Die besondere Berücksichtigung des optischen Erscheinungsbildes als maßgebliches Kriterium entspricht auch dem Willen des Gesetzgebers; diesen Schluss kann man jedenfalls ziehen, wenn man die in der Gesetzesbegründung[382] genannten Beispiele für Umgestaltungen der Wohnanlage, die deren bisherige Eigenart ändert, betrachtet: Genannt wird dort ein Anbau, beispielsweise eines Wintergartens,[383] die Aufstockung oder der Abriss von Gebäudeteilen oder vergleichbare Veränderungen des inneren oder äußeren Bestandes (...).

In der Praxis dürfte das Merkmal der *Änderung der Eigenart der Wohnanlage* nicht zu mehr Rechtssicherheit oder Rechtsklarheit führen. Im Gegenteil ist eher nicht von einer Erleichterung der Verwaltung und Rechtsanwendung auszugehen.[384] Auch wenn die Bewertung des Begriffs als „diffus[385]" polemisch anmutet, so spricht vieles dafür, dass die „Eigenart der Wohnanlage" sicherlich in vielfältiger Weise interpretiert werden kann. Was genau zur Eigenart der Wohnanlage gehört und was nicht (Balkone oder keine Balkone; Fenster aus Metall oder Holz; Altbau oder altes Patrizierhaus mit oder ohne Fahrstuhl) ist derart unbestimmt, dass Streit unter den Wohnungseigentümern über diesen Punkt bereits jetzt vorhersehbar ist.[386]

5. Zwischenergebnis

Das Merkmal der *Änderung der Eigenart der Wohnanlage* sollte so ausgelegt werden, dass das Vertrauen des Einzelnen am inneren und äußeren Bestand der Wohnanlage hinreichend geschützt ist, Art. 14 GG. Der Schutz des einzelnen Eigentümers stellt somit einen dem wohnungseigentumsrechtlichen Modernisierungsbegriff innewohnenden Aspekt dar. Dies sollte bei der Auslegung des wohnungseigentumsrechtlichen Modernisierungsbegriffs mit berücksichtigt werden

6. Schlussfolgerungen

Zweck und Systematik der Vorschrift des § 22 Absatz 2 WEG lassen sich in nur begrenztem Umfang anhand der Gesetzesbegründung sowie der neueren Literatur zu § 22 Absatz 2 WEG skizzieren. Daraus folgt, dass sowohl Struktur als auch Charak-

381 Bub, ZWE 2008, 205, 212; NZM 2006, 841, 848.
382 BT-Drucksache 16/887, S. 30 (rechte Spalte).
383 Hierzu auch: AG Konstanz, Urteil vom 13.3.2008: 12 C 17/07.
384 Ebenso: Köhler, § 22 Rn. 411.
385 Köhler, § 22 Rn. 411.
386 Köhler, § 22 Rn. 412.

teristik des wohnungseigentumsrechtlichen Modernisierungsbegriffs sich nur rudimentär anhand der Gesetzesbegründung zu § 22 Absatz 2 Satz 1 WEG ermitteln lassen.

Eine Begrenzung des wohnungseigentumsrechtlichen Modernisierungsbegriffes erfolgt in gewissem Umfang durch den Gesetzeswortlaut der Vorschrift des § 22 Absatz 2 Satz 1. Der Schutz aus Artikel 14 GG ist bei der Auslegung des Merkmals der *Änderung der Eigenart der Wohnanlage* zu beachten.

Um Eigenart und Struktur des wohnungseigentumsrechtlichen Modernisierungsbegriffs detailliert zu ermitteln, soll in einem nächsten Schritt untersucht werden, ob und wie sich die strukturellen und inhaltlichen Besonderheiten des WEG in Abgrenzung zum Mietrecht im Rahmen der einzelnen Varianten der Legaldefinition des Modernisierungsbegriffs auswirken.

D. Die Legaldefinition des Modernisierungsbegriffs im Anwendungsbereich des WEG

I. Einleitung

Modernisierungsbegriff und bauliche Maßnahme einerseits und bauliche Veränderung anderseits sind sowohl innerhalb des Mietrechts als auch innerhalb des Wohnungseigentumsrechts miteinander verbunden. Bauliche Maßnahme oder bauliche Veränderungen sind innerhalb der Vorschriften des § 559 Absatz 1 BGB und § 22 Absatz 2 Satz 1 WEG als Grundvoraussetzung anzusehen. Ohne eine entsprechende (bauliche) Maßnahme erübrigt sich jedwede Prüfung, ob eine Modernisierung vorliegt oder nicht. In einem ersten Schritt soll daher auf diese Grundvoraussetzung kurz eingegangen werden. In einem zweiten Schritt soll dann der Frage nachgegangen werden, ob und wieweit die Legaldefinition des Modernisierungsbegriffs (§ 559 Absatz 1 BGB) innerhalb des WEG mit all seinen strukturellen und inhaltlichen Unterschieden zum Mietrecht angewendet werden kann. Das heißt, es soll geklärt werden, inwiefern der wohnungseigentumsrechtliche Modernisierungsbegriff tatsächlich dem mietrechtlichen entspricht und ob die Verweisungstechnik des Gesetzes sinnvoll ist.

II. Bauliche Maßnahme/bauliche Veränderung als jeweilige Grundvoraussetzungen

1. Bauliche Maßnahme/bauliche Veränderung

Der Begriff der baulichen Maßnahme des § 559 Absatz 1 BGB und der Begriff der baulichen Veränderung des § 22 Absatz 1 und 2 WEG[387] unterscheiden sich zwar partiell, die Unterschiede sind jedoch im Rahmen dieser Untersuchung nicht von maßgeblicher Bedeutung, da die jeweiligen Definitionen lediglich auf die unterschiedlichen Strukturen der beiden betroffenen Rechtsgebiete Mietrecht und Wohnungseigentumsrecht) Bezug nehmen.

Während innerhalb des mietrechtlichen Modernisierungsbegriffs des § 559 Absatz 1 BGB eine bauliche Maßnahme einen neuen veränderten baulichen Zustand verlangt, der zumindest wirtschaftlich in sachlichem Zusammenhang mit dem Mietgebrauch steht, und sich sowohl innerhalb der betreffenden Wohnung des Mieters, als auch außerhalb, beispielsweise am Gebäude im übrigen oder auf dem Hausgrundstück einstellen kann, so handelt es sich bei einer baulichen Veränderung innerhalb des § 22 Absatz 1 und 2 WEG um einen auf Dauer angelegten gegenständlichen Eingriff in die Substanz des gemeinschaftlichen Eigentums, der nicht mehr der Pflege, Erhaltung oder

---

387 Beispiele hierfür siehe: C. I. 1.

Bewahrung des gegenwärtigen Zustandes dient, sondern darüber hinaus einen neuen Zustand schafft.[388] Anders ausgedrückt liegt eine bauliche Veränderung im Sinne des § 22 Absatz 1 und 2 WEG bei jeder Umgestaltung des Gemeinschaftseigentums vor, die vom Aufteilungsplan oder vom früheren Zustand des Gebäudes nach Fertigstellung abweicht und über die ordnungsgemäße Instandhaltung und Instandsetzung hinausgeht.[389]

Unabhängig von den an dieser Stelle zu vernachlässigenden Unterschieden der beiden Begriffe ergeben sich für den Vergleich der beiden Modernisierungsbegriffe schon deswegen keine Probleme, weil sowohl der Begriff der baulichen Maßnahme des § 559 Absatz 1 BGB als auch der Begriff der baulichen Veränderung des § 22 Absatz 1 und 2 WEG aus den Modernisierungsbegriffen als solchen ausgenommen sind, da jede Vorschrift für diesen Bestandteil des Modernisierungsbegriffs ein eigenständiges Tatbestandsmerkmal liefert.

Der oben dargestellte Meinungsstreit zur konkreten Feststellung der Veränderung des baulichen Zustandes innerhalb des § 559 Absatz 1 BGB dürfte somit an dieser Stelle keine Relevanz entfalten. Dies folgt aus den eben dargestellten unterschiedlichen Tatbestandsmerkmalen bauliche Maßnahme/bauliche Veränderung.

2. Abgrenzungsprobleme

Sowohl die bauliche Maßnahme des § 559 Absatz 1 BGB als auch die bauliche Veränderung des § 22 Absatz 1 und 2 WEG, die sich unter Hinzukommen weiterer Merkmale der Legaldefinition Modernisierungsbegriffs des § 559 Absatz 1 BGB direkt oder entsprechend als Modernisierung darstellen, sind von Instandhaltungs- sowie Instandsetzungsmaßnahmen abzugrenzen. Innerhalb des Anwendungsbereiches des WEG kommen erschwerend noch Abgrenzungsprobleme der baulichen Veränderung zu Modernisierungsmaßnahmen/Anpassung an den Stand der Technik gemäß § 22 Absatz 2 Satz 1 WEG, allgemeinen baulichen Veränderungen gemäß § 22 Absatz 1 Satz 1 WEG sowie der modernisierende Instandsetzung gemäß § 22 Absatz 3 WEG hinzu.

3. Luxusmodernisierungen

Nach herrschender Auffassung unterfällt eine Luxusmodernisierung innerhalb des mietrechtlichen Modernisierungsbegriffs nicht dem Begriff der baulichen Maßnahme. Nach hier vertretener Ansicht handelt es sich bei Luxusmodernisierungen in aller Regel zwar sehr wohl um bauliche Maßnahmen (siehe oben unter B. II. 1. c. dd.), da auch bei einer Luxusmodernisierung doch fast immer ein „neuer veränderter baulichen Zustand" entsteht. Jedoch sollte eine Luxusmodernisierung vom Begriff der Modernisierung als solchem ausgenommen werden. In den Rechtsfolgen unter-scheiden sich

---

388 Niedenführ/Kümmel/Vandenhouten-Niedenführ, § 22 Rn. 11.
389 Bärmann-Merle, § 22 Rn. 7; Palandt-Bassenge, § 22 WEG Rn. 1; Bärmann/Pick, § 22 Rn. 2.

94

die beiden Auffassungen jedoch nicht. Nach beiden Auffassungen innerhalb des Mietrechts berechtigen Luxusmodernisierungen den Vermieter nicht zu Mieterhöhungen.

Innerhalb des § 22 Absatz 2 WEG soll nach Auffassung des Gesetzgebers[390] eine Luxusmodernisierung nicht der Mehrheitsmacht unterliegen.[391] Dies wird damit begründet, dass gemäß § 22 Absatz 2 Satz 1 die bauliche Veränderung (oder Aufwendung gemäß § 22 Absatz 1 Satz WEG) die Maßnahme die Eigenart der Wohnanlage nicht ändern dürfe. Dies sei insbesondere bei einem Anbau etwa eines Wintergartens, einer Aufstockung oder durch vergleichbare Veränderungen des inneren oder äußeren Bestandes, beispielsweise wenn ein Wohnhaus einfacher Wohnqualität gleichsam luxussaniert werde.

Der Gesetzgeber argumentiert an dieser Stelle überzeugender als die herrschende Auffassung zur Behandlung von Luxusmodernisierungen innerhalb des § 559 Absatz 1 BGB, da er ausweislich der Gesetzesbegründung der Luxusmodernisierung eben nicht die Qualität der bauliche Veränderung nimmt. Dass eine Luxusmodernisierung in aller Regel nicht nur der Definition der baulichen Anlage des § 559 BGB unterfällt (siehe oben unter B. II. 1. c. dd.), sondern auch der Definition der baulichen Maßnahme des § 22 Absatz 1 und 2 WEG, dürfte einleuchten.

4. Zeitlicher Anknüpfungspunkt der baulichen Maßnahme (Mietrecht) und der baulichen Veränderung (WEG)

Innerhalb des Mietrechts muss eine bauliche Maßnahme nach dem Wortlaut des § 559 Absatz 1 BGB vom Vermieter bereits durchgeführt worden sein, um ihn zu einer Mieterhöhung wegen Modernisierung zu berechtigen. Dies ist innerhalb des Anwendungsbereiches des § 22 Absatz 2 Satz 1 WEG anders. Hier können bauliche Veränderungen „beschlossen werden", sie müssen also keineswegs bereits durchgeführt worden sein. Im Gegenteil sind bauliche Veränderungen ohne Beschluss der Wohnungseigentümergemeinschaft rechtswidrig und begründen grundsätzlich Ansprüche auf Beseitigung gemäß § 1004 Absatz 1 Satz 1 BGB i.V.m. § 15 Absatz 3, § 14 Nr. 1 WEG und bei Verschulden Ansprüche auf Wiederherstellung des ursprünglichen Zustandes gemäß § 823 Absatz 1 i.V.m. § 249 BGB.[392]

Die zeitlichen Unterschiede hinsichtlich der Durchführung der baulichen Maßnahme und der baulichen Veränderung ergeben sich aus den unterschiedlichen den jeweiligen Vorschriften zugrundeliegenden tatsächlichen Situationen des Mietrechts und des Mieterhöhungsverlangens des Vermieters einerseits und der Möglichkeit des Beschlusses der Maßnahme der Wohnungseigentümergemeinschaft andererseits.

---

390 BT-Drucksache 16/887, S. 30 (rechte Spalte).
391 Ebenso: Abramenko, § 4 Rn. 40; Hügel/Elzer, § 7 Rn. 34; Palandt-Bassenge, § 22 WEG Rn. 18.
392 Niedenführ/Kümmel/Vandenhouten-Niedenführ, § 22 Rn. 165 und 166; Bärmann-Merle, § 22 Rn. 303 ff.

III. Anwendung der Legaldefinition des Modernisierungsbegriffes aus § 559 Absatz 1 BGB innerhalb des WEG

Durch den Verweis der Vorschrift des § 22 Absatz 2 Satz 1 WEG auf den mietrechtlichen Modernisierungsbergriff des § 559 Absatz 1 BGB macht sich § 22 Absatz 2 Satz 1 WEG diesen mit seinen drei Varianten quasi zu eigen, um so gleichzeitig einen selbständigen wohnungseigentumsrechtlichen Modernisierungsbegriff zu begründen. Die Verweisungstechnik des Gesetzes erweckt den Eindruck, dass sich mietrechtlicher und wohnungseigentumsrechtlicher Modernisierungsbegriff in nicht unerheblichem Maße inhaltlich entsprechen. Man könnte gar vermuten, dass beide Begriffe weitgehend deckungsgleich sein könnten. Inwiefern und mit welchen Konsequenzen dies tatsächlich der Fall ist soll nun näher untersucht werden.

Dabei wird in erster Linie zu fragen sein, ob und inwieweit die Legaldefinition des Modernisierungsbegriffs (§ 559 Absatz 1 BGB) innerhalb des WEG mit all seinen strukturellen und inhaltlichen Unterschieden zum Mietrecht angewendet werden kann. Mit anderen Worten soll untersucht werden, inwiefern die drei Varianten der in § 559 Absatz 1 BGB normierten Legaldefinition des Modernisierungsbegriffs sinnvollerweise in den Anwendungsbereich des Wohnungseigentumsrechts mit all seinen Unterschieden zum Mietrecht übertragen und angewendet werden können.

1. Keine Erweiterung der Befugnisse zum Eingriff in das Sondereigentum

Für alle drei Varianten des wohnungseigentumsrechtlichen Modernisierungsbegriffs, also bei allen baulichen Maßnahmen, *die den Gebrauchswert nachhaltig erhöhen, die allgemeinen Wohnverhältnisse auf Dauer verbessern oder nachhaltig Einsparungen von Energie oder Wasser bewirken,* gilt im Unterschied zum rein mietrechtlichen Modernisierungsbegriff, dass erstgenannter genau wie die gesamte Vorschrift des § 22 Absatz 2 WEG ausschließlich auf Maßnahmen anzuwenden ist, die sich auf das gemeinschaftliche Eigentum beziehen.[393] Der mietrechtliche Modernisierungsbegriff hingegen bezieht sich auf bauliche Maßnahmen, die unter Zugrundelegung insbesondere der Maßstäbe der §§ 1 und 5 WEG sowohl den Bereich des Sondereigentums, als auch den des Gemeinschafseigentums betreffen. Der Modernisierungsbegriff des Mietrechts hat demnach einen weiter gefassten Anwendungsbereich als der Modernisierungsbegriff des Wohnungseigentumsrechts. Zwar ist der Wortlaut von § 22 Absatz 2 Satz 1 WEG an dieser Stelle nicht ganz eindeutig, da das Tatbestandsmerkmal des *gemeinschaftlichen Eigentums* sich lediglich auf die *Anpassung an den Stand der Technik* bezieht. Die Gemeinschaft der Wohnungseigentümer kann aber keine Maßnahmen der Modernisierung beschließen, die das Sondereigentum betreffen, da ein entsprechender Beschluss sowie die entsprechende Maßnahme in den Kernbereich des

---

393 Bub, ZWE 2008, 205, 206; Erman-Grziwotz, § 22 WEG Rn. 6; Abramenko, § 4 Rn. 34; Hügel/Elzer, § 7 Rn. 6 und 7; Bub-Merle, § 22 Rn. 330.

Eigentums eingreifen würden.[394] Dies gilt insbesondere dann, wenn die Maßnahme gegen den Willen des betroffenen Eigentümers beschlossen werden sollte. Die Eigentümerversammlung kann folglich nicht (beispielsweise zum Erzielen von Rabatten) für alle Wohnungseigentümer den Einbau derselben Küche, derselben Fliesen oder Gasetagenheizungen beschließen, obwohl derartige Maßnahmen unter den mietrechtlichen Modernisierungsbegriff zu subsumieren wären.[395]

Damit steht bereits an dieser Stelle fest, dass die Kasuistik zum mietrechtlichen Modernisierungsbegriff keinesfalls uneingeschränkt auf den wohnungseigentumsrechtlichen Modernisierungsbegriff übertragbar ist.[396] Es ist vielmehr in jedem Einzelfall zu prüfen, ob eine Maßnahme an den Bereich des Sondereigentums, oder an den Bereich des Gemeinschaftseigentums anknüpft. Für den wohnungseigentumsrechtlichen Modernisierungsbegriff bedeutet dies, dass an das Sondereigentum anknüpfende bauliche Veränderungen oder Maßnahmen im Zweifel keine Modernisierungen darstellen.

2. Nachhaltige Erhöhung des Gebrauchswertes

a) Definition der Erhöhung des Gebrauchswertes

Innerhalb des direkten – also rein mietrechtlichen – Anwendungsbereiches des Modernisierungsbegriffs des § 559 Absatz 1 BGB ist der Gebrauchswert einer Mietsache dann erhöht, wenn infolge der durchgeführten baulichen Maßnahme das Wohnen aus der Sicht eines durchschnittlichen und vernünftigen Mieters angenehmer, bequemer, gesünder, sicherer oder weniger arbeitsaufwändig wird.[397]

Diese Definition der Erhöhung des Gebrauchswertes lässt sich im Bereich des Wohnungseigentumsrechts mit nur leichten Modifikationen verwenden. Da der Gesetzgeber in § 22 Absatz 2 Satz 1 die „entsprechende Anwendung" des Modernisierungsbegriffs des § 559 Absatz 1 BGB anordnet, lassen sich an dieser Stelle die wohnungseigentumsrechtlichen Besonderheiten und damit Unterschiede zum Mietrecht auf einfache Art und Weise berücksichtigen. Statt auf die „Mietsache" bei direkter Anwendung des § 559 Absatz 1 BGB im Mietrecht ist bei entsprechender Anwendung des Modernisierungsbegriffs vom Gemeinschaftseigentum gemäß § 1 Absatz 5 WEG auszugehen.[398]

Maßstab zur Feststellung der Gebrauchswerterhöhung innerhalb des mietrechtlichen Modernisierungsbegriffs ist der (ursprünglich vom Vermieter geschuldete und durch den Mietvertrag gemäß § 535 Absatz 1 BGB bestimmte) Zustand der Mietsache vor Durchführung der baulichen Maßnahme.[399] Anders ausgedrückt muss der ver-

---

394 Bub, ZWE 2008, 205, 206.
395 Abramenko, § 4 Rn. 34.
396 Ebenso: Abramenko, § 4 Rn. 34.
397 LG München I, WuM 1989, 27, 27; Müko-Artz, § 559 Rn. 14; Schmidt-Futterer-Börstinghaus § 559 Rn. 59; Kinne, ZMR 2003, 396, 396.
398 Vgl. Hügel/Elzer, § 7 Rn. 7.
399 Staudinger-Emmerich, § 559 Rn. 22.

tragsgemäße Gebrauch der Mietsache für den Mieter durch die bauliche Maßnahme vermehrt, also erleichtert oder verbessert werden.[400]

Dieser Maßstab kann mit Modifikationen auf den wohnungseigentumsrechtlichen Modernisierungsbegriff übertragen werden. Zwar fehlt im Bereich des Wohnungseigentums ein dem Mietvertrag entsprechender Anknüpfungspunkt. Sowohl Teilungserklärung gemäß § 8 WEG als auch Teilungsvertrag gemäß § 3 WEG eignen sich hier kaum, da beide nur punktuell Hinweise auf den tatsächlichen Zustand des Gemeinschaftseigentums enthalten. Auch Vereinbarungen gemäß § 10 Absatz 3 WEG betreffen lediglich das Verhältnis der Wohnungseigentümer untereinander und sind damit nicht dienlich, Aufschluss über den tatsächlichen Zustand des Gemeinschaftseigentums zu geben. Jedoch kann als Maßstab auf den bestimmungsgemäßen Gebrauch nach Maßgabe der Gemeinschaftsordnung der Wohnanlage und auf eine (eventuell) vereinbarte Zweckbestimmung abgestellt werden.[401] Hilfsweise besteht die Möglichkeit, schlicht auf den tatsächlichen Zustand des Gemeinschaftseigentums vor Durchführung der baulichen Maßnahme abzustellen.

aa) Objektiver Maßstab entsprechend dem mietrechtlichen Modernisierungsbegriff?

Innerhalb des mietrechtlichen Modernisierungsbegriffs wird die Gebrauchswerterhöhung nach der Verkehrsanschauung unter Zugrundelegung objektiver Gesichtspunkte bestimmt.[402]

Es bestehen keine durchgreifenden Bedenken, diesen objektiven Maßstab im Anwendungsbereich des wohnungseigentumsrechtlichen Modernisierungsbegriffs beizubehalten. Es dürfte ausreichen, dass die Maßnahmen aus objektiver Sicht sinnvoll erscheinen.[403] Vergleichbar der Situation des Mietrechts[404] wird sich ein einzelner Wohnungseigentümer daher nicht mit Erfolg darauf berufen können, dass die durch die bauliche Maßnahme entstandene Verbesserung ihm persönlich keinen Vorteil bringe, wenngleich in einem solchen Fall eine mögliche *unbillige Beeinträchtigung* besonders zu prüfen sein wird.

Innerhalb des mietrechtlichen Modernisierungsbegriffs wird angenommen, dass sich ein Mieter bei beabsichtigtem Anschluss der Wohnanlage an das Breitbandkabelnetz nicht mit Erfolg darauf berufen kann, keinen Fernseher zu besitzen.[405] Dieses mietrechtlich geprägte Beispiel für die maßgebliche objektive Sichtweise ist indes nicht direkt auf den wohnungseigentumsrechtlichen Modernisierungsbegriff übertragbar: Der Anschluss einer Wohnanlage an das örtliche Breitbandkabelnetz ist rechtlich nämlich oftmals nicht als Modernisierung gemäß § 22 Absatz 2 Satz 1 WEG, sondern

---

400 Staudinger-Emmerich, § 559 Rn. 22.
401 Bub, ZWE 205, 209.
402 LG München I, WuM 1989, 27, 28; Schmidt-Futterer-Börstinghaus, § 559 Rn. 60; Staudinger-Emmerich, § 559 Rn. 22; MüKo-Artz, § 559 Rn. 14; Bamberger/Roth-Ehlert, § 559 Rn. 26 a.
403 Erman-Grziwotz, § 22 WEG Rn. 6.
404 Vgl. oben sowie: BGH, MMR 2005, 680, 681; KG Berlin, NJW 1985, 2031, 2031; LG Berlin, Grundeigentum 2003, 122, 123; LG München I, WuM 1989, 27, 27; MüKo-Artz, § 559 Rn. 14.
405 Zum mietrechtlichen Modernisierungsbegriff: KG Berlin, NJW 1985, 2031, 2033.

als modernisierende Instandsetzung gemäß § 22 Absatz 3 WEG in Verbindung mit § 21 Absatz 5 WEG einzuordnen. Typischerweise ist dies schon dann der Fall, wenn eine reparaturbedürftige Gemeinschaftsantenne durch einen Kabelanschluss ersetzt wird oder wenn standortbedingt durch eine Gemeinschaftsantenne kein einwandfreier Ton- und/oder Bildempfang gewährleistet ist.[406]

Soweit die zur maßgeblichen objektiven Sichtweise der Erhöhung des Gebrauchswertes innerhalb des mietrechtlichen Modernisierungsbegriffs ergangene Rechtsprechung nicht ausschließlich die einzelne Wohnung des Mieters betrifft (entsprechend dem Sondereigentum innerhalb des Anwendungsbereichs des § 22 Absatz 2 Satz 1 WEG) so dürfte die entsprechende mietrechtliche Literatur und Rechtsprechung zur Begründung und möglichen Reichweite des objektiven Maßstabes auf den wohnungseigentumsrechtlichen Modernisierungsbegriff übertragbar sein.

bb) Weite Auslegung entsprechend dem mietrechtlichen Modernisierungsbegriff?

Dem Merkmal der Gebrauchswerterhöhung liegt nicht nur eine objektive Sichtweise zugrunde, es wird innerhalb des mietrechtlichen Modernisierungsbegriffs auch grundsätzlich weit ausgelegt.[407] Es ist jedoch fraglich, ob der das Merkmal der Gebrauchswerterhöhung auch innerhalb des wohnungseigentumsrechtlichen Modernisierungsbegriffs weit auszulegen ist. Eine unkritisch vorgenommene weite Auslegung der Gebrauchswerterhöhung innerhalb des wohnungseigentumsrechtlichen Modernisierungsbegriffs kann nämlich zu vielfältigen Problemen führen und sollte daher nicht uneingeschränkt gelten und vorgenommen werden. Verstärkt wird die bestehende Problematik zusätzlich durch die objektive Sichtweise. Die Problematik einer weiten Auslegung des Merkmals der nachteiligen Gebrauchswerterhöhung innerhalb des wohnungseigentumsrechtlichen Modernisierungsbegriffs lässt sich am besten durch folgendes Beispiel verdeutlichen:[408]

Angenommen, ein Eigentümer erwirbt eine Wohnung in einer bescheidenen Wohnanlage geringen Standards ohne Zentralheizung. Der Hauptgrund des Erwerbs bestand für besagten Eigentümer darin, dass in der Wohnanlage ein besonders niedriger und damit vergleichsweise kostengünstiger Standard vorhanden war. Die Eigentümergemeinschaft beschließt nun mit qualifizierter Dreiviertelmehrheit gemäß § 22 Absatz 2 Satz WEG den erstmaligen Einbau einer Zentralheizung.[409] Unabhängig von allen Einsparungseffekten kann die erstmalige Installation einer Zentralheizung als Gebrauchswerterhöhung und damit als Modernisierung gemäß § 22 Absatz 2 Satz 1 WEG eingeordnet werden. Durch den Einbau wird der Gebrauch der Wohnung verbessert und damit vermehrt. Das Wohnen wird so angenehmer und höchstwahrscheinlich auch bequemer.[410]

---

406 Niedenführ/Kümmel/Vandenhouten-Niedenführ, § 21 Rn. 77 m.w.N.
407 Staudinger-Emmerich, § 559 Rn. 22.
408 Beispiel von Bub aus: Bub, NZM 2006, 841, 848.
409 Nach alter Rechtslage war hierfür die Zustimmung aller Eigentümer erforderlich.
410 Bub, NZM 2006, 841, 848; ZWE 2008, 205, 212.

Der Erwerber wollte aber die nun anfallenden Kosten für die Zentralheizung gerade vermeiden. Der Hauptgrund des Erwerbes bestand ja gerade in dem geringen und kostengünstigen Standard der Wohnanlage. Man könnte insoweit durchaus von einem Recht des Eigentümers auf kostengünstige Lösungen sowie einem „Recht auf einen niedrigen Standard" sprechen.[411] Dieses Recht wird nun aber eingeschränkt. Höchst problematisch wird es, wenn man bedenkt, dass durch die Vorschrift des § 22 Absatz 2 Satz 1 WEG und den Modernisierungsbegriff – insbesondere bei weiter Auslegung – faktisch und rechtlich in die Teilungserklärung eingegriffen wird. Die Teilungserklärung stellt aber eine eigentumsrechtliche Position im Sinne von Artikel 14 GG dar, auf die die Wohnungseigentümer auch vertrauen dürfen. Dies gilt umso mehr, wenn man bedenkt, dass die Teilungserklärung in das Grundbuch eingetragen wird. Somit wird letztlich auch in den Inhalt des Sondereigentums eingegriffen. Es ist nicht ausgeschlossen, dass durch diese Vorgehensweise in Form eines Eingriffs (Stichwort: Rückwirkung) gegen Artikel 14 GG verstößt, die Vorschrift des § 22 Absatz 2 Satz 1 WEG demnach verfassungswidrig ist.[412] Es handelt sich möglicherweise um ein generelles Problem des § 22 Absatz 2 Satz 1 WEG, welches bei der Rechtsanwendung an mehreren Stellen, in seiner ganzen Tragweite bei einer weiten Auslegung des Modernisierungsbegriffs auftritt. Gerade in Hinblick auf diese ernst zu nehmenden verfassungsrechtlichen Bedenken sollte von einer weiten Auslegung allgemein Abstand genommen werden.

Im Ergebnis spricht daher vieles dafür, die im Mietrecht vorgenommene und allgemein anerkannte weite Auslegung der Gebrauchswerterhöhung nicht auf den wohnungseigentumsrechtlichen Modernisierungsbegriff zu übertragen. Im Gegenteil sollte der wohnungseigentumsrechtliche Modernisierungsbegriff aus den soeben dargestellten Gründen grundsätzlich eng ausgelegt werden. Führt die enge Auslegung dann dazu, dass eine Maßnahme nicht als Modernisierung gemäß § 22 Absatz 2 Satz 1 WEG einzuordnen ist, so bleibt der Eigentümergemeinschaft nur die Möglichkeit, über die bauliche Veränderung gemäß § 22 Absatz 1 WEG abzustimmen.[413]

cc) Modernisierung nur einer Wohnung?

Fraglich könnte ferner sein, ob sich – wie im Mietrecht und damit im direkten Anwendungsbereich des § 559 Absatz 1 BGB – die Modernisierungsmaßnahme nur auf eine Wohnung beziehen kann, oder ob die Modernisierungsmaßnahme mehreren oder allen Wohnungen zugute kommen müssen. Innerhalb des Mietrechts liegt es in der Natur der Sache, die einzelne konkrete Wohnung in den Blick zu nehmen. Nun könnte man sich innerhalb des Anwendungsbereichs des § 22 Absatz 2 Satz 1 WEG auf den Standpunkt stellen, dass bauliche Veränderungen, die nur bezüglich weniger Wohnungen beispielsweise den Gebrauchswert erhöhen oder die Wohnverhältnisse ver-

---

411 Bub, NZM 2006, 841, 848; ZWE 2008, 205, 212.
412 Bub, ZWE 2008, 205, 212; NZM 2006, 841, 848; Köhler, § 22 Rn. 409; Meffert, ZMR 2007, 758, 760.
413 Häublein, NZM 2007, 752, 759.

bessern, nicht Gegenstand der Vorschrift seien. Allerdings spricht schon der insoweit eindeutige Wortlaut gegen eine derartige Auslegung der Vorschrift und damit auch des Modernisierungsbegriffs. Ebenso spricht dagegen, dass beispielsweise der Austausch der Fenster des Gemeinschaftseigentums, der noch nicht durch Instandsetzungsbedarf begründet ist, schon dann nicht gemäß § 22 Absatz 2 WEG beschlossen werden könnte, wenn auch nur in einer Wohnung keine Wohnwertverbesserung erzielt wird, da beispielsweise deren Eigentümer einen Fensteraustausch bereits vorgenommen hat. Ein solches Ergebnis kann freilich nicht überzeugen.[414] Daher wird man die sich nur auf eine Wohnung beziehende Modernisierungsmaßnahme für grundsätzlich ausreichend erachten müssen.[415]

dd) Zwischenergebnis

Als Zwischenergebnis kann festgehalten werden, dass die allgemein anerkannte, aus dem Mietrecht stammende Definition der Gebrauchswerterhöhung auch im Anwendungsbereich des wohnungseigentumsrechtlichen Modernisierungsbegriffs grundsätzlich anwendbar ist. Das Merkmal der Gebrauchswerterhöhung sollte aber tendenziell eng ausgelegt werden.

b) Nachhaltigkeit

Der Begriff der Nachhaltigkeit ist trotz seiner scheinbaren Schlichtheit im Bereich des mietrechtlichen Modernisierungsbegriffs nicht unumstritten. Einigkeit besteht insoweit, dass die Gebrauchswerterhöhung nicht nur zeitweise eintreten darf, sondern vielmehr von Dauer sein muss.[416] Wenn man nun Nachhaltigkeit mit Dauerhaftigkeit definiert und diese mietrechtliche Definition auf den Bereich des wohnungseigentumsrechtlichen Modernisierungsbegriffs überträgt, so ergeben sich hierbei (noch) keine Probleme.

Nach herrschender Auffassung zum mietrechtlichen Modernisierungsbegriff ist neben der Dauerhaftigkeit der Gebrauchswerterhöhung zusätzlich ein objektiv gewisses Ausmaß erforderlich. Die Gebrauchswerterhöhung muss demnach ein gewisses Mindestmaß überschreiten.[417] Demnach reichen ganz geringfügige Änderungen, die nicht geeignet sind, den Wohnwert zu erhöhen, wie zum Beispiel das Verlegen von Teppich statt Filzfußboden, nicht aus. Eine Duldungspflicht des Mieters für auch geringfügige

---

414 Ebenso: Häublein, NZM 2007, 752, 759.
415 Wohl ebenso: AG Hannover, Urteil vom 2.10.2007: 484 C 980707; Köhler, § 22 Rn. 354, Häublein, NZM 2007, 752, 759.
416 Vgl. hierzu: Palandt-Weidenkaff § 559 Rn 9; Staudinger-Emmerich § 559 Rn 23; Schmidt-Futterer-Börstinghaus Rn 61 und 62; Sternel, NZM 2001, 1058, 1060.
417 Jauernig-Teichmann § 559, § 559 a und § 559 b Rn. 2; Müko-Artz § 559 Rn 62; einschränkend: Bamberger/Roth-Ehlert, § 559 Rn. 26 a; Sternel, NZM 2001, 1058, 1060; Sonnenschein PiG 1983, 13, 65, 72.

Maßnahmen ergebe sich zwar unter Umständen aus § 554 BGB, der Vermieter sei aber nicht berechtigt, wegen solcher geringfügigen Maßnahmen die Miete zu erhöhen. Nach anderer Auffassung zum mietrechtlichen Modernisierungsbegriff ist für den Begriff der Nachhaltigkeit (im Falle der Einsparung von Heizenergie) nicht die Feststellung einer bestimmten Mindestenergieeinsparung erforderlich. Daher sei der Begriff der Nachhaltigkeit generell – also nicht nur im Falle Einsparung von Energie oder Wasser, sondern auch im Falle der Erhöhung des Gebrauchswertes – weit auszulegen.[418]

Nach hier vertretener Ansicht zum mietrechtlichen Modernisierungsbegriff sollte der Begriff der nachhaltigen Erhöhung des Gebrauchswertes tendenziell weit ausgelegt werden (siehe oben unter B. II. 3. b.), so dass jede überhaupt feststellbare und dauerhafte Erhöhung des Gebrauchswertes von dem Begriff der Nachhaltigkeit erfasst wird. Diese Auslegung des mietrechtlichen Modernisierungsbegriffs kann jedoch schon deshalb nicht ohne weiteres auf den wohnungseigentumsrechtlichen Modernisierungsbegriff übertragen werden, weil der für diese Sichtweise als unter anderem als Begründung herangezogene Gedanke des Mieterschutzes im Anwendungsbereich des WEG naturgemäß nicht greifen kann.

Ein weiteres Problem ergibt sich daraus, dass im Anwendungsbereich des WEG eine nur geringfügige bauliche Veränderung des Gemeinschaftseigentums nicht nur eine Modernisierung gemäß § 22 Absatz 2 Satz 1 WEG durch eine nachhaltige Erhöhung des Gebrauchswertes (§ 559 Absatz 1 BGB) darstellen kann, sondern unter Umständen ebenso als Maßnahme der ordnungsgemäßen Verwaltung gemäß § 21 Absatz 3 WEG eingeordnet werden könnte. Unter Verwaltung im Sinne des § 21 WEG werden auch tatsächliche Handlungen gefasst.[419] Aus § 21 Absatz 5 Nr. 6 WEG ergibt sich zudem, dass zur Verwaltung im Sinne der Vorschrift auch die Duldung aller Maßnahmen, die zur Herstellung eines Telefonanschlusses, einer Rundfunkempfangsanlage oder eines Energieversorgungsanschlusses erforderlich sind, gehören. Derartige Maßnahmen werden in aller Regel mit Umgestaltungen des Gemeinschaftseigentums verbunden sein, so dass es sich bei den Maßnahmen sowohl um bauliche Veränderungen gemäß § 22 Absatz 2 Satz 1 WEG als auch um solche der ordnungsgemäßen Verwaltung gemäß § 21 Absatz 3 in Verbindung mit Absatz 5 Nr. 6 WEG handeln kann.

Die Abgrenzung beziehungsweise eindeutige Einordnung der baulichen Maßnahme als solche des § 22 Absatz 2 Satz 1 WEG oder § 21 Absatz 3 WEG erscheint unter diesem Aspekt kaum möglich. Alleine um diesen Abgrenzungsproblemen zu entgehen dürfte es sinnvoll sein, für die Nachhaltigkeit einer Gebrauchswerterhöhung im Anwendungsbereich des wohnungseigentumsrechtlichen Modernisierungsbegriffs ein gewisses Mindestmaß zu verlangen. Dann wäre eine bauliche Maßnahme, durch welche der Gebrauchswert des Gemeinschaftseigentums nachhaltig – also mit einem gewissen Mindestmaß – erhöht wäre, mit weniger Abgrenzungsproblemen zu Maßnahmen der ordnungsgemäßen Verwaltung rechtlich einzuordnen. Im Ergebnis entspräche die Auslegung des Begriffs der Nachhaltigkeit innerhalb des mietrechtlichen Moder-

---

418 Staudinger-Emmerich, § 559 Rn. 23.
419 Bärmann/Pick, § 21 Rn. 1.

nisierungsbegriffs dann inhaltlich dem des wohnungseigentumsrechtlichen Modernisierungsbegriffs.

c) § 4 Absatz 1 ModEnG a.F. zur Auslegung auch innerhalb des Modernisierungsbegriffs des WEG?

Zur Auslegung des Begriffs der Gebrauchswerterhöhung wird innerhalb des Mietrechtlichen Modernisierungsbegriffs auf den außer Kraft getretenen § 4 Absatz 1 ModEnG a.f. zurückgegriffen.[420] Diese Vorschrift führt (nicht abschließend) eine Reihe von Einzelmaßnahmen als bauliche Maßnahmen auf, die den Gebrauchswert einer Wohnung erhöhen. § 4 Absatz 1 ModEnG a.f. lautet:

Bauliche Maßnahmen, die den Gebrauchswert der Wohnungen erhöhen, sind insbesondere Maßnahmen zur Verbesserung

1. *des Zuschnitts der Wohnung,*
2. *der Belichtung und Belüftung,*
3. *des Schallschutzes,*
4. *der Energieversorgung, der Wasserversorgung und der Entwässerung,*
5. *der sanitären Einrichtungen,*
6. *der Beheizung und der Kochmöglichkeiten,*
7. *der Funktionsabläufe in Wohnungen,*
8. *der Sicherheit vor Diebstahl und Gewalt.*

Zu den baulichen Maßnahmen, die den Gebrauchswert der Wohnungen erhöhen, kann der Anbau gehören, insbesondere soweit er zur Verbesserung der sanitären Einrichtungen oder zum Einbau eines notwendigen Aufzugs erforderlich ist. Der Gebrauchswert von Wohnungen kann auch durch besondere bauliche Maßnahmen für Behinderte und alte Menschen erhöht werden, wenn die Wohnungen auf Dauer für sie bestimmt sind.

Fraglich ist nun, ob zur Auslegung des Begriffs der nachhaltigen Gebrauchswerterhöhung im Anwendungsbereich des wohnungseigentumsrechtlichen Modernisierungsbegriffs ebenso zu Auslegungszwecken auf § 4 Absatz 1 ModEnG a.f. zurückgegriffen werden kann. Nach Ansicht des Gesetzgebers und einiger Autoren müsste der Rückgriff konsequenterweise zulässig sein, da ansonsten der Verweis auf die Anwendbarkeit von Rechtsprechung und Literatur zu § 559 BGB auf den wohnungseigentumsrechtlichen Modernisierungsbegriff kaum Sinn machen würde.

Beantworten lässt sich diese Fragestellung nur, wenn man die in § 4 Absatz 1 ModEnG a.f. aufgezählten Einzelmaßnahmen näher betrachtet.

---

420 Schmidt-Futterer-Börstinghaus, § 559 Rn. 60.

aa) Maßnahmen zur Verbesserung des Zuschnitts der Wohnung (§ 4 Absatz 1 Satz 1 Nr. 1 ModEnG a.F.)

Unter Maßnahmen zur Verbesserung des Zuschnitts der Wohnung im Sinne des § 4 Absatz 1 Satz 1 Nr. 1 ModEnG a.F. wurden insbesondere Veränderungen eines nicht mehr zeitgemäßen Zuschnitts einer Wohnung verstanden.[421] Typische Beispiele für derartige Maßnahmen sind die Vergrößerung oder Verkleinerung von Wohnräumen, die Vereinigung mehrerer Räume zu einem größeren Raum mit entsprechend höherem Gebrauchswert, die Teilung eines Großraumes, der Einbau einer Flurtür zu einem bisher gefangenen Zimmer sowie die Beseitigung von Dachschrägen.[422]

All diesen Beispielen ist gemein, dass sie sich ausschließlich auf den Bereich des Sondereigentums gemäß § 1 Absatz 2 WEG beziehen. Lediglich die Beseitigung der Dachschrägen könnte möglicherweise im Einzelfall das Gemeinschaftseigentum betreffen, da im Bereich der Gebäudebestandteile das Dach als konstruktiver, für Bestand und Sicherheit relevanter Gebäudebestandteil zwingend zum Gemeinschaftseigentum zählt.[423] Jedoch werden Dachschrägen in der Praxis zumeist durch Maßnahmen beseitigt, die die Dachkonstruktion nicht verändern (beispielsweise durch den Einbau von Wänden oder Einbauschränken im Schrägbereich). Daher dürfte auch die Beseitigung der Dachschrägen in aller Regel ausschließlich das Sondereigentum an einer einzelnen Wohnung betreffen.

Wenn aber nun die Maßnahmen zur Verbesserung des Zuschnitts der Wohnung gemäß § 4 Absatz 1 Satz 1 Nr. 1 ModEnG a.F. lediglich das Sondereigentum und nicht das Gemeinschaftseigentum betreffen, dann ist der Anwendungsbereich von § 22 Absatz 1[424] oder 2 WEG nicht tangiert, da Maßnahmen nach § 22 WEG allgemein nur solche sind, die sich im Bereich des Gemeinschaftseigentums auswirken.[425] Soweit die Einzelmaßnahmen nur den Bereich des Sondereigentums betreffen, so eignen sie sich also nicht zu Auslegung des § 22 Absatz 2 Satz 1 WEG. Daher kann können Maßnahmen zur Verbesserung des Zuschnitts der Wohnung gemäß § 4 Absatz 1 Satz 1 Nr. 1 ModEnG a.F. regelmäßig keine Modernisierungsmaßnahmen im Sinne des wohnungseigentumsrechtlichen Modernisierungsbegriffs darstellen.

Innerhalb des mietrechtlichen Modernisierungsbegriffs unterfallen bauliche Maßnahmen zur Vergrößerung der Nutzfläche weder § 4 Absatz 1 Satz 1 Nr. 1 ModEnG a.F., noch §§ 554 und 559 Absatz 1 BGB, sondern als Änderung des Vertragsgegenstands (§ 535 BGB) allein § 242 BGB.[426] Innerhalb des wohnungseigentumsrechtlichen Modernisierungsbegriffs dürften derartige Maßnahmen ebenfalls ausgeklammert sein, da bei Vergrößerung einer Wohnung in aller Regel sowohl Sondereigentum als auch Gemeinschaftseigentum gleichermaßen betroffen sein dürfte.

---

421 Blank/Börstinghaus-Blank, § 554 Rn. 16.
422 Blank/Börstinghaus-Blank, § 554 Rn. 16.
423 Niedenführ/Kümmel/Vandenhouten-Vandenhouten, § 5 Rn. 25.
424 Hügel/Elzer-Hügel, § 7 Rn. 6 und 7.
425 Bub, ZWE 2008, 205, 206; Erman-Grziwotz, § 22 WEG Rn. 6; Abramenko, § 4 Rn. 34.
426 Staudinger-Emmerich, § 559 Rn. 25.

Ein Rückgriff auf § 4 Absatz 1 Satz 1 Nr. 1 ModEnG a.F. zu Auslegungszwecken des Begriffs der nachhaltigen Gebrauchswerterhöhung und damit des wohnungseigentumsrechtlichen Modernisierungsbegriffs scheidet somit aus den dargestellten Gründen aus.

bb) Maßnahmen zur Verbesserung der Belichtung und Belüftung (§ 4 Absatz 1 Satz 1 Nr. 2 ModEnG a.f.)

Maßnahmen zur Verbesserung der Belichtung und Belüftung können grundsätzlich sowohl innerhalb des Sondereigentums als auch innerhalb des Gemeinschaftseigentums durchgeführt werden. Sinnvollerweise ist zwischen beiden Maßnahme-Typen zu differenzieren:

Maßnahmen zur Verbesserung der Belichtung betreffen in aller Regel sowohl Gemeinschafts- als auch Sondereigentum. Deutlich wird dies, wenn man das hierfür wohl typische Beispiel, den nachträglichen Einbau eines Fensters, näher betrachtet: Notwendige Folge eines derartigen Einbaus ist nämlich, dass sowohl die zum Sondereigentums gehörende Innenwand samt Innenputz,[427] als auch die zwingend zum Gemeinschaftseigentum gehörende Außenwand[428] betroffen ist.

Maßnahmen zur Verbesserung der Belüftung können ebenfalls sowohl das Gemeinschafts- als auch das Sondereigentum betreffen, insbesondere wenn man auch hier den nachträglichen Einbau eines – zu öffnenden – Fensters als Beispiel betrachtet. Soweit als Maßnahme zur Verbesserung der Belüftung eine Dunstabzugshaube in der Küche als Einrichtung betroffen ist, so ist in erster Linie ausschließlich der Bereich des Sondereigentums betroffen, es sein denn, die Dunstabzugshaube soll als sogenannte Abluftanlage eine direkte Verbindung nach Außen erhalten, da in diesem Fall die im Gemeinschaftseigentum stehende Außenwand des Gebäudes durchbrochen werden muss. Der nachträgliche Einbau einer Lüftungsanlage in ein Badezimmer stellt sich grundsätzlich genauso dar, weil die möglicherweise betroffenen Wände oder Wandteile des Badezimmers, die gegebenenfalls zu einem bestehenden Belüftungsschacht hin durchbrochen werden sollen, ja – soweit es sich um tragende Wände handelt- wiederum im Gemeinschaftseigentum stehen.[429]

In der Praxis betreffen die in Rede stehenden Maßnahmen zur Verbesserung von Belichtung und Belüftung somit regelmäßig den Bereich des Sondereigentums und den des Gemeinschaftseigentums.

Im Übrigen ist die pauschale Annahme, der nachträgliche Einbau eines Fensters stelle generell eine Gebrauchswerterhöhung und damit eine Modernisierung dar, im Anwendungsbereich sowohl des mietrechtlichen, als auch des wohnungseigentumsrechtlichen Modernisierungsbegriffs zu hinterfragen, da durch eine derartige Maßnahme der Gebrauchswert der Mietsache oder des betreffenden Gemeinschaftseigen-

---

427 Weitnauer-Briesemeister, § 5 Rn.25.
428 Vgl. Niedenführ/Kümmel/Vandenhouten-Vandenhouten, § 5 Rn. 26.
429 Weitnauer-Briesemeister, § 5 Rn.25; Niedenführ/Kümmel/Vandenhouten-Vandenhouten, § 5 Rn. 25.

tums keinesfalls zwangsläufig verbessert wird. So führt beispielsweise ein nachträglich eingebautes, in einen dunklen Lichtschacht führendes oder unmittelbar einer Brandmauer des Nachbargebäudes gegenüberliegendes, Fenster (Beispielsweise um so eine Zugangsmöglichkeit zum Lichtschacht zu ermöglichen) zu einem entweder gar nicht oder nur marginal erhöhtem Gebrauchswert. Ebenso wird durch den Einbau eines Fensters automatisch Stellfläche zum Abstellen beispielsweise größerer Möbelschränke wie beispielsweise Schränken verringert.[430] Derartige Maßnahmen wird man sicherlich nicht als Verbesserung ansehen können.

Zur Auslegung des Begriffs der nachhaltigen Gebrauchswerterhöhung und damit des wohnungseigentumsrechtlichen Modernisierungsbegriffs eignet sich § 4 Absatz 1 Satz 1 Nr. 2 ModEnG a.F. daher aber – wenn überhaupt – nur stark eingeschränkt.

cc) *Maßnahmen zur Verbesserung des Schallschutzes (§ 4 Absatz 1 Satz 1 Nr. 3 ModEnG a.F.)*

Maßnahmen zur Verbesserung des Schallschutzes können sowohl im Bereich des Sondereigentums als auch im Bereich des Gemeinschaftseigentums durchgeführt werden. Innerhalb des Sondereigentums ist hier an eine Änderung des Bodenbelages beispielsweise durch Trittschalldämmung zu denken. Aber auch innerhalb des Gemeinschaftseigentums sind schallschutzverbessernde Maßnahmen nicht unüblich. Beispielhaft für derartige Maßnahmen innerhalb des Gemeinschaftseigentums genannt seien die Verlegung eines schalldämmenden Bodenbelages im Treppenhaus oder Maßnahmen zur Schallisolierung einer Gemeinschaftswaschküche genannt.[431] Als Maßnahme sowohl innerhalb des Gemeinschafts-, als auch innerhalb des Sondereigentums denkbar wäre der Einbau schallisolierte Fenster in ein direkt an einer stark befahrenen Strasse (oder Schnellstrasse oder Autobahn) belegenes Gebäude.

Zur Auslegung des Begriffs der nachhaltigen Gebrauchswerterhöhung innerhalb des wohnungseigentumsrechtlichen Modernisierungsbegriffs eignet sich § 4 Absatz 1 Satz 1 Nr. 3 ModEnG a.F. somit nur eingeschränkt.

dd) *Maßnahmen zur Verbesserung der Energieversorgung, der Wasserversorgung und der Entwässerung (§ 4 Absatz 1 Satz 1 Nr. 4 ModEnG a.F.)*

Ursprünglicher Hauptanwendungsfall von Maßnahmen zur Verbesserung der Energieversorgung im Sinne des § 4 Absatz 1 Satz 1 Nr. 4 ModEnG a.F. war der Neuanschluss von Elektrizität und Gas; bei der Umstellung einer schon vorhandenen Energieversorgung auf eine andere Energieart kommt es nach den Umständen des Einzelfalles darauf an, ob diese Maßnahme geeignet ist, den Gebrauchswert zusätzlich nach-

---

430 AG Konstanz, Urteil vom 13.3.2008: 12 C 17/07.
431 Vgl. Niedenführ/Kümmel/Vandenhouten-Vandenhouten, § 5 Rn. 26.

haltig zu erhöhen.[432] Bei der Verbesserung von teilweise bestehenden Energieleitungen kommt eine rechtliche Verbesserung nur dann in Betracht, wenn die neuen Leitungen ein mehr an Sicherheit bieten oder einen bisher nicht möglichen Gebrauch von Energieeinrichtungen ermöglichen, indem zum Beispiel verbrauchsintensive Geräte vermehrt gleichzeitig betrieben werden können.[433]

Strom und Gasleitungen finden sich sowohl im Bereich des Gemeinschaftseigentums (insbesondere die horizontal verlaufenden Leitungsstränge)[434] als auch im Bereich des Sondereigentums (die Leitungsabschnitte, die unmittelbar die Versorgung des Sondereigentums dienen von der Abzweigung der Hauptleitung an).[435]

Eine Verbesserung der Wasserversorgung gemäß § 4 Absatz 1 Satz 1 Nr. 4 ModEnG a.F. liegt grundsätzlich vor, wenn die Wohnung erstmalig an das Wasserversorgungsnetz angeschlossen wird; für nachträgliche Änderungen der schon vorhandenen Wasserversorgung gilt das soeben zur Energieversorgung Gesagte. Der Austausch eines Kohlebadeofens gegen einen Gas oder strombetriebenen Durchlauferhitzer stellt ebenfalls eine Verbesserung der Wasserversorgung dar.

Die Wasserversorgung betrifft den Bereich des Gemeinschaftseigentums und den des Sondereigentums gleichermaßen.[436] Allen Maßnahmen ist somit gemein, dass ihre Ausführung je nach Einzelfall sowohl den Bereich des Sondereigentums, als auch den Bereich des Gemeinschaftseigentums betreffen kann.

Zur Auslegung des wohnungseigentumsrechtlichen Modernisierungsbegriffs in Form einer Auslegungshilfe eignet sich § 4 Absatz 1 Satz 1 Nr. 4 ModEnG a.F. daher – wenn überhaupt – nur stark eingeschränkt.

ee) Maßnahmen zur Verbesserung der sanitären Einrichtungen (§ 4 Absatz 1 Satz 1 Nr. 5 ModEnG a.F.)

Maßnahmen zur Verbesserung der sanitären Einrichtungen sind hauptsächlich solche, die den Zustand von Bad, WC und Küche betreffen. Eine typische Verbesserung stellt beispielsweise die erstmalige Einrichtung eines WC oder überhaupt eines Badezimmers in der Wohnung dar. Anerkannte Verbesserungen sind weiterhin der Einbau einer separaten Dusche, die räumliche Trennung von Bad und WC, das Ersetzen unmoderner Bad- und WC-Einrichtungen durch nicht nur unwesentlich modernere und praktischere Einrichtungen, das Ersetzen einer Sitzbadewanne durch eine Vollbadewanne und das Verfliesen anstelle eines Farbanstriches eines Badezimmers.[437]

Wie sich aus diesen Beispielen ergibt, werden Maßnahmen zur Verbesserung der sanitären Einrichtungen typischerweise nicht innerhalb des Gemeinschaftseigentums, sondern ausschließlich innerhalb des Sondereigentums durchgeführt. Daher hilft § 4

---

432 Blank/Börstinghaus-Blank, § 554 Rn. 16.
433 LG Berlin GE 2003, 123, 124.
434 Weitnauer-Briesemeister, § 5 Rn. 25.
435 Palandt-Bassenge, § 5 WEG Rn. 8.
436 Weitnauer-Briesemeister, § 5 Rn. 25.
437 Blank/Börstinghaus-Blank, § 554 Rn. 16; LG Berlin GE 2003, 123, 124.

Absatz 1 Satz 1 Nr. 5 ModEnG a.F. zur Auslegung des wohnungseigentumsrechtlichen Modernisierungsbegriffs kaum weiter.

ff) Maßnahmen zur Verbesserung der Beheizung und der Kochmöglichkeiten (§ 4 Absatz 1 Satz 1 Nr. 6 ModEnG a.F.)

Eine Maßnahme zur Verbesserung der Beheizung ist beispielsweise anzunehmen, wenn eine bereits vorhandene Heizungsart auf eine andere umgestellt wird und der Mieter durch diese Maßnahme zusätzliche Gebrauchsvorteile erhält. Dies soll bei einer Sammelheizung statt einer Einzelofenheizung der Fall sein. Die bloße Auswechslung der Energiequelle reicht hierfür nicht aus.[438]

Maßnahmen zur Verbesserung der Beheizung können sowohl innerhalb des Gemeinschafts,- als auch innerhalb des Sondereigentums durchgeführt werden. Allerdings deutet das oben genannte Beispiel darauf hin, dass der Gesetzgeber hauptsächlich Maßnahmen innerhalb der Wohnung des Mieters vor Augen hatte. Demnach wäre das Sondereigentum stärker betroffen.

Eine Verbesserung der Kochmöglichkeiten im Sinne des § 4 Absatz 1 Satz 1 Nr. 6 ModEnG a.F. liegt vor, wenn anstelle eines mitvermieteten veralteten Herdes ein wesentlich modernerer Elektro- oder Gasherd installiert wird. Gleiches gilt wenn statt einer veralteten Spüle ein moderner Spülschrank zur Verfügung gestellt wird oder ein Dunstabzug oder Ventilator eingebaut wird.[439]

Maßnahmen zur Verbesserung der Kochmöglichkeiten betreffen fast ausschließlich den Bereich des Sondereigentums und eignen sich daher nicht zur Auslegung des wohnungseigentumsrechtlichen Modernisierungsbegriffs.

gg) Maßnahmen zur Verbesserung der Funktionsabläufe in Wohnungen (§ 4 Absatz 1 Satz 1 Nr. 7 ModEnG a.F.)

Maßnahmen zur Verbesserung der Funktionsabläufe in Wohnungen betreffen schon vom Wortlaut her die Wohnung und damit im Bereich des WEG das Sondereigentum und eignen sich daher generell nicht zur Auslegung des Modernisierungsbegriffs des WEG.

hh) Maßnahmen zur Verbesserung der Sicherheit vor Diebstahl und Gewalt (§ 4 Absatz 1 Satz 1 Nr. 8 ModEnG a.F.)

Anerkannte Maßnahmen zur Verbesserung der Sicherheit vor Diebstahl und Gewalt gemäß § 4 Absatz 1 Satz 1 Nr. 8 ModEnG a.F. sind das nachträgliche Anbringen von

---

438 Blank/Börstinghaus-Blank, § 554 Rn. 16.
439 Blank/Börstinghaus-Blank, § 554 Rn. 16.

Sicherheitsschlössern, der Einbau einer Sicherheitsverglasung, der Einbau einer einbruchshemmenden Wohnungseingangstür[440] oder von Kellergittern, Rollläden für Erdgeschosswohnungen, Gegensprechanlagen und Türspionen.[441]

Die Aufzählung macht deutlich, dass Maßnahmen zur Verbesserung der Sicherheit vor Diebstahl und Gewalt gleichermaßen Sonder- als auch Gemeinschaftseigentum betreffen können. Die Maßnahmen, die die äußere Gestaltung der Wohnanlage betreffen und diese verändern haben jedoch fast ausschließlich Bezug zum Gemeinschaftseigentum, da der Bereich der äußeren Gestaltung (inklusive Außenjalousien, Rollläden, Außentüren).[442] Daher hilft die Vorschrift zur Auslegung des wohnungseigentumsrechtlichen Modernisierungsbegriffs nur sehr eingeschränkt weiter.

ii) Maßnahmen gemäß § 4 Absatz 1 Satz 2 ModEnG a.F.

Nach § 4 Absatz 1 Satz 2 ModEnG a.F. kann zu den baulichen Maßnahmen, die den Gebrauchswert der Wohnungen erhöhen, der Anbau gehören, insbesondere soweit er zur Verbesserung der sanitären Einrichtungen oder zum Einbau eines notwendigen Aufzugs erforderlich

Durch einen Anbau wird in aller Regel das bestehende Erscheinungsbild der Wohnanlage geändert, es liegt also eine Umgestaltung der Wohnanlage als solcher vor, wodurch die Eigenart der Wohnanlage verändert wird.[443] Damit kann ein Anbau aber nicht dem Modernisierungsbegriff des WEG unterfallen, da eine derartige bauliche Veränderung nicht mit Dreiviertelmehrheit gemäß § 22 Absatz 2 Satz 1 WEG beschlossen werden kann. Vielmehr stellt die Errichtung eines Anbaus regelmäßig eine bauliche Veränderung gemäß § 22 Absatz 1 Satz 1 WEG dar; es ist also erforderlich, dass alle durch die Maßnahme beeinträchtigten zustimmen müssen.

Zwar hat der Gesetzgeber den Einbau eines Fahrstuhls innerhalb der Wohnanlage als Modernisierungsmaßnahme gemäß § 22 Absatz 2 WEG genannt,[444] die bloße Nennung in der Gesetzesbegründung kann aber nicht dazu führen, eine wie hier insoweit eindeutige gesetzliche Regelung des § 22 WEG gleichzeitig außer Kraft zusetzen (zum nachträglichen Einbau eines Fahrstuhls siehe auch unter D. III. 3. g.). Nach § 22 Absatz 2 Satz 1 umfasst die Mehrheitsmacht doch gerade nicht die Umgestaltung der Wohnanlage, die deren bisherige Eigenart ändert. Ebenso nicht von der Mehrheitsmacht erfasst sind nachhaltige Veränderungen des optischen Gesamteindrucks. In den allermeisten Fällen wird der Anbau eines Fahrstuhl aber nicht ohne Eingriff in das optische Erscheinungsbild von statten gehen können.[445]

---

440 LG Berlin GE 2003, 123, 124.
441 Blank/Börstinghaus-Blank, § 554 Rn. 16.
442 Niedenführ/Kümmel/Vandenhouten-Vandenhouten, § 5 Rn. 27 und 28; vgl. auch Weitnauer-Briesemeister, § 5 Rn.25.
443 Bärmann/Pick, § 22 Rn. 31; ebenso: Hügel/Elzer, § 7 Rn. 34.
444 BT-Drucksache 16/887, S. 30 (linke Spalte).
445 Häublein, ZMR 2007, 409, 421; zum Einbau eines Fahrstuhls siehe auch unten unter D. II. 3. G.

Es bleibt also dabei, dass § 4 Absatz 1 Satz 2 ModEnG a.F. nicht zur Auslegung des wohnungseigentumsrechtlichen Modernisierungsbegriffs herangezogen werden kann.

jj) Maßnahmen gemäß § 4 Absatz 1 Satz 3 ModEnG a.F.

Nach § 4 Absatz 1 Satz 3 ModEnG a.F. kann der Gebrauchswert von Wohnungen auch durch besondere bauliche Maßnahmen für Behinderte und alte Menschen erhöht werden, wenn die Wohnungen auf Dauer für sie bestimmt sind. Diese Vorschrift knüpft ihrem Wortlaut nach direkt an die Wohnung und damit im Bereich des WEG an das Sondereigentum an. Unter diesem Gesichtspunkt eignet sich die Vorschrift also nicht zur Auslegung des Modernisierungsbegriffs des WEG.

Wenn man unter § 4 Absatz 1 Satz 3 ModEnG a.F. auch solche bauliche Maßnahmen fasst, die nicht in der Wohnung selbst, sondern beispielsweise im Treppenhaus durchgeführt werden, so dass innerhalb des Anwendungsbereichs des WEG das Gemeinschaftseigentum[446] betroffen wäre, so hilft die Vorschrift dennoch nicht zur Auslegung des wohnungseigentumsrechtlichen Modernisierungsbegriffs weiter: Erstens wird durch die meisten denkbaren baulichen Maßnahmen der optische Gesamteindruck der Wohnanlage verändert (beispielsweise durch Einbau einer Rollstuhlrampe im Eingangsbereich oder eines Schräglifts im Treppenhaus), so dass bereits aus diesem Grunde keine Modernisierung gemäß § 22 Absatz 2 Satz 1 WEG vorliegt. Zweitens gewährt § 22 Absatz 1 WEG dem einzelnen Wohnungseigentümer einen Anspruch gegen die anderen Wohnungseigentümer, eine Maßnahme nach § 22 Absatz 1 WEG im Beschlusswege zu gestatten, wenn ihr alle Wohnungseigentümer zugestimmt haben, die über das in § 14 Nr. 1 WEG bestimmte Maß hinaus beeinträchtigt werden. Ein derartiger Anspruch steht insbesondere einem Wohnungseigentümer für Baumaßnahmen in Zusammenhang mit der Installation eines barrierefreien Zugangs zu.[447] Daraus folgt, dass es sich auch unter diesem Aspekt nicht um eine Modernisierungsmaßnahme handelt, da § 22 Absatz 2 Satz 1 WEG schon gar nicht einschlägig ist.

Die Vorschrift des § 4 Absatz 1 Satz 3 ModEnG a.F. kann demnach zur Auslegung des Modernisierungsbegriffs des WEG – wenn überhaupt – nur in seltenen Fällen herangezogen werden.

kk) Zwischenergebnis

§ 4 Absatz 1 ModEnG a.F. mag zwar zur Auslegung des mietrechtlichen Modernisierungsbegriffs auch heute noch teilweise mit wie dargestellt gewissen Einschränkungen zur Auslegung herangezogen werden können, zur Auslegung des wohnungseigentumsrechtliche Modernisierungsbegriffs eignet sich die Vorschrift aber nur in wenigen Fällen. Diese nur sehr begrenzte Eignung zur Auslegung ergibt sich daraus, dass eine

---

446 Weitnauer-Briesemeister, § 5 Rn. 25.
447 Hügel/Elzer, § 7 Rn. 25; Niedenführ/Kümmel/Vandenhouten-Niedenführ, § 22 Rn. 63 und 71.

Vielzahl der in der Vorschrift beschriebenen Maßnahmen hauptsächlich oder sogar ausschließlich Bezüge zum Sondereigentum aufweisen. Dann ist ein Rückgriff auf § 4 Absatz 1 ModEnG a.F. aber kaum mehr als Auslegungshilfe zu bezeichnen und sollte daher sinnvollerweise unterbleiben.

d) Beispiele für eine nachhaltige Gebrauchswerterhöhung

Als Beispiele[448] für eine nachhaltige Erhöhung des Gebrauchswertes innerhalb des Wohnungseigentumsrechts können der Einbau einer elektrischen Türöffnungs- oder Gegensprechanlage, die Umstellung eines Garagentors auf Funksteuerung sowie der Einbau einer Alarmanlage oder einer massiven und sicheren Eingangstür zur Einbruchssicherung genannt werden. Ebenso soll der nachträgliche, optisch kaum beeinträchtigende, Einbau von kleineren fünfstufigen Treppenabgängen von Erdgeschosswohnungen in einen Garten aufgrund des so erleichterten Zugangs[449] sowie der Austausch von Holz- gegen Kunststofffenster eine nachträgliche Erhöhung des Gebrauchswertes darstellen[450].

e) Schlussfolgerungen

Der von einigen Kommentatoren vertretenen Auffassung, zur Auslegung des wohnungseigentumsrechtlichen Modernisierungsbegriffs sei auf Literatur und Rechtsprechung zu § 559 Absatz 1 BGB und somit zum mietrechtlichen Modernisierungsbegriff zurückzugreifen, ist jedenfalls hinsichtlich § 4 Absatz 1 ModEnG a.F. nicht zuzustimmen. Aufgrund der mietrechtlichen Prägung eignet sich die Vorschrift des § 4 Absatz 1 ModEnG a.F. nur stark eingeschränkt zur Auslegung. Dann macht aber ein „Generalverweis" vom wohnungseigentumsrechtlichen Modernisierungsbegriff auf den Modernisierungsbegriff des Mietrechts unter diesem Gesichtspunkt wenig Sinn.

Im Übrigen kann die mietrechtliche Definition der nachhaltigen Gebrauchtwerterhöhung grundsätzlich innerhalb des wohnungseigentumsrechtlichen Modernisierungsbegriffs angewendet werden. Allerdings ist der mietrechtliche Begriff der nachhaltigen Gebrauchswerterhöhung nicht komplett deckungsgleich mit dem wohnungseigentumsrechtlichen Begriff der nachhaltigen Gebrauchswerterhöhung. Die beiden Modernisierungsbegriffe unterscheiden sich demnach. Folglich kann die zum mietrechtlichen Modernisierungsbegriff in diesem Zusammenhang ergangene Rechtsprechung sowie die einschlägige Literatur nicht komplett, sondern stattdessen nur mit

---

448 Alle Beispiele m.w.N.: Bub, ZWE 2008, 205, 209.
449 AG Hannover, Urteil vom 2.10.2007: 484 C 980707.
450 So jedenfalls LG München I, WuM 2009, 424, 425 f. Da das LG in der pauschal gehaltenen "Begründung" jedoch mit keinem Wort auf die nach heutigem Stand der Technik bekannten Folgeprobleme eines derartigen Fenstertausches (insbesondere bei Altbauten) eingeht, sondern stattdessen einen derartigen Fensteraustausch unreflektiert und undifferenziert als vorteilhaft darstellt, ist die Entscheidung abzulehnen.

starken Einschränkungen auf den wohnungseigentumsrechtlichen Modernisierungsbegriff übertragen werden.

3. Verbesserung der allgemeinen Wohnverhältnisse auf Dauer

Die Vorschrift des § 559 Absatz 1 BGB nennt als zweiten Bestandteil des mietrechtlichen Modernisierungsbegriffs das Merkmal der Verbesserung der allgemeinen Wohnverhältnisse auf Dauer. Dieser Teil des mietrechtlichen Modernisierungsbegriffs ist § 4 Absatz 2 ModEnG a.f. nachgebildet. Nach dieser Vorschrift sind

Bauliche Maßnahmen, die die allgemeinen Wohnverhältnisse verbessern, insbesondere die Anlage und der Ausbau von nicht öffentlichen Gemeinschaftsanlagen wie Kinderspielplätzen, Grünanlagen, Stellplätzen und anderen Verkehrsanlagen.

Aus den Vorschriften und der Systematik des ModEnG a.F. lässt sich ableiten, dass sich die baulichen Maßnahmen auch auf Gebäudeteile außerhalb der Wohnungen erstrecken können. Erfasst werden, wie oben bereits dargestellt (B. II. 4.), in erster Linie Außenmodernisierungen, also bauliche Maßnahmen, die auf eine Verbesserung des Wohngebäudes und des Wohnumfelds gerichtet sind. Der an die Verbesserung der allgemeinen Wohnverhältnisse anzulegende Maßstab wird innerhalb des mietrechtlichen Modernisierungsbegriffs objektiv bestimmt, indem auf den Standpunkt eines durchschnittlichen, vernünftigen Mieters abgestellt wird sowie auf einen Vergleich zum ursprünglich vertraglich geschuldeten Zustand der Mietsache.[451]

An der objektiven Sichtweise dürfte auch hinsichtlich des wohnungseigentumsrechtlichen Modernisierungsbegriffs festzuhalten sein. Zwar kann innerhalb des Anwendungsbereichs des WEG freilich weder auf den Standpunkt eines Mieters, noch auf einen Vergleich zum ursprünglich vertraglich geschuldeten Zustand der Mietsache abgestellt werden. Jedoch ergibt sich die objektive Sichtweise bei § 22 Absatz 2 Satz 1 WEG schon aus einem anderen Gesichtspunkt: Die Vorschrift des § 22 Absatz 2 Satz 1 WEG spricht von Maßnahmen, die der Modernisierung entsprechend § 559 Absatz 1 BGB *dienen*. Der Gesetzgeber wählte diesen Begriff deshalb, weil *dienen* im Unterschied zu der Formulierung „geboten sein" sicherstellt, dass die Anforderungen an einen Modernisierungsbeschluss nicht höher als an einen Beschluss zur modernisierenden Instandsetzung sind. In beiden Fällen reicht es aus, dass die Maßnahme sinnvoll ist. Dabei kommt es auf die voraussichtliche Eignung der Maßnahme an. Bei der Beurteilung ist auf den Maßstab eines vernünftigen, wirtschaftlich denkenden und sinnvollen Neuerungen gegenüber aufgeschlossenen Hauseigentümers[452] abzustellen.[453] Die Begriffe *dienen* und *eignen* enthalten zudem beide in diesem Kontext eine nicht unerhebliche objektive Komponente. Insgesamt spricht daher vieles für die Beibehal-

451 Staudinger-Emmerich, § 559 Rn. 29.
452 BT-Drucksache 16/887, S. 30 (rechte Spalte.); Vgl. Bärmann/Pick/Merle, § 21 Rn. 139 zur modernisierenden Instandsetzung.
453 BT-Drucksache 16/887, S. 30 (rechte Spalte.).

tung der objektiven Sichtweise auch beim wohnungseigentumsrechtlichen Modernisierungsbegriff.

Zur Auslegung des Merkmals der Verbesserung der allgemeinen Wohnverhältnisse auf Dauer und damit des mietrechtlichen Modernisierungsbegriffes wird § 4 Absatz 2 ModEnG a.F. weiterhin herangezogen. Fraglich erscheint, ob diese Auslegung auch für den wohnungseigentumsrechtlichen Modernisierungsbegriff vorzunehmen ist und ob der Rückgriff auf § 4 Absatz 2 ModEnG a.F. für die Interpretation des Merkmals der Verbesserung der allgemeinen Wohnverhältnisse auf Dauer auch im Falle des wohnungseigentumsrechtlichen Modernisierungsbegriffs sinnvoll ist. Die Beantwortung dieser Frage hängt wiederum auch davon ab, ob und wieweit die in § 4 Absatz 2 ModEnG a.F. genannten Einzelmaßnahmen überhaupt den Bereich des Gemeinschaftseigentums und nicht des Sondereigentums betreffen. Soweit die Einzelmaßnahmen nur den Bereich des Sondereigentums betreffen, so eignen sie sich letztlich kaum zur Auslegung des § 22 Absatz 2 Satz 1 WEG, da diese Vorschrift nur Maßnahmen betrifft, die im Bereich des Gemeinschaftseigentums ausgeführt werden und/oder sich dort auswirken.

a) Die Anlage und der Ausbau von nicht öffentlichen Gemeinschaftsanlagen

In der Kommentarliteratur zu § 559 BGB werden als Beispiele für die Anlage und den Ausbau von nicht öffentlichen Gemeinschaftsanlagen oder Gemeinschaftseinrichtungen auch in Anlehnung an § 4 Absatz 2 ModEnG a.F. unter anderem der Einbau einer Waschküche, eines Trockenraumes, eines Fahrradkellers, und eines Hobby- oder Partykellers genannt.[454] Diesen Beispielen gemein ist neben dem gemeinschaftlichen Gebrauch die räumliche Anknüpfung an das Gemeinschaftseigentum[455] gemäß § 1 Absatz 5 WEG innerhalb des Anwendungsbereiches des WEG. Insoweit ergeben sich unter diesem Gesichtspunkt keine Probleme.

Als weitere typische Beispiele[456] seien der Bau von Garagen und die Beseitigung störender Nebengebäude[457] genannt. Zwar dürfte hier wiederum nicht das Sondereigentum, sondern das Gemeinschaftseigentum betroffen sein. Die beiden Beispiele eignen sich aber aus einem anderen Grund nicht zur Auslegung wohnungseigentumsrechtlichen Modernisierungsbegriffs. Bei lebensnaher Betrachtung ist sowohl dem Beispiel des Baus (also der Errichtung) von Garagen, als auch der Beseitigung von Gebäuden gemein, dass durch beide Maßnahmen die Eigenart der Wohnanlage geändert wird, § 22 Absatz 2 Satz 1 WEG. Die Eigenart einer Wohnanlage wird typischerweise bei Umgestaltungen geändert, was bei einem Anbau oder einem Abriss von Gebäudeteilen regelmäßig der Fall sein dürfte,[458] selbst bei großzügiger Interpretation

---

454 Schmidt-Futterer-Börstinghaus, § 559 Rn. 63.
455 Jennißen-Dickersbach, § 5 Rn. 54; Weitnauer-Briesemeister § 5 Rn. 21.
456 Die Aufzählung der Beispiele ist freilich nicht abschließend.
457 Staudinger-Emmerich, § 559 Rn. 29.
458 BT-Drucksache 16/887, S. 30 (rechte Spalte); Hügel/Elzer, § 7 Rn. 34 und 35.

des Merkmals *Änderung der Eigenart der Wohnung*.[459] Ebenso könnte durch die Maßnahmen der optische Gesamteindruck nachteilig verändert werden, sodass auch unter
diesem Aspekt derartige Maßnahmen nicht der Mehrheitsmacht gemäß § 22 Absatz 2
Satz 1 WEG unterfallen können. Mit anderen Worten oder vereinfacht ausgedrückt:
Die in Rede stehenden Maßnahmen sind schlichtweg zu einschneidend, als dass
sie "lediglich" als Modernisierung im Sinne des WEG eingeordnet werden können.
Als Konsequenz können diese Beispiele dann freilich nicht zur Auslegung des wohnungseigentumsrechtlichen Modernisierungsbegriffs herangezogen werden.

Der – pauschal gehaltenen – Behauptung des Gesetzgebers und einiger Autoren,
auf Literatur und Rechtsprechung zu § 559 Absatz 1 BGB sowie zu § 4 Absatz 2 ModEnG a.F. sei zur Auslegung des wohnungseigentumsrechtlichen Modernisierungsbegriffs zurückzugreifen, muss daher in ihrer Allgemeinheit an dieser Stelle widersprochen werden.

b) Kinderspielplätze

Die Vorschrift des § 4 Absatz 2 ModEnG a.F. benennt als bauliche Maßnahme, die die
allgemeinen Wohnverhältnisse verbessern, weiterhin die Anlage und den Ausbau von
Kinderspielplätzen. Diese Maßnahmen werden in aller Regel innerhalb des Gemeinschaftseigentums durchgeführt.[460]

Fraglich kann jedoch bereits sein, ob das Anlegen oder der Ausbau eines Kinderspielplatzes generell eine bauliche Maßnahme zur Verbesserung der allgemeinen
Wohnverhältnisse auf Dauer sein kann. Die Vorschrift des § 4 Absatz 2 ModEnG a.F.
ist bei näherer Betrachtung nämlich nicht frei von Widersprüchen. Insbesondere eine
Verbesserung im Sinne der Vorschrift wird man kaum in jedem Fall annehmen können.
Diese ist jedenfalls dann zweifelhaft, wenn man das von § 4 Absatz 2 ModEnG a.F.
genannte Beispiel unreflektiert ohne Berücksichtigung der individuellen Prägung der
betroffenen Liegenschaft betrachtet (Dies kann im Anwendungsbereich des rein mietrechtlichen Modernisierungsbegriffs übrigens durchaus identisch sein.). Gewiss ist das
Anlegen und/oder der Ausbau eines Kinderspielplatzes oftmals positiv zu beurteilen,
jedenfalls dann, wenn Kinder zu der betroffenen Wohnanlage und damit auch zum
Kinderspielplatz Zugang haben. Es liegt aber in der Natur der Sache – ohne an dieser
Stelle auf die vorhandene oder drohende Überalterung der Bevölkerung näher eingehen
zu wollen – dass es Wohnanlagen im weitesten Sinne gibt, bei denen Kindern der Zutritt
aus unterschiedlichen Gründen verwehrt ist oder in denen Kinder sich aus rein tatsächlichen Gründen nicht aufhalten werden. Das Anlegen oder der Ausbau eines Kinderspielplatzes wird regelmäßig dann keinen Nutzen und damit auch keine Verbesserung im Sinne der Definition mit sich bringen, wenn beispielsweise die Errichtung des
Kinderspielplatzes innerhalb einer Wohnanlage stattfindet, die als Seniorenresidenz
für betreutes Wohnen von ausschließlich kinderlosen genutzt wird.[461] Bei einem reinen

---

459 Häublein, NZM 2007, 752, 757.
460 Weitnauer-Briesemeister § 5 Rn. 21.
461 Abramenko, § 22 Rn. 41; Vgl. auch Bub, ZWE 2008, 205, 210.

Bürogebäude kann der Fall unter Umständen genauso beurteilt werden. Ohne eingehende Prüfung des jeweiligen Einzelfalls unter Einschluss der individuellen Nutzung und Prägung der Liegenschaft sollte daher nicht unkritisch auf § 4 Absatz 2 ModEnG a.F. zur Auslegung sowohl des mietrechtlichen als auch des wohnungseigentumsrechtlichen Modernisierungsbegriffs zurückgegriffen werden.

Es kann bei Anlage oder Ausbau eines Kinderspielplatzes zudem je nach Größe, Zuschnitt und Standort daneben zu einer *Änderung der Eigenart der Wohnanlage* und/ oder zu einer nachteiligen Veränderung des optischen Gesamteindrucks kommen. Soweit eine Wohnanlage beispielsweise nur aus zwei Wohnungen besteht, die um einen kleinen Innenhof herum gebaut sind und der vormals als kleiner Garten o.ä. genutzt wurde und nun zum Kinderspielplatz ausgebaut werden soll, so wird man sowohl eine nachteilige Veränderung des optischen Gesamteindrucks als auch eine Änderung der Eigenart der Wohnanlage bejahen müssen. Dies gilt selbst dann, wenn man – wie in der Literatur[462] teilweise vertreten wird – eine sogenannte ungeschriebene Erheblichkeitsschwelle für die Änderung des optischen Gesamteindrucks verlangt.

Bei sehr großen Wohnanlagen mit erheblichen Garten oder Grünflächen, die zum Kinderspielplatz ausgebaut werden sollen, mag der Fall völlig anders liegen. Entscheidend ist schlichtweg der jeweilige Einzelfall. Als Beispiel für eine typische Verbesserung der allgemeinen Wohnverhältnisse auf Dauer für den wohnungseigentumsrechtlichen Modernisierungsbegriff eignet sich die Vorschrift des § 4 Absatz 2 ModEnG a.F. dann aber nur stark eingeschränkt.

c) Grünanlagen

Weiter benennt § 4 Absatz 2 ModEnG a.F. die Anlage sowie den Ausbau von Grünanlagen. Grünanlagen oder Gärten befinden sich in aller Regel im Bereich des Gemeinschaftseigentums (nämlich auf zumindest oberirdisch unbebauten Teilen des Grundstücks) und nicht im Bereich des Sondereigentums.[463] Möglicherweise können entsprechende Grundstücksteile einzelnen Miteigentümern als Sondernutzungsrechte an entsprechenden Grundstücksteilen zugewiesen sein, vgl. § 5 Absatz 4 WEG. Diese Grundstücksteile sind zwar Gemeinschaftseigentum, unterfallen aber aufgrund der Zuweisung an den Sondernutzungsberechtigten und des Entzuges des Mitgebrauchsrechts[464] der anderen Miteigentümer schon nicht der Vorschrift des § 22 Absatz 2 Satz 1 WEG. Diese Grundstücksteile unterliegen nicht der Beschlusskompetenz der Gemeinschaft.

Soweit das Gemeinschaftseigentum unter Ausschluss der Sondernutzungsrechte betroffen ist, scheint die Bezugnahme des wohnungseigentumsrechtlichen Modernisierungsbegriffs auf § 4 Absatz 2 ModEnG a.F. grundsätzlich möglich zu sein. Ob es sich bei der Verbesserung der allgemeinen Wohnverhältnisse auf Dauer durch das Anlegen oder den Ausbau von Grünanlagen gemäß § 4 Absatz 2 ModEnG a.F. jedoch

---

462 Häublein, NZM 2007, 752, 757.
463 Weitnauer-Briesemeister, § 5 Rn. 21.
464 Hügel/Elzer, § 1 Rn. 12.

um ein sinnvolles, allgemeingültiges Beispiel handelt, kann durchaus in Frage gestellt werden. Soweit beispielsweise Außenflächen einer Wohnanlage aus den siebziger Jahren derart umgestaltet werden, dass die ursprünglich vorhandenen zeittypischen terrassenartigen Waschbetonflächen mit nur einzelnen Grünpflanzen in betonartigen Pflanzgefäßen ersetzt werden durch dem heutigen Zeitgeschmack möglicherweise eher entsprechende Rasen- und/oder Blumenbeetflächen, also typischen Grünanlagen gemäß § 4 Absatz 2 ModEnG a.F., so wird durch diesen Vorgang sicherlich die bisherige Eigenart der Wohnanlage geändert, § 22 Absatz 2 Satz 1 WEG. Entscheidend ist – genau wie bei den eben genannten Kinderspielplätzen – der jeweilige Einzelfall.

Als Beispiel für eine typische Verbesserung der allgemeinen Wohnverhältnisse auf Dauer für den wohnungseigentumsrechtlichen Modernisierungsbegriff eignet sich die Vorschrift des § 4 Absatz 2 ModEnG a.F. demnach aber nur teilweise. Insofern erscheint die Vorschrift des § 4 Absatz 2 ModEnG a.F. auch nur eingeschränkt zur Auslegung des wohnungseigentumsrechtlichen Modernisierungsbegriffs geeignet zu sein.

d) Stellplätze und andere Verkehrsanlagen

Die Vorschrift des § 4 Absatz 2 ModEnG a.F. nennt als bauliche Maßnahmen, die die allgemeinen Wohnverhältnisse verbessern, schließlich noch die Anlage und den Ausbau von Stellplätzen und andere Verkehrsanlagen. Die für Stellplätze geeigneten Grundstücksflächen einer Wohnanlage dürften sich in aller Regel im Gemeinschaftseigentum[465] befinden, so dass § 4 Absatz 2 ModEnG a.F. unter diesem Aspekt zur Auslegung des wohnungseigentumsrechtlichen Modernisierungsbegriffs grundsätzlich geeignet erscheint.

Ob das Anlegen und der Ausbau von Stellplätzen als bauliche Maßnahme, die die allgemeinen Wohnverhältnisse verbessert, nicht nur innerhalb des mietrechtlichen, sondern auch innerhalb des wohnungseigentumsrechtlichen Modernisierungsbegriffs als Auslegungshilfe dienen kann erscheint zweifelhaft. Probleme können sich hier wiederum aus § 22 Absatz 2 Satz 1 WEG ergeben, da durch das Anlegen von Stellplätzen die Gefahr bestehen kann, dass die Eigenart der Wohnanlage geändert wird. Insbesondere bei sehr kleinen Wohnanlagen kann dies schon bei der Anlage eines einzigen PKW-Stellplatzes der Fall sein. Wenn – auch bei größeren Wohnanlagen – eine Rasenfläche, ein Blumenbeet o.ä. entfernt wird, um an dieser Stelle Stellplätze anzulegen, so dürfte es sich sicherlich um eine *nachteilige Veränderung des optischen Gesamteindrucks*[466] handeln. Die Maßnahme wäre somit nicht von der Mehrheitsmacht des § 22 Absatz 2 Satz 1 WEG erfasst. Dann stellt § 4 Absatz 2 ModEnG a.F. hinsichtlich des Merkmals „Stellplätze" aber keine sinnvolle Auslegungshilfe des wohnungseigentumsrechtlichen Modernisierungsbegriffs dar. Maßgeblich kann auch in diesem Fall lediglich der jeweilige Einzelfall sein.

---

465 BayObLG, NJW-RR 1986, 761, 761; Niedenführ/Kümmel/Vandenhouten-Niedenführ, § 1 Rn. 29.
466 BT-Drucksache 16/887, S. 30 (rechte Spalte); Hügel/Elzer, § 7 Rn. 34 und 35.

Der Gesetzgeber scheint dieses Problem jedenfalls hinsichtlich der Stellplätze gesehen zu haben. In der Gesetzesbegründung[467] heißt es: *Die Mehrheitsmacht erfasst nicht eine Umgestaltung der Wohnanlage, die deren bisherige Eigenart ändert, insbesondere (...) wenn eine die Wohnanlage umgebende größere Grünfläche weithin zum Abstellen von Autos asphaltiert werden soll.*

Diese Aussage – der inhaltlich voll zuzustimmen – ist dennoch problematisch und nicht widerspruchsfrei: Nach § 22 Absatz 2 Satz 1 WEG unterliegen Maßnahmen, die der Modernisierung entsprechend § 559 Absatz 1 BGB dienen, der Mehrheitsmacht der Eigentümer. § 559 Absatz 1 BGB definiert den Begriff der Modernisierung u.a. als Maßnahme, die die allgemeinen Wohnverhältnisse auf Dauer verbessern. In § 4 Absatz 2 ModEnG a.f., der Vorgängervorschrift des § 559 BGB, werden als Beispiel für genau diese Maßnahmen, die die allgemeinen Wohnverhältnisse au Dauer verbessern, die Anlage und der Ausbau von Stellplätzen genannt. Nach Auffassung des Gesetzgebers[468] wird der Begriff der Modernisierung gemäß § 559 Absatz 1 BGB deshalb gewählt, da dieser Maßnahmen umfasst, die der Mehrheitsmacht unterliegen sollen und der – was die Einzelmaßnahmen anbelangt – in Rechtsprechung und Literatur hinreichend geklärt ist. Nach ganz allgemeiner Auffassung zu § 559 BGB kann zur Interpretation und Auslegung des mietrechtlichen Modernisierungsbegriffs auf die Vorgängervorschrift des § 4 Absatz 2 ModEnG a.f. zurückgegriffen werden. Insbesondere hinsichtlich der in § 4 ModEnG a.f. beschriebenen Einzelmaßnahmen ist dies auch folgerichtig. Dann macht die Einschränkung des Gesetzgebers hinsichtlich der Stellplätze aber kaum Sinn. Einerseits ist das Anlegen von Stellplätzen eine typische Maßnahme zur Verbesserung der allgemeinen Wohnverhältnisse, andererseits klammert der Gesetzgeber aber genau eine solche Maßnahme aus dem Modernisierungsbegriff aus.

e) Zwischenergebnis

Zur Auslegung des wohnungseigentumsrechtlichen Modernisierungsbegriffs kann jedenfalls hinsichtlich der Maßnahmen zur Verbesserung der allgemeinen Wohnverhältnisse auf Dauer nicht ohne weiteres auf die Vorgängervorschrift des § 4 Absatz 2 ModEnG a.f. zurückgegriffen werden. Daraus ergibt sich, dass auch auf die entsprechende zu § 559 Absatz 1 BGB ergangene Literatur und Rechtsprechung nicht gänzlich und allgemein zurückgegriffen werden kann. Daher ist auch unter diesem Gesichtspunkt der von einigen Kommentatoren vertretenen Auffassung, zur Auslegung des wohnungseigentumsrechtlichen Modernisierungsbegriffs sei auf Literatur und Rechtsprechung zu § 559 Absatz 1 BGB und somit zum mietrechtlichen Modernisierungsbegriff zurückzugreifen, zu widersprechen. Genau wie schon im Falle des § 4 Absatz 1 ModEnG a.f. (Maßnahmen zur Gebrauchswerterhöhung) ist § 4 Absatz 2 ModEnG a.f. stark auf das Verhältnis Vermieter/Mieter und die Umstände des Mietrechts im

---

467 BT-Drucksache 16/887, S. 30 (rechte Spalte).
468 BT-Drucksache 16/887, S. 30 (linke Spalte).

Allgemeinen bezogen. Zur Auslegung des wohnungseigentumsrechtlichen Modernisierungsbegriffs eignen sich beide Vorschriften daher – wenn überhaupt – nur sehr eingeschränkt.

f) Beispiele für eine Verbesserung der allgemeinen Wohnverhältnisse auf Dauer

Als Beispiel für eine Modernisierungsmaßnahme im Sinne einer Verbesserung der allgemeinen Wohnverhältnisse auf Dauer im Anwendungsbereich des Wohnungseigentumsrechts kann die Errichtung eines Fahrradkellers[469] oder das Aufstellen eines (kleineren, optisch nicht dominanten) Fahrradständers[470] genannt werden.

g) Einbau eines Fahrstuhls als Modernisierungsmaßnahme?

Umstritten ist, ob der nachträgliche Einbau eines Aufzugs bzw. Fahrstuhls eine Verbesserung der allgemeinen Wohnverhältnisse auf Dauer im Sinne einer Modernisierungsmaßnahme gemäß § 22 Absatz 2 WEG darstellt.

Nach alter Rechtslage vor der Novellierung des WEG unterfiel sowohl der nachträgliche Anbau eines Fahrstuhls an der Außenseite eines Gebäudes, als auch der Einbau in ein Treppenhaus als *bauliche Veränderung* § 22 Absatz 1 WEG a.F. und erforderte daher Einstimmigkeit, da im ersten Fall in der Regel zur Schaffung eines Zugangs Durchbrüche der Außenwand erforderlich sind und ferner durch den Anbau der optische Gesamteindruck der Anlage nicht ganz unerheblich beeinträchtigt wird.[471] Im zweiten Fall, dem Einbau eines Fahrstuhls in ein Treppenhaus, wurde regelmäßig eine nicht ganz unerhebliche Beeinträchtigungen angenommen, da ein derart eingebauter Fahrstuhl einen Teil des Gemeinschaftseigentums in Anspruch nimmt, welcher dadurch einer anderen Nutzung entzogen wird. Lediglich bei sehr großzügigen Treppenhäusern konnte im Einzelfall auf die Einstimmigkeit verzichtet werden, jedoch nur, wenn unter anderem der Aufzug so – beispielsweise durch Ausführung als gläserner Aufzug – so gestaltet wird, dass der optische Eindruck nicht oder nur unwesentlich verschlechtert wird, und die Fläche, die dem Mitgebrauch der anderen Wohnungseigentümer entzogen wird, nur unbedeutend ist.[472] Die Neugestaltung einer Aufzugskabine konnte im Einzelfall auch aufgrund möglicher Vermeidung später auftretender höherer Folgekosten als modernisierende Instandsetzung eingeordnet werden.[473]

Die Gesetzesbegründung zu WEG-Novelle benennt nun den (nachträglichen) Einbau eines Fahrstuhles ausdrücklich als Modernisierungsmaßnahme gemäß § 22 Absatz

---

469 Bub, ZWE 2008, 205, 209.
470 BT-Drucksache, 16/887 S. 30 (linke Spalte).
471 Staudinger-Bub, § 22 WEG Rn. 127; Weitnauer-Lüke, § 22 Rn. 10.
472 Staudinger-Bub, § 22 WEG Rn. 127.
473 BayObLG, NJW-RR 2002, 8, 84.

2 Satz 1 WEG.[474] Diese Auffassung wird von zahlreichen Autoren[475] geteilt, wenngleich diese freilich – genau wie die Gesetzesbegründung – keine Begründung für diese Sichtweise liefern.

Gegen diese Sichtweise werden jedoch Bedenken geäußert,[476] auch, weil der Einbau eines Aufzugs bzw. Fahrstuhles kaum ohne Eingriff in das optische Erscheinungsbild des Gebäudes von statten gehen wird[477] und/oder durch solch eine Maßnahme in einigen Fällen in das Recht des Eigentümers auf einen niedrigen Standard, in die Regelungen der Teilungserklärungen und damit in eine eigentumsrechtliche Position im Sinne von Artikel 14 GG eingreift.[478]

Sinnvollerweise lässt sich die aufgeworfene Frage jedoch nicht pauschal und allgemeingültig beantworten, da es letztlich auf die Umstände des jeweiligen Einzelfalls ankommen wird,[479] wobei freilich auf das optische Erscheinungsbild einerseits und auf die möglicherweise betroffene eigentumsrechtliche Position der betroffenen Eigentümer besonders zu achten sein wird.

Zunächst ist festzuhalten, dass durch den nachträglichen Einbau eines Aufzuges gewiss in vielen Wohnanlagen eine *Verbesserung der Wohnverhältnisse* anzunehmen sein wird (soweit man nicht auf die Eigentümer der Parterrewohnungen abstellt). Im Einzelfall kann aber bereits diese Verbesserung fraglich sein, so beispielsweise dann, wenn ein Treppenlift in einer Wohnanlage eingebaut werden soll, deren Wohnungen ausschließlich als Appartements eines Sporthotels einer durchweg sportlichen Nutzergruppe zur Verfügung stehen soll.[480] Hier wäre gegebenenfalls bereits eine Verbesserung zu verneinen, da die Maßnahme schlicht überflüssig ist. Ebenfalls zu kaum einer Verbesserung der Wohnverhältnisse führt der Einbau eines Fahrstuhles, soweit ein bloß zweigeschossiges Gebäude betroffen ist. Eine Verbesserung der Wohnverhältnisse ist auch in den Fällen fraglich, in denen der Fahrstuhl (meist um Kosten zu sparen) derart in das Gebäude eingebaut wird, dass die Kabine nicht etwa auf Höhe der jeweiligen Etagen hält, so dass die Wohnungseingänge stufenlos erreicht werden können, sondern lediglich in Höhe der Treppenabsätze, so dass zum Erreichen der Wohnungen stets noch eine nicht unerhebliche Anzahl von Treppenstufen überwunden werden muss. Eine Verbesserung ist auch dann fraglich, soweit in das Treppenauge eines großbürgerlichen Etagenhauses beispielsweise aus der sogenannten Gründerzeit ein Fahrstuhl eingebaut wird, da in derartigen Fällen oftmals dem Treppenhaus das Tageslicht entzogen wird. Der (in derartigen Fällen regelmäßig nachteilige) Eingriff in das optische Erscheinungsbild dürfte entsprechend auf der Hand liegen.

Zwar eine Verbesserung der Wohnverhältnisse, jedoch im Ergebnis dennoch keine Maßnahme gemäß § 22 Absatz 2 Satz 1 WEG wird oftmals im Falle eines nachträgli-

---

474 BT-Drucksache, 16/887 S. 30 (linke Spalte).
475 Niedenführ/Kümmel/Vandenhouten-Niedenführ, § 22 Rn. 151; Palandt-Bassenge, WEG, § 22 Rn. 15; Ermann-Grziwotz, WEG § 22 Rn. 6; wohl ebenso: Armbrüster ZWE 2008, 61, 62; widersprüchlich: Bärmann-Merle, § 22 Rn. 331, 332 und 35.
476 Häublein, ZMR 2007, 409, 421; Köhler, § 22 Rn. 407; auf die Kosten abstellend: Bamberger/Roth-Hügel, § 22 WEG Rn. 4; Bub, ZWE 2008, 205, 212.
477 Häublein, ZMR 2007, 409, 421.
478 Bub, ZWE 2008, 205, 212.
479 So auch: Köhler, § 22 Rn. 407.
480 Abramenko, § 4 Rn. 41.

chen Anbaus von Außenaufzügen anzunehmen sein, da gerade dann nachteilige Veränderungen im Sinne des § 22 Absatz 2 Satz 1 WEG und somit eine Änderung der Eigenart der Wohnanlage vorliegen wird. Die Eigenart der Wohnanlage ist zweifelsfrei auch durch die äußere Fassade des betroffenen Gebäudes sowie die Architektur und deren Gestaltung geprägt.[481] Daher kann eine Verschlechterung des optischen Gesamteindrucks auch und gerade durch einen Eingriff in die architektonischen Ideen angenommen werden.[482]

Soweit nun aber eine Wohnanlage mittleren bis gehobenen Standards bislang über keinen Fahrstuhl verfügte und nun ein solcher mit der nach § 22 Absatz 2 WEG erforderlichen Mehrheit beschließt, dass nunmehr ein Fahrstuhl in einen bislang nicht genutzten Schacht weitgehend unsichtbar eingebaut werden solle, so dürfte es sich bei der Maßnahme um eine Modernisierung im Sinne des wohnungseigentumsrechtlichen Modernisierungsbegriffs handeln.

h) Schlussfolgerungen

Die mietrechtliche Definition der Maßnahmen zur Verbesserung der allgemeinen Wohnverhältnisse auf Dauer kann grundsätzlich innerhalb des wohnungseigentumsrechtlichen Modernisierungsbegriffs verwendet werden. Allerdings ist der mietrechtliche Begriff der allgemeinen Wohnverhältnisse auf Dauer nicht komplett deckungsgleich mit dem wohnungseigentumsrechtlichen Begriff. Die beiden Modernisierungsbegriffe unterscheiden sich demnach auch bei diesem Bestandteil der Legaldefinition aus § 559 Absatz 1 BGB. Folglich kann die zum mietrechtlichen Modernisierungsbegriff in diesem Zusammenhang ergangene Rechtsprechung sowie die einschlägige Literatur keinesfalls komplett, sondern nur mit starken Einschränkungen auf den wohnungseigentumsrechtlichen Modernisierungsbegriff übertragen werden. Ferner ist eine pauschale Sichtweise bei der Beantwortung der Frage, ob die zu prüfende Maßnahme eine solche zur Verbesserung der allgemeinen Wohnverhältnisse auf Dauer ist, nicht angebracht. Es sollten stets die Umstände und Besonderheiten des Einzelfalls beachtet werden.

4. Maßnahmen zur nachhaltigen Einsparung von Energie oder Wasser

a) Bezugnahme auf § 4 Absatz 3 ModEnG a.F. möglich?

Die dritte Variante des mietrechtlichen Modernisierungsbegriffs normiert Maßnahmen zur nachhaltigen Einsparung von Energie oder Wasser. Dieser Teil des mietrechtlichen Modernisierungsbegriffs ist u.a. der Vorschrift des § 4 Absatz 3 Nr. 1 bis 5 ModEnG a.F. nachgebildet. § 4 Absatz 3 ModEnG a.F. lautet:

---

481 AG Konstanz, Urteil vom 13.3.2008: 12 C 17/07.
482 AG Konstanz, Urteil vom 13.3.2008: 12 C 17/07.

Bauliche Maßnahmen, die nachhaltig Einsparungen von Heizenergie bewirken (energiesparende Maßnahmen), sind insbesondere Maßnahmen zur

1. wesentlichen Verbesserung der Wärmedämmung von Fenstern, Außentüren, Außenwänden, Dächern, Kellerdecken und obersten Geschoßdecken,
2. wesentlichen Verminderung des Energieverlustes und des Energieverbrauchs der zentralen Heizungs- und Warmwasseranlagen,
3. Änderung von zentralen Heizungs- und Warmwasseranlagen innerhalb des Gebäudes für den Anschluss an die Fernwärmeversorgung, die überwiegend aus Anlagen der Kraft-Wärme-Kopplung, zur Verbrennung von Müll oder zur Verwertung von Abwärme gespeist wird,
4. Rückgewinnung von Wärme,
5. Nutzung von Energie durch Wärmepumpen- und Solaranlagen.

Anders noch als die Vorgängervorschrift des § 4 Absatz 3 ModEnG a.F. erfasst der Modernisierungsbegriff des § 559 Absatz 1 BGB in der dritten Variante nicht nur Heizenergie, sondern nunmehr alle Arten von Energie sowie die nachhaltige Einsparung von Wasser.

Zunächst soll untersucht werden, ob § 4 Absatz 3 Nr. 1 bis 5 ModEnG a.F. zur Auslegung des wohnungseigentumsrechtlichen Modernisierungsbegriffs herangezogen werden kann. Die Bezugnahme auf § 4 Absatz 3 Nr. 1 bis 5 ModEnG a.F. wäre jedoch problematisch, soweit die Vorschrift Maßnahmen benennt, die innerhalb des Sondereigentums durchzuführen wären.

Allerdings betreffen nahezu alle in § 4 Absatz 3 Nr. 1 bis 5 ModEnG a.F. aufgezählte Maß-nahmen den Bereich des Gemeinschaftseigentums. Folglich ist die Vorschrift grundsätzlich geeignet, auch zur Auslegung des wohnungseigentumsrechtlichen Modernisierungsbegriffs herangezogen zu werden.

Der Rückgriff auf § 4 Absatz 3 Nr. 1 bis 5 ModEnG a.F. zur Auslegung des wohnungseigentumsrechtlichen Modernisierungsbegriffs erscheint aber unter einem anderen Aspekt problematisch. Die insbesondere in § 4 Absatz 3 Nr. 1 ModEnG a.F. genannten Einzelmaßnahmen sind solche, deren Ausführung in der Wohnanlage optisch teilweise erheblich wahrnehmbar sind. Besonders bauliche Maßnahmen zur Verbesserung der Wärmedämmung im Bereich der Außentüren, der Außenwände und des Daches führen bei lebensnaher Betrachtung in aller Regel zu einem neuen und damit geänderten Erscheinungsbild der Wohnanlage. Plakativ lässt sich dies am Beispiel der Wärmedämmung aufzeigen.

Die Wärmedämmung der Außenwände eines Gebäudes führt in der Praxis regelmäßig dazu, dass die Fassadengestaltung des betroffenen Gebäudes komplett verändert wird. Häufig wird in diesen Fällen zur Wärmedämmung eine komplett neue Schicht auf die ursprüngliche Außenfassade des Gebäudes aufgetragen. Bei einigen Wohnanlagen wird in diesem Zusammenhang auch gleich das gesamte äußere Erscheinungsbild derart geändert, dass eine Fassade aus typischerweise rotem Backstein oder roten Ziegeln mit einer putzähnlichen Schicht versehen wird.[483] Eine solche bauliche Maßnahme verändert aber zweifelsfrei die Eigenart einer Wohnanlage im Sinne des § 22

---

483 Hamburger Abendblatt, Artikel vom 2.08 und 18.2.08.

Absatz 2 Satz 1 WEG. Dass gleichsam auch eine nachteilige Veränderung des optischen Gesamteindrucks vorliegt, dürfte auf der Hand liegen.

Veränderungen des Daches einer Wohnanlage können ebenfalls, je nach Ausführungsart, zu Veränderungen der Eigenart einer Wohnanlage führen. Entscheidend ist der jeweilige Einzelfall.

All den soeben genannten Einzelmaßnahmen ist gemein, dass sie kaum als typische Beispiele für Maßnahmen zur nachhaltigen Einsparung von Energie oder Wasser im Sinne des wohnungseigentumsrechtlichen Modernisierungsbegriffs eingeordnet werden können. Dann eignet sich § 4 Absatz 3 Nr. 1 ModEnG a.f. aber nur sehr eingeschränkt zur Auslegung des wohnungseigentumsrechtlichen Modernisierungsbegriffs.

aa) Anschluss an die Fernwärmeversorgung, § 4 Absatz 3 Nr. 3 ModEnG a.F.

Während § 4 Absatz 3 Nr. 2 ModEnG a.f. wohl als Modernisierungsmaßnahme auch nach § 22 Absatz 2 Satz 1 WEG eingeordnet werden kann, so ergeben sich bei den in § 4 Absatz 3 Nr. 3 ModEnG a.f. genannten Maßnahmen der *Änderung von zentralen Heizungs- und Warmwasseranlagen innerhalb des Gebäudes für den Anschluss an die Fernwärmeversorgung, die überwiegend aus Anlagen der Kraft-Wärme-Kopplung, zur Verbrennung von Müll oder zur Verwertung von Abwärme gespeist wird,* ganz erhebliche Probleme.

Wie bereits beim mietrechtlichen Modernisierungsbegriff ausgeführt, ist es fraglich, ob der Anschluss an ein Fernwärmenetz dazu führt, dass tatsächlich Energie eingespart wird. Das Problem besteht darin, dass die Energiebilanz insgesamt zumeist gleich bleibt und nur sogenannte Primärenergie eingespart wird. Der BGH[484] bejaht zwar in einem jüngeren Urteil zu § 554 BGB für diesen Fall die Einsparung von Energie, stellt aber in diesem Urteil auch klar, dass das Berufungsgericht festgestellt habe, der Anschluss einer Wohnung an das aus Anlagen der Kraft-Wärme-Kopplung gespeiste Fernwärmenetz führe nach derzeitigem Erkenntnisstand zu einer Ersparnis an Primärenergie im Verhältnis zur Erzeugung von Wärme für Heizung und Warmwasser durch die in der Wohnung vorhandene Gasetagenheizung. Diese Tatsachenfeststellung werde von der Revision nicht angegriffen und sei damit für das Revisionsverfahren bindend (§ 559 Absatz 2 ZPO). Richtigerweise wird man hier zwischen der Tatsachen- und der Rechtsfrage trennen müssen. Der BGH hat lediglich über die Rechtsfrage entschieden. Soweit die Tatsachengrundlage eine andere wäre, also soweit der "derzeitige Erkenntnisstand" ein anderer wäre, dann müsste der BGH konsequenterweise anders entscheiden.

Nach hier vertretener Ansicht kann die Einsparung von bloßer Primärenergie nicht als Einsparung von Energie im Sinne des Modernisierungsbegriffs bezeichnet werden. Es handelt sich schließlich nur um den Austausch einer Energieart durch eine andere. Aus diesem Grunde eignet sich § 4 Absatz 3 Nr. 3 ModEnG a.F. nicht zu Auslegung

---

484   BGH, Urteil vom 24.9.2008: VIII ZR 275/07.

des wohnungseigentumsrechtlichen Modernisierungsbegriffs. Daran vermag auch der Inhalt des Urteils des BGH[485] nichts ändern.

Wenn man diese Sichtweise nicht teilt (Theorie der Primärenergieeinsparung, siehe auch unter B. II. 5. a. aa. (2)) und die Einsparung von Primärenergie ausreichen lassen will, so stellt sich eine andere Frage: Stellt der Austausch einer bestehenden Heizungsanlage durch eine neue sowie der Anschluss an das Fernwärmenetz dann nicht eine *Anpassung des gemeinschaftlichen Eigentums an den Stand der Technik* gemäß § 22 Absatz 2 Satz 1 WEG dar? Konsequenterweise müssten die Vertreter dieser Auffassung dies bejahen. Demnach würde der Anschluss an ein Fernwärmenetz gleichzeitig unter den wohnungseigentumsrechtlichen Modernisierungsbegriff im Sinne einer Maßnahme zur nachhaltigen Einsparung von Energie, vgl. § 4 Absatz 3 Nr. 3 ModEnG a.F. und auch unter das Merkmal der *Anpassung an den Stand der Technik* zu subsumieren sein. Folglich eignet sich dann aber § 4 Absatz 3 Nr. 3 ModEnG a.F. nicht zur Auslegungshilfe. Im Gegenteil läge dann eine Überscheidung des wohnungseigentumsrechtlichen Modernisierungsbegriffs mit dem Merkmal der *Anpassung an den Stand der Technik* vor. Eine solche Überscheidung führt aber sicherlich nicht zu einer vereinfachten Rechtsanwendung. Auch spricht eine derartige Überschneidung der Merkmale nicht unbedingt für die Zweckmäßigkeit der Verweisung auf den mietrechtlichen Modernisierungsbegriff.

bb) *Energienutzung durch Wärmepumpen und Solaranlagen, § 4 Absatz 3 Nr. 5 ModEnG a.F.*

§ 4 Absatz 3 Nr. 5 ModEnG a.F. nennt als bauliche Maßnahmen, die nachhaltig Einsparungen von Heizenergie bewirken, ferner die Energienutzung durch Wärmepumpen und Solaranlagen.

Fraglich ist nun, ob die in § 4 Absatz 3 Nr. 5 ModEnG a.F. genannte bauliche Maßnahme zur Nutzung von Energie durch Wärmepumpen- und Solaranlagen, ohne weiteres im Bereich des wohnungseigentumsrechtlichen Modernisierungsbegriffs zur Auslegung des Begriffs herangezogen werden kann.

Eine Wärmepumpe ist eine Anlage, die Wärme bei niedriger Temperatur aufnimmt und sie bei höherer Temperatur wieder abgibt, sodass die sonst nicht verwertete Wärme der Luft, des Erdreiches oder des Wassers oder auch die Abwärme aus Kraftwerken für Heizzwecke genutzt werden kann. Durch den Einbau einer Wärmepumpe wird keine Energie eingespart. Es handelt sich daher nicht um eine energiesparende Verbesserung, da die Primärenergie nur durch erneuerbare Energien ersetzt wird.[486] Auch bei Solaranlagen wird keine Energie eingespart.

Aufgrund der oben dargestellten Problematik der Einsparung (lediglich) von Primärenergie ist bereits fraglich, ob § 4 Absatz 3 Nr. 5 ModEnG a.F. überhaupt noch zur Auslegung des mietrechtlichen Modernisierungsbegriffs geeignet ist. Der Wortlaut

---

485 BGH, Urteil vom 24.9. 2008: VIII ZR 275/07.
486 Schmidt-Futterer-Eisenschmid, § 554 Rn. 166.

von § 559 Absatz 1 BGB, der lediglich von *Einsparung* spricht, deutet nach hier vertretener Auffassung eher auf das Gegenteil hin. Wenn man die Einsparung (lediglich) von Primärenergie jedoch ausreichen lassen will, dann ist eine nähere Untersuchung der Installation von Solaranlagen und Wärmepumpen unvermeidlich.

Solaranlagen werden regelmäßig entweder im Bereich von Gartenflächen oder Dächern aufgestellt. Beide Bereiche sind zumeist Gemeinschaftseigentum, so dass die Eigentumsfrage dem Rückgriff auf § 4 Absatz 3 Nr. 5 ModEnG a.F. zur Auslegung des wohnungseigentumsrechtlichen Modernisierungsbegriffs nicht entgegensteht.

Je nach Größe und Ort der Installation wird man aber von einer nachteiligen Veränderung des optischen Erscheinungsbildes des Gemeinschaftseigentums auszugehen haben. Die nachteilige Veränderung des optischen Erscheinungsbildes wird besonders deutlich, wenn man die Montage der Solaranlage näher betrachtet. Regelmäßig werden die Solarmodule auf dem im Gemeinschaftseigentum stehenden[487] Dach des jeweiligen Gebäudes installiert. Um möglichst effektiv nutzbar zu sein, werden die Solarmodule vorzugsweise auf Schrägdächern montiert. Durch die Neigung des Daches und einer Ausrichtung möglichst nach Süden werden so hohe Erträge erzielt. Die Installation auf einem Schrägdach führt aber gleichzeitig dazu, dass die Solarmodule weithin sichtbar sind. Hinzu kommt, dass die Solarmodule in den allermeisten Fällen nicht in der Farbe des Daches gehalten sind, sondern in aller Regel schwarz eingefärbt und damit stark kontrastierend zur Farbe des Daches sind.

Im Falle eines Gebäudes mit einem Flachdach mag dies anders sein. Eine visuell wahrnehmbare nachteilige Veränderung des optischen Erscheinungsbildes ist aber auch bei der Installation einer Solaranlage auf einem Flachdach oder im Bereich einer Gartenfläche eher der Regelfall als die Ausnahme. Letztlich kommt es auf den jeweiligen Einzelfall an. Denkbar ist aber auch, eine *Änderung der Eigenart der Wohnanlage* gemäß § 22 Absatz 2 Satz 1 WEG anzunehmen. Wenn beispielsweise das Dach einer schlichte Wohnanlage mit sehr bescheidenem, einfachen Standard aus der Zeit um 1950 mit Sonnenkollektoren versehen wird, um zusätzliche Energie nutzbar zumachen, so könnte man argumentieren, die einfache Wohnanlage werde zu einer Art „Ökowohnanlage" umfunktioniert. Dies gilt umso mehr, als dass in derartigen Fällen oftmals nicht nur eine Maßnahme beschlossen wird, sondern vielmehr gleich eine Art Maßnahmenbündel wie beispielsweise das gleichzeitige Anlegen eines Ökogartens, verstärkte Nutzungsmöglichkeiten des Regenwassers, etc. etc.

Der Einbau einer Wärmepumpe erfolgt in der Regel innerhalb des Gemeinschaftseigentums. Die Eigentumsfrage steht dem Rückgriff auf § 4 Absatz 3 Nr. 5 ModEnG a.F. zur Auslegung des wohnungseigentumsrechtlichen Modernisierungsbegriffs unter diesem Gesichtspunkt also nicht entgegen.

---

487 BayObLG, NZM 2000, 674, 675.

cc) Beispiele aus der Rechtsprechung zur Einsparung von Wasser

Beispiele für wassereinsparende bauliche Maßnahmen zum mietrechtlichen Modernisierungsbegriff sind der Einbau von Durchlaufbegrenzern,[488] wassereinsparender Toilettenspülkästen oder die Anlage eines Sammelbehälters für Niederschlagswasser nebst Neuverlegung der entsprechenden Versorgungsleitungen.[489]

Ob diese Rechtsprechung für den wohnungseigentumsrechtlichen Modernisierungsbegriff gelten kann erscheint fraglich. Der Einbau von Durchlaufbegrenzern betrifft in der Vielzahl der Fälle den Bereich der einzelnen Wohnungen und damit des Sondereigentums. Änderungen im Bereich des Sondereigentums sind aber nicht von der Mehrheitsmacht des § 22 Absatz 2 Satz 1 WEG erfasst und damit auch nicht Bestandteil des wohnungseigentumsrechtlichen Modernisierungsbegriffs. Gleiches gilt für den Einbau von wassereinsparenden Toilettenspülkästen. Lediglich die Anlage eines Sammelbehälters für Niederschlagswasser nebst Neuverlegung der entsprechenden Versorgungsleitungen dürfte den Bereich des Gemeinschaftseigentums betreffen. Jedoch unterfällt nach hier vertretener Ansicht auch diese Maßnahme nicht dem wohnungseigentumsrechtlichen Modernisierungsbegriff soweit so die *Einsparung von Wasser* bezweckt wird (gleiches gilt für den mietrechtlichen Modernisierungsbegriff). Durch einen Sammelbehälter für Niederschlagswasser wird kein Wasser eingespart. Es wird nur das Wasser aus der Leitung durch Regenwasser ersetzt. Die verbrauchte Wassermenge im Rahmen einer Gesamtbilanz bleibt identisch. Die Situation entspricht insofern derjenigen der Einsparung von Primärenergie. Ob das Anlegen eines Sammelbehälters für Niederschlagswasser als *nachhaltige Erhöhung des Gebrauchswert* eingeordnet werden kann erscheint fraglich und höchstens im Einzelfall möglich zu sein.

b) Einsparung von Energie oder Wasser

aa) Weite Auslegung wie im Mietrecht?

Der Begriff der Energie- und wassersparenden baulichen Maßnahmen wird innerhalb des mietrechtlichen Modernisierungsbegriffs weit ausgelegt,[490] was neben dem umweltpolitischen Zweck der Vorschrift auch mit der umfangreichen Aufzählung der heizenergiesparenden Maßnahmen der Vorgängervorschrift begründet wird.[491]

Im Anwendungsbereich des Mietrechts kann dies dazu führen, dass sich für den Mieter eine bauliche Maßnahme weder als Verbesserung des Wohnwerts der Mietsache, noch als individueller Gebrauchsvorteil darstellt.[492] Auch müssen bauliche Maß-

---

488 Schmid-Futterer-Börtsinghaus, § 559 Rn. 75.
489 Kinne, ZMR 2003, 396, 397.
490 Staudinger-Emmerich, § 559 Rn. 32; Schmidt-Futterer-Börstinghaus, § 559, Rn. 67; Bamberger/Roth-Ehlert, § 559 Rn. 27 a.
491 Bamberger/Roth-Ehlert, § 559 Rn. 27 a.
492 Vgl. BGH, NJW-RR 2004, 658, 659.

nahmen zur nachhaltigen Einsparung von Energie oder Wasser für den Mieter nicht „rentabel" sein; es ist ihm sogar zuzumuten, eine energiewirtschaftlich sinnvolle Maßnahme über die Mieterhöhung gemäß § 559 Absatz 1 BGB letztlich mit zu finanzieren, obwohl dadurch seine eigene Belastung ansteigt.[493]

Zunächst ist zu untersuchen, ob die innerhalb des mietrechtlichen Modernisierungsbegriffs anerkannte weite Auslegung auch im Anwendungsbereich des wohnungseigentumsrechtlichen Modernisierungsbegriffs vorzunehmen ist. Der Sinn und Zweck dieses Teils des Modernisierungsbegriffs, im Interesse der Allgemeinheit auf Umweltschutzaspekte vermehrt einzugehen, ist zwar weder ein typisch zivilrechtlicher, noch ein typischer Gedanke des WEG. Aufgrund der Verankerung des Umweltschutzes in der Staatszielbestimmung des Artikels 20 a Grundgesetz ist dieser Gedanke als gesetzgeberische Wertentscheidung jedoch beachtlich. Selbst wenn man sich auf den Standpunkt stellt, es handele sich hierbei um dem Zivilrecht, also sowohl dem BGB als auch dem WEG, fremde Gedanken, da beide Gesetzte nur das Verhältnis der einzelnen Bürger untereinander regeln, systemfremde Gedanken, so kann aufgrund der Verankerung in der Verfassung die Bedeutung nicht abgesprochen werden. Dies könnte für eine vorzunehmende weite Auslegung, also auch innerhalb des wohnungseigentumsrechtlichen Modernisierungsbegriffs sprechen.

Ebenso könnte die umfassende Aufzählung der Vorgängervorschrift des § 4 Absatz 3 Nr. 1 bis 5 ModEnG a.F. für eine weite Auslegung sprechen. Jedenfalls innerhalb des mietrechtlichen Modernisierungsbegriffs wird die Umfassende Aufzählung als Argument für eine weite Auslegung herangezogen.[494] Wie oben festgestellt, lassen sich einige der in § 4 Absatz 3 Nr. 1 bis 5 ModEnG a.F. genannten Einzelmaßnahmen nicht ohne weiteres auf den wohnungseigentumsrechtlichen Modernisierungsbegriff übertragen. Daher kann innerhalb des wohnungseigentumsrechtlichen Modernisierungsbegriffs nicht von einer „umfassenden" Aufzählung gesprochen werden. Daher lässt sich aus § 4 Absatz 3 Nr. 1 bis 5 ModEnG a.F. kaum ein Argument für eine weite Auslegung innerhalb des wohnungseigentumsrechtlichen Modernisierungsbegriffs herleiten. Eher sollte – auch aufgrund der verfassungsrechtlichen Bedenken hinsichtlich der Mehrheitsmacht trotz anderslautender, im Grundbuch eingetragener Teilungserklärung – auf eine weite Auslegung verzichtet werden.

bb) Gebot der Wirtschaftlichkeit

(1) Die Situation im Mietrecht

In Literatur und Schrifttum zum mietrechtlichen Modernisierungsbegriff entsprach es bis zu einer Entscheidung des BGH[495] der ganz herrschenden Meinung,[496] nur solche

---

493 MüKo-Artz, § 559 Rn. 20.
494 Staudinger-Emmerich, § 559 Rn. 32.
495 BGH, NJW 2004, 1738, 1739.
496 Sternel, PiG 1993, 41, 45, 60; Gramlich, § 559 Nr. 6; Palandt-Weidenkaff, 63. Auflage § 559 Rn. 13.

126

Energieeinsparenden Maßnahmen unter die dritte Variante des Modernisierungsbegriffs zu subsumieren, die insgesamt „wirtschaftlich" waren. Es wurden nur solche baulichen Maßnahmen der nachhaltigen Einsparung von Energie oder Wasser als Modernisierung und damit als Grundlage einer entsprechenden Mieterhöhung gemäß § 559 Absatz 1 BGB zugelassen, die sich zumindest mittel- oder langfristig (betriebs-) kostensenkend auswirkten oder zumindest teilweise amortisierten (sogenanntes Gebot der Wirtschaftlichkeit, siehe hierzu auch oben unter B. II. 5. C.). Nach Ansicht des BGH fand dieses Gebot der Wirtschaftlichkeit jedoch weder im Gesetz noch in der Gesetzesbegründung eine hinreichende Grundlage, sodass unter Berücksichtigung des vom Gesetzgeber in diesem Zusammenhang betonten volkswirtschaftlichen Interesses keine Begrenzung einer Mieterhöhung durch eine Ersparnis etwa von Heizkosten vorzunehmen sei. Der Mieter sei im Übrigen unter anderem über § 554 Absatz 2 BGB geschützt.[497] Nach § 554 Absatz 2 Satz 1 BGB muss ein Mieter Modernisierungsmaßnahmen nicht dulden, wenn die Maßnahme für ihn, seine Familie oder einen anderen Angehörigen des Haushalts eine Härte bedeuten würde, die auch unter Würdigung der berechtigten Interessen des Vermieters und anderer Mieter in dem Gebäude nicht zu rechtfertigen ist. In Satz 2 der Vorschrift wird die vorzunehmende Interessenabwägung weiter konkretisiert, Satz 3 enthält zudem eine zwingende Auslegungsregel. Wenn der Mieter nun die Modernisierungsmaßnahme als solche nicht zu dulden braucht, also seine Duldungspflicht entfällt, so fehlt freilich auch die Rechtsgrundlage für die sonst seitens des Vermieters drohende Mieterhöhung gemäß § 559 Absatz 1 BGB.

Der Mieter genießt also sowohl gegen den Duldungsanspruch seines Vermieters aus § 554 Absatz 2 Satz 1 BGB, als auch gegen die Mieterhöhung gemäß § 559 Absatz 1 BGB, jeweils gestützt auf vom Vermieter durchgeführte Maßnahmen der nachhaltigen Einsparung von Energie oder Wasser, in der Tat einen hinreichenden Schutz über § 554 Absatz 2 BGB. Dies gilt selbst dann, wenn man mit dem BGH die Anwendbarkeit des Gebots der Wirtschaftlichkeit in diesen Fällen verneint.

(2) Die Situation im Wohnungseigentumsrecht

Innerhalb des Anwendungsbereiches Wohnungseigentumsgesetzes stellt sich die Lage trotz scheinbar ähnlicher Ausgangssituation anders dar.

Die hier maßgebliche Vorschrift des § 22 Absatz 2 WEG verweist ausdrücklich auf § 559 Absatz 1 BGB. § 554 BGB ist von der Verweisung nicht erfasst. Schon aus der Tatsache, dass § 554 BGB von der Verweisung des § 22 Absatz 2 WEG nicht erfasst ist, ergibt sich, dass der Schutz aus § 554 Absatz 2 BGB nur im Anwendungsbereich des mietrechtlichen Modernisierungsbegriffs gilt und gerade nicht innerhalb des wohnungseigentumsrechtlichen Modernisierungsbegriffs. Auch wenn innerhalb der Mietrechtlichen Systematik und Dogmatik § 559 Absatz 1 BGB regelmäßig im Zusammenspiel mit § 554 BGB zu sehen und zu interpretieren ist,[498] so kann nicht ohne

---

497 BGH, NJW 2004, 1738, 1739, 1740.
498 Blank/Börstinghaus-Börstinghaus, § 559 Rn. 2.

weiteres auch § 554 Absatz 2 BGB innerhalb des WEG gelten. Bereits die mietrechtlichen Systematik führt zu diesem Ergebnis. Dies gilt umso mehr, als dass die Vorschrift des § 554 BGB ausweislich ihres Inhalts und ihrer in Absatz 2 Satz 3 vorgeschriebenen Interessenabwägung sich ausschließlich am Verhältnis Mieter/Vermieter orientiert.

Der vom BGH betonte Schutz des einzelnen Mieters sowohl vor der Durchführung von Modernisierungsmaßnahmen gemäß § 554 Absatz 2 BGB, als auch vor der damit in Zusammenhang stehenden Mieterhöhung gemäß § 559 Absatz 1 BGB kommt folglich dem einzelnen Eigentümer und Mitglied der Eigentümergemeinschaft nicht zugute. Kann sich der einzelne Eigentümer nun darauf berufen, dass eine von der qualifizierten Mehrheit der Wohnungseigentümer beschlossene Modernisierungsmaßnahme gemäß § 22 Absatz 2 WEG wirtschaftlich sein muss? Gilt vielleicht das Gebot der Wirtschaftlichkeit im Anwendungsbereich des wohnungseigentumsrechtlichen Modernisierungsbegriffs?

Bevor auf die Frage der Ausgestaltung und Reichweite des Schutzes des einzelnen Eigentümers, der einer Modernisierung gemäß § 22 Absatz 2 Satz 1 WEG beispielsweise aufgrund der drohenden Kosten nicht zustimmen will, eingegangen wird, stellt sich zuvor die Frage, ob in einer solchen Konstellation der einzelne Eigentümer überhaupt des Schutzes bedarf.

(3) Schutzbedürftigkeit?

Im Rahmen der Klärung der Schutzbedürftigkeit des einzelnen Wohnungseigentümers bietet sich zunächst ein erneuter Blick ins Mietrecht an: Das Mietrecht schützt den gegen die Durchführung bestimmter Modernisierungsmaßnahmen bereits aus § 554 Absatz 2 BGB geschützten Mieter darüber hinaus noch durch die ihm gesetzlich eingeräumte Möglichkeit der Kündigung des Mietvertrages gemäß § 561 Absatz 1 BGB aufgrund des ihm zustehenden Sonderkündigungsrechts nach Mieterhöhung.

Eine vergleichbare Möglichkeit hat der einzelne Eigentümer in einer Wohnanlage freilich nicht. Die selbstverständlich bestehende Möglichkeit, das Wohnungseigentum zu veräußern, wird man wertungsmäßig nicht mit der Kündigung eines Mietverhältnisses gleichsetzten können, da im Falle der Veräußerung der tatsächliche und rechtliche Aufwand ungleich höher als der einer Kündigung eines Mietvertrages sein dürfte. Ferner stellen sich die Situationen in der Regel auch wirtschaftlich völlig anders dar; im Falle einer zeitnahen Veräußerung des Wohnungseigentums wird man regelmäßig mit wirtschaftlichen Verlusten zu rechnen haben. Hinzukommen möglicherweise Veräußerungskosten wie die Kosten der Einschaltung eines Maklers oder Rechtsberatungskosten. Es erscheint daher nicht völlig fernliegend, von einer grundsätzlichen Schutzbedürftigkeit des einzelnen Eigentümers auszugehen.

(aa) Gedanke des Minderheitenschutzes

Eine grundsätzlich bestehende Schutzbedürftigkeit ergibt sich in der oben geschilderten Konstellation weiterhin aus dem Gedanken des Minderheitenschutzes. Dieser Gedanke taucht regelmäßig dann auf, wenn das Gesetz Mehrheitsentscheidungen in Personenverbänden erlaubt oder anordnet.[499] In der Regel wird die Minderheit innerhalb eines Personenverbandes deshalb zu einer solchen, weil sie im Rahmen eines Abstimmungsprozesses aus unterschiedlichsten Gründen eine nicht mehrheitsfähige Ansicht vertritt und deshalb von der Mehrheit überstimmt wird.

Nun könnte man annehmen, in den Fällen, in denen das Gesetz Mehrheitsentscheidungen ermöglicht oder anordnet, die Tatsache, dass es zwangsläufig eine von der Mehrheit überstimmte Minderheit geben kann, vom Gesetzgeber gewollt und daher als systemimmanent hinzunehmen sei. Schließlich führt jede Abstimmung dazu, dass einzelne Beteiligte aufgrund ihrer Auffassung in der Minderheit bleiben können. Es liegt zudem auf der Hand, dass – unabhängig von der konkreten gesetzlichen Regelung – Mehrheitsentscheidungen in bestimmten Konstellationen möglich sein müssen, da es andernfalls aufgrund unterschiedlicher Auffassungen und Interessen der einzelnen Stimmberechtigten gegebenenfalls zu keiner Entscheidung kommen würde. Die Folge wäre weitestgehende Handlungsunfähigkeit.

Würde man diesen Gedanken auf § 22 Absatz 2 WEG übertragen, dann könnte man argumentieren, dass der Gesetzgeber für die in der Vorschrift genannten Fälle eine doppelt qualifizierte Mehrheit von ¾ aller stimmberechtigten Wohnungseigentümer (und mehr als der Hälfte aller Miteigentumsanteile) angeordnet hat und diese Entscheidung als solche des Gesetzgebers eben hinzunehmen sei.

Eine solche Sichtweise greift jedoch zu kurz. In nahezu sämtlichen Regelwerken über Personenverbände finden sich Vorschriften, die den Schutz von Minderheiten ermöglichen und gewährleisten sollen. Im BGB kann hier zunächst aus dem Vereinsrecht § 33 genannt werden: Die Vorschrift des § 33 Absatz 1 BGB dient dem Minderheitenschutz vor Mehrheitsentscheidungen.[500]

Generell taucht der Gedanke des Minderheitenschutzes in Personenvereinigungen auch im Gesellschaftsrecht regelmäßig auf.[501] Bei Beschlussfassungen gilt hier regelmäßig das Mehrheitsprinzip, entweder kraft Gesetzes, vgl. § 47 Absatz 1 GmbHG, § 133 AktG, oder auf Grund vertraglicher Vereinbarung, vgl. § 119 Absatz 2 HGB. Damit bestimmt die Mehrheit faktisch über das Schicksal des Unternehmens und somit über das darin gebundene Vermögen auch der Minderheit. Zum Schutz der Minderheit erhöht das Recht bei besonders gravierenden Entscheidungen jedoch die erforderlichen Mehrheiten bis zur Einstimmigkeit, vgl. § 33 Absatz 1 Satz 2 BGB, und begrenzt die Mehrheitsmacht durch Kontroll- und Mitverwaltungsrechte einzelner Gesellschafter oder kleinerer Gesellschaftergruppen.[502]

---

499 Paulus/Zenker, JuS 1, 3.
500 Bamberger/Roth-Schwarz/Schöpflin, § 33 Rn.1.
501 MüKo-Ulmer, § 705 Rn. 251.
502 Paulus/Zenker, JuS 1, 3.

Hiermit vergleichbare – die Minderheit schützende – Regelungen finden sich auch in § 2038 BGB[503] sowie in § 745 BGB.[504] Zusammenfassend lässt sich also festhalten, dass der Gedanke des Minderheitenschutz dem Zivilrecht generell keineswegs fremd ist. Im Gegenteil taucht der Gedanke an vielen Stellen des deutschen Zivilrechts auf, so dass man durchaus von einem allgemeinen Rechtsgedanken sprechen kann.

Nach einhelliger Auffassung ist auch dem WEG der Gedanke des Minderheitenschutzes nicht fremd.[505] Dass sich in einer Wohnungseigentümergemeinschaft als Personenvereinigung gerade bei Abstimmungen und Beschlussfassungen die gleichen Probleme wie bei beispielsweise Gesellschaften auftauchen und auch hier gegebenenfalls ein Bedürfnis nach Begrenzung der Mehrheitsmacht der Gemeinschaft durch beispielsweise Kontroll- und Mitverwaltungsrechte auftaucht dürfte auf der Hand liegen.

Aus diesem Grunde sind bestimmte Vorschriften des WEG nicht abdingbar, auch um einen hinreichenden Schutz der Minderheit zu gewährleisten. Gesetzliche Ausprägungen hiervon finden sich beispielsweise in § 23[506] und § 24 WEG.[507]

Nach alledem kann festgehalten werden, dass der Gedanke des Minderheitenschutzes als allgemeiner Rechtsgedanke des Zivilrechts innerhalb des WEG generell anwendbar ist und damit in der hier untersuchten Konstellation generell beachtlich sein kein.

(bb) Konkrete Schutzbedürftigkeit aus Wertungsgesichtspunkten

Der Gesetzgeber[508] ging ausweislich der Gesetzesbegründung zu § 22 Absatz 2 WEG davon aus, dass die Mehrheit der Eigentümergemeinschaft keine Maßnahmen in Form von besonders kostenintensiver Technik beschließen werde, wenn kein entsprechender Nutzen vorlege. Diese Sichtweise mag sicherlich der einer rational denkenden Person entsprechen. Das bedeutet aber noch lange nicht, dass die Mehrheit aller Wohnungseigentümergemeinschaften tatsächlich ihre Entscheidungen ausschließlich rational und an Kostengesichtspunkten orientiert trifft. Gerade weil Menschen teilweise (und nicht eben selten) irrationale Entscheidungen treffen und der Gesetzgeber dies ganz offensichtliche nicht hinreichend berücksichtigt hat, ist in diesem Kontext sogar von einer besonderen Schutzbedürftigkeit des einzelnen Eigentümers auszugehen. Dies mag bei rein gewerblich genutzten und auf Wirtschaftlichkeit und Rendite ausgelegten Wohnungseigentumsgemeinschaften anders sein, da in derartigen Gemeinschafen die Entscheidungen und Abstimmungen in der Tendenz eher unter rationalen Gesichtspunkten getroffen werden dürften. Derartige Gemeinschaften sollen aber nicht Gegenstand dieser Untersuchung sein.

---

503 MüKo-Heldrich, § 2038 Rn. 35.
504 MüKo-Schmidt, § 745 Rn. 22.
505 BGH, JuS 2001, 189, 190; FGPrax 2001, 14, 15: Anmerkung Belz zu BGH, Beschluss vom 20. 9. 2000:V ZB 58/99; BayObLG, DNotZ 1989, 428, 429; BayObLG, NJW 1973, 151, 152; AG Hildesheim, NJW 1986, 64, 65.
506 Bamberger/Roth-Hügel, § 23 WEG Rn.1; Palandt-Bassenge, § 23 WEG Rn. 7.
507 MüKo-Engelhard, § 24 WEG Rn. 1; Bärmann/Pick, § 24 Rn. 2.
508 BT-Drucksache 16/887 S. 30 (linke Spalte).

Die Kosten einer Maßnahme stellen nach Auffassung des Gesetzgebers[509] nur ganz ausnahmsweise eine erhebliche Beeinträchtigung dar, nämlich dann, wenn sie das Maß der Aufwendungen übersteigen, die dazu dienen, das gemeinschaftliche Eigentum in einen Zustand zu versetzen, wie er allgemein üblich ist. Im Einzelfall könne sich eine erhebliche Beeinträchtigung dann ergeben, wenn ein Eigentümer wegen Kosten der Modernisierungsmaßnahmen gezwungen würde, sein Wohnungseigentum zu veräußern. Unabhängig davon, ob dieser Sichtweise des Gesetzgebers zuzustimmen ist,[510] zeigt sich hier, dass schon aufgrund der drohenden und vor allem ganz erheblichen, durch Modernisierungsmaßnahmen bedingten, Kostentragungslast dem einzelnen Eigentümer ein zumindest gewisser Schutz keinesfalls abzusprechen sein kann. Dies gilt umso mehr, als dass durch immer neuere Technik und sich ständig verändernde Standards auch die Kosten für Modernisierungsmaßnahmen sicherlich nicht sinken, sondern tendenziell eher steigen dürften.

Folglich ist von einer grundsätzlichen Schutzbedürftigkeit des einzelnen Eigentümers aus den eben dargestellten Wertungen auszugehen. Dagegen spricht auch nicht eine durch die Durchführung der Modernisierungsmaßnahmen für den Eigentümer bedingte Werterhöhung.[511] Es ist bereits fraglich, ob eine solche Werterhöhung in allen Fällen überhaupt messbar ist. Jedenfalls in der Vielzahl gerade kleinerer Modernisierungsmaßnahmen des Gemeinschaftseigentums dürfte die Werterhöhung der einzelnen Wohnung wirtschaftlich kaum messbar sein. Wie soll eine Werterhöhung einer einzelnen Wohnung bemessen werden, wenn beispielsweise[512] im Garten der Wohnanlage ein kleinerer Fahrradständer aufgestellt wird?

Am Rande sei auf den innerhalb des Zivilrechts geltenden Grundsatz hingewiesen, dass sich der Betroffene nicht auf einen Wertzuwachs (der möglicherweise im Rahmen einiger Bewertungsverfahren von Immobilien bzw. des Wohnungseigentums ohnehin nicht berücksichtigt würde) verweisen lassen muss, an dem er – subjektiv – kein Interesse hat (typisches Beispiel hierfür ist die sogenannte aufgedrängte Bereicherung).[513]

Festzuhalten ist zunächst, dass – gestützt auch auf den Gedanken des Minderheitenschutzes – der einzelne Wohnungseigentümer hinreichend vor unwirtschaftlichen Modernisierungsmaßnahmen, die von der Gemeinschaft mehrheitlich beschlossen werden, geschützt werden muss. Es stellt sich nun die Frage, wie konkret dieser Schutz in der hier untersuchten Konstellation ausgestaltet sein könnte. Anders gefragt: Gibt es – am Gesetz festzumachende – Anhaltspunkte dafür, dass auch in diesem Bereich das Gebot der Wirtschaftlichkeit anwendbar sein müsste?

---

509 BT-Drucksache, 16/887 S.31(linke Spalte).
510 Darauf wird im Folgenden noch einzugehen sein.
511 Vgl. Häublein, ZMR 2007, 409, 420.
512 Weitere Beispiele siehe oben unter D. III. 2. d.
513 Vgl. Palandt-Bassenge, § 951 Rn. 18 m.w.N.

(4) Denkbare Lösungswege

Die Ausgestaltung des Schutzes des Wohnungseigentümers vor unwirtschaftlichen Modernisierungsmaßnahmen, gestützt auf § 22 Absatz 2 WEG, ist unterschiedlich denkbar.

– Grundsätzlich möglich erscheint zunächst, im Anwendungsbereich des wohnungseigentumsrechtlichen Modernisierungsbegriffs, ungeachtet der Rechtsprechung des BGH zu § 559 Absatz 1 BGB, zu fordern, dass eine bauliche Maßnahme generell dem Gebot der Wirtschaftlichkeit zu entsprechen habe. Die Begründung für eine derartige Vorgehensweise ließe sich zwar nicht aus dem wohnungseigentumsrechtlichen Modernisierungsbegriff als solchem herleiten. Man könnte jedoch in „unwirtschaftlichen" baulichen Maßnahmen eine unbillige Beeinträchtigung gemäß § 22 Absatz 2 Satz 1 WEG sehen.[514] Gegen diese Sichtweise spricht jedoch die Tatsache, dass der Gesetzgeber die Kosten einer Maßnahme ausdrücklich nur in seltenen Ausnahmefällen als Beeinträchtigung im Sinne der Vorschrift einordnen will.[515] Soweit die Auffassung des Gesetzgebers als zutreffend vorausgesetzt wird (hierzu unten unter D. III. 4. b. (bb) (5)), kommt dieser Ansatz nicht in Betracht.

– Ein weiterer, denkbarer Ansatzpunkt und Anknüpfungspunkt für die Geltung des Wirtschaftlichkeitsgebots ließe sich aus der Kasuistik zu den modernisierenden Instandsetzungen herleiten. Innerhalb dieser Maßnahmen gemäß § 22 Absatz 3 WEG i.V.m. § 21 Absatz 5 Nr. 2 WEG ist grundsätzlich anerkannt, dass die Wohnungseigentümer als modernisierende Instandsetzung eine veraltete Anlage durch eine technisch bessere Anlage ersetzen lassen können, wenn dies wirtschaftlich sinnvoll ist. Hierfür ist eine Kosten-Nutzen-Analyse aufzustellen.[516] Als Maßstab wird auf einen vernünftigen, wirtschaftlich denkenden und gegenüber erprobten Neuerungen aufgeschlossenen Wohnungseigentümer abgestellt.[517] Im Rahmen der modernisierenden Instandsetzungen finden also eingehende Prüfungen mit der Fragestellung statt, ob die in Rede stehende Maßnahme wirtschaftlich sinnvoll ist. Gegen die Übertragung dieses Gedankens auf den wohnungseigentumsrechtlichen Modernisierungsbegriff spricht jedoch Folgendes:

> Die modernisierende Instandsetzung enthält zwar zweifellos ein Element der Modernisierung. Der dogmatische Anknüpfungspunkt für die Wirtschaftlichkeitserwägungen bei modernisierenden Instandsetzungen ist aber nicht ohne weiteres auf den wohnungseigentumsrechtlichen Modernisierungsbegriff übertragbar. Die Wirtschaftlichkeitserwägungen bei der modernisierenden Instandsetzung lassen sich nämlich aus § 21 Absatz 5 WEG herleiten, da aufgrund der Verweisung des § 22 Absatz 3 WEG die modernisierende Instandsetzung (im Sinne des § 21 Absatz 5 Nr. 2 WEG) solche der *ordnungsgemäßen Verwal-*

---

514 In diesem Sinne: Abramenko, § 4 Rn. 49.
515 BT-Drucksache 16/887 S. 31 (linke Spalte).
516 Bub, ZWE 2008, 205, 207; Köhler, § 22 Rn. 401.
517 BayOblG, ZMR 2004, 442, 442.

tung sind. Im Rahmen der Prüfung der Ordnungsgemäßheit der Verwaltung oder entsprechenden Maßnahme finden Wirtschaftlichkeitserwägungen durchaus statt.[518] Das folgt bereits aus dem Begriff *ordnungsgemäß*. Modernisierungen gemäß § 22 Absatz 2 Satz 1 WEG sind aber gerade keine Maßnahmen der ordnungsgemäßen Verwaltung sondern durch die Neufassung des § 22 Absatz 2 WEG eher als Maßnahme eigener Art einzuordnen. Die Auseinandersetzung mit der Frage, ob eine Maßnahme wirtschaftlich sinnvoll ist als Grundidee lässt sich also – aufgrund der Verschiedenheit der Maßnahmen nach § 22 Absatz 2 Satz 1 WEG einerseits und den Maßnahmen der ordnungsgemäßen Verwaltung andererseits nicht von ersterer auf letztere übertragen.

– Im Anwendungsbereich des Wohnungseigentumsrechts stellt ferner die Ordnungsgemäßheit der Verwaltung eine allgemeine Rechtmäßigkeitsschranke[519] dar. In der hier zu untersuchenden Konstellation wäre ein Rückgriff auf eine möglicherweise anzuzweifelnde Ordnungsgemäßheit jedoch schon deshalb problematisch, da bereits die Begrifflichkeit der ordnungsgemäßen Verwaltung eher vage und letztlich unbestimmt ist und daher kaum geeignet noch hinreichend erscheint, dem Gebot der Wirtschaftlichkeit so Geltung zu verschaffen. Ein Rückgriff auf die Ordnungsgemäßheit als allgemeine Rechtmäßigkeitsschranke erscheint daher kaum zielführend.

Ein überzeugender rechtlicher und/oder dogmatischer Anknüpfungspunkt für die Berücksichtigung des Wirtschaftlichkeitsgebotes ist also zumindest nicht ohne weiteres feststellbar. Man könnte daraus nun Konsequenz ziehen, dass innerhalb des wohnungseigentumsrechtlichen Modernisierungsbegriffs – analog zum mietrechtlichen Modernisierungsbegriff – das Gebot der Wirtschaftlichkeit eben nicht zu berücksichtigen ist. Wenn man also für den wohnungseigentumsrechtlichen Modernisierungsbegriff die Auffassung vertreten will, eine bauliche Maßnahme oder Veränderung zur *nachhaltigen Einsparung von Energie oder Wasser* müsse nicht dem (mietrechtlichen) Gebot der Wirtschaftlichkeit entsprechen,[520] so stellt sich konsequenterweise die Frage nach einem – dem Schutz des Mieters aus § 554 Absatz 2 BGB entsprechenden und damit gleichwertigen – Schutz des einzelnen von der (qualifizierten) Mehrheit überstimmten Eigentümers innerhalb der Eigentümergemeinschaft. Hier sind unterschiedliche Wege denkbar.

– Eine Analogie des § 554 Absatz 2 BGB im Anwendungsbereich des wohnungseigentumsrechtlichen Modernisierungsbegriffs zu fordern erscheint schwer vertretbar. Zwar kann die Interessanlage aufgrund der jeweiligen Schutzbedürftigkeit sowohl des Mieters als auch des Eigentümers als noch vergleichbar betrachtet werden. Die Gesetzesbegründung – wenngleich diese teilweise inhaltlich nicht überzeugt – lässt indes kaum Raum für eine planwidrige Regelungslücke. Daher fehlt es an einer Grundvoraussetzung für eine analoge Anwendung des § 554 Absatz 2 BGB im hier in Rede stehenden Bereich des WEG.

---

518 Palandt-Bassenge, § 21 WEG Rn. 8.
519 Vgl. Häublein, NZM 2007, 752, 757, dort Fn. 45.
520 So ausdrücklich Bärmann-Merle, § 22 Rn. 333; Bub, ZWE 2008, 205, 209.

– Möglicherweise besteht jedoch ohnehin ein dem mietrechtlichen Gebot der Wirtschaftlichkeit vergleichbarer Schutz vor „unwirtschaftlichen" Modernisierungsmaßnahmen innerhalb des Anwendungsbereiches des WEG. Ein solcher Schutz könnte sich unmittelbar aus der Gemeinschaft als solcher ergeben. Die Gemeinschaft der Wohnungseigentümer als Verband sui generis[521] begründet gleichzeitig ein gesetzliches Schuldverhältnis mit Treue und Rücksichtnahmepflichten[522] der Wohnungseigentümer untereinander. Diese Pflichten beispielsweise der überstimmenden Mehrheit reichen aber sicherlich nicht so weit, dem einzelnen Eigentümer nun quasi „über die Hintertür" einen dem § 554 Absatz 2 BGB vergleichbaren Schutz einzuräumen.

– Möglicherweise ergibt sich aber aus § 21 WEG ein Anhaltspunkt dafür, dass bauliche Maßnahmen oder Veränderungen des Gemeinschaftseigentums zur nachhaltigen Einsparung von Wasser oder Energie wirtschaftlich sein müssen. Gemäß § 21 Absatz 4 WEG kann jeder Wohnungseigentümer eine Verwaltung verlangen, die den Vereinbarungen und Beschlüssen und, soweit solche nicht bestehen, dem Interesse der Gesamtheit der Wohnungseigentümer nach billigem Ermessen entspricht. Diese Vorschrift in Form einer Generalklausel enthält einen Individualanspruch jedes einzelnen Wohnungseigentümers gegen andere Wohnungseigentümer.[523] Dieser Anspruch ist auf eine Verwaltung nach billigem Ermessen gerichtet, wobei billiges Ermessen der ordnungsgemäßen Verwaltung, § 21 Absatz 3 WEG, entspricht.

Man wird aber aufgrund des insofern eindeutigen Wortlautes von § 22 Absatz 2 WEG, der der qualifizierten Mehrheit der Wohnungseigentümer eine Beschlusskompetenz zuweist, nun nicht verlangen können, dass diese Beschlusskompetenz über § 21 Absatz 4, gerichtet auf eine Verwaltung nach billigem Ermessen und/oder eine ordnungsgemäße Verwaltung, wieder derart eingeschränkt wird, dass die beschlossene Maßnahme dem (mietrechtlichen) Gebot der Wirtschaftlichkeit entsprechen müsse. Zwar ist für die Beurteilung der Frage, ob eine Maßnahme billigem Ermessen entspricht, mit andern Worten also, ob es sich um eine Maßnahme ordnungsgemäßer Verwaltung handelt, auf die Sicht eines vernünftig und wirtschaftlich denkenden Beurteilers abzustellen. Auch muss Maßnahme dem Interesse aller Wohnungseigentümer und nicht nur dem einzelnen dienen.[524] Die Wohnungseigentümer haben jedoch einen Ermessensspielraum, sodass insbesondere die Annahme einer bestimmten Prozentgrenze zur Bemessung und Beurteilung der Wirtschaftlichkeit oder Amortisation einer baulichen Maßnahme zur Einsparung von Energie oder Wasser im Sinne des wohnungseigentumsrechtlichen Modernisierungsbegriffs jedenfalls im Regelfall nicht anzunehmen sein dürfte. § 21 Absatz 3 und 4 WEG sind somit nicht allgemein geeignet, dem einzelnen Eigentümer ein dem mietrecht-

---

521 Palandt-Bassenge, Einleitung zum WEG Rn. 5.
522 BGH, NJW 2007, 292, 293.
523 Bärmann/Pick, § 21 Rn. 36.
524 Palandt-Bassenge, § 21 WEG Rn. 4.

lichen Gebot der Wirtschaftlichkeit vergleichbares Instrumentarium an die Hand zu geben.

Es stellt sich daher umso mehr die Frage nach dem Schutz des einzelnen Eigentümers vor ungewollten baulichen Maßnahmen im Sinne des wohnungseigentumsrechtlichen Modernisierungsbegriffs.

Möglicherweise enthält die Vorschrift des § 22 Absatz 2 Satz 1 WEG selbst einen hinreichenden Schutz zugunsten des einzelnen, sich in der Minderheit befindenden Eigentümers. Nach § 22 Absatz 2 Satz 1 WEG können nur solche baulichen Veränderungen oder baulichen Maßnahmen mit qualifizierter Dreiviertelmehrheit beschlossen werden, die (…) *keinen Wohnungseigentümer gegenüber anderen unbillig beeinträchtigen.*

Die Beeinträchtigung muss also im Vergleich zu den anderen Miteigentümern unbillig sein. Nach der Gesetzesbegründung hängt dies stets von den Umständen des Einzelfalls ab.[525] Das Abstellen auf „erheblich" verdeutliche auch, dass Umstände, die zwangsläufig mit Modernisierungen verbunden sind, für sich alleine nicht ausreichen, eine Beeinträchtigung zu bejahen, so etwas die nach einer technischen Anpassung erhöhte Wartungs- oder Reparaturanfälligkeit oder die Kompliziertheit einer neuen technischen Anlage.[526] Problematisch erscheint aber, dass die Beeinträchtigung nicht *gegenüber anderen* stattfinden darf. Das Gesetz stellt also auf einen Vergleich der Eigentümer ab. Wenn man mit der Gesetzesbegründung davon ausgeht, dass die Kosten der Maßnahme nur ganz ausnahmsweise eine Beeinträchtigung darstellen können, dann geht der Gedanke des Schutzes des einzelnen Eigentümers vor unwirtschaftlichen Maßnahmen bzw. Beschlüssen der Gemeinschaft der Wohnungseigentümer über unwirtschaftliche Modernisierungsmaßnahmen hier ins Leere.

§ 554 BGB hingegen stellt auf eine Maßnahme ab, die für den Mieter, seine Familie oder einen Angehörigen seines Haushaltes eine *Härte bedeuten würde, die auch unter Würdigung der berechtigten Interessen des Vermieters und anderer Mieter in dem Gebäude nicht zu rechtfertigen ist.* Durch die Aufzählung der *insbesondere* zu berücksichtigenden Aspekte in § 554 Absatz 2 Satz 2 BGB, der sich aus Absatz 2 Satz 2 und 3 ergebenden Interessenabwägung und der durch Absatz 2 Satz 4 angeordneten zwingenden Abwägungsregel[527] – im Zusammenspiel der Möglichkeit des Sonderkündigungsrechts aus § 561 BGB – lässt sich kaum ein anderer Schluss ziehen als der, dass der Mieter umfassender und wesentlich besser geschützt ist als der sich in einer ähnlichen Situation befindende Eigentümer.

Gerade unter Berücksichtigung tatsächlichen und rechtlichen Bedeutung der Wohnraummiete und der „Verdinglichung" der Miete einerseits und dem Schutz des Eigentums aus Artikel 14 GG andererseits fällt es jedoch schwer, hinzunehmen, dass der Mieter in dieser Situation signifikant besser geschützt sein soll als der sich in einer ähnlichen und vergleichbaren Situation befindenden Eigentümer.

---

525 BT-Drucksache 16/887, S. 30 (rechte Spalte).
526 BT-Drucksache 16/887, S. 31 (linke Spalte).
527 Palandt-Weidenkaff, § 554 Rn. 23.

(5) Lösungsvorschlag

Sämtliche bislang angestellten Überlegungen zur Lösung des Problems hin zu einem zumindest hinreichenden Schutz des Eigentümers vor unwirtschaftlichen und daher ungewollten Modernisierungsmaßnahmen zur *nachhaltigen Einsparung von Energie oder Wasser* gingen von der Richtigkeit der Gesetzesbegründung[528] unter dem Gesichtspunkt aus, dass die Kosten einer Modernisierungsmaßnahme ausdrücklich nur in seltenen Ausnahmefällen als Beeinträchtigung im Sinne der Vorschrift des § 22 Absatz 2 WEG einordnen seien. Näher betrachtet wird jedoch deutlich, dass diese Aussage so nicht stimmen kann.

Nach Auffassung des Gesetzgebers sind die Kosten nur dann als *unbillige Beeinträchtigung* im Sinne des § 22 Absatz 2 WEG anzusehen, wenn sie das Maß der Aufwendungen übersteigen, die dazu dienen, das gemeinschaftliche Eigentum in den Stand zu versetzen, wie er allgemein üblich ist, etwa zur Energieeinsparung oder zur Schadstoffminderung. Mit solchen Maßnahmen müsse jeder Wohnungseigentümer rechnen und erforderlichenfalls entsprechende private Rücklagen bilden, um sie zu finanzieren. Im Einzelfall könne sich eine erhebliche (bzw. unbillige) Beeinträchtigung dann ergeben, wenn ein Wohnungseigentümer wegen der Kosten von Modernisierungsmaßnahmen gezwungen werden würde, sein Wohnungseigentum zu veräußern.

Der Gesetzgeber legt hier Maßstäbe zugrunde, die schlichtweg zu hoch angesetzt wurden:

Zum einen ist bereits die Aussage nicht zutreffend, dass mit "solchen Maßnehmen jeder Wohnungseigentümer rechnen" müsse.[529] Diese Aussage ist sicherlich für Maßnahmen der Instandhaltung/Instandsetzung zutreffend, nicht jedoch für reine Modernisierungsmaßnahmen. In erster Linie maßgeblich für die Frage, womit jeder Wohnungseigentümer rechnen muss, ist schlichtweg der Inhalt der Teilungserklärung. Auf die Teilungserklärung muss der Eigentümer auch vertrauen dürfen, auch, weil die Teilungserklärung in das Grundbuch eingetragen wird. Dies wurde bereits unter D. III. 2. bb. dargelegt.

Zum anderen kann eine erhebliche/unbillige Beeinträchtigung durch die Kosten bereits dann vorliegen, wenn und soweit der einzelne Wohnungseigentümer noch nicht dazu gezwungen ist, sein Wohnungseigentum zu veräußern. Ein derartig hoch angesetzter Maßstab, wie ihn die Gesetzesbegründung anlegt, der dazu führt, die Opfergrenze erst bei einer drohenden Veräußerung des Eigentums zu ziehen, ist kaum mit der von Artikel 14 GG geschützten Eigentumsfreiheit vereinbar[530] und daher zweifellos zu hoch angesetzt.[531]

Wenn der Argumentation des Gesetzgebers nun aber die Grundlage entzogen ist, dann spricht letztlich doch nichts dagegen, die Kosten der Maßnahme – ausdrücklich im Widerspruch und damit abweichend von der Gesetzesbegründung – dann als eine

---

528 BT-Drucksache 16/887 S. 31 (linke Spalte).
529 Ebenso: Bub, ZWE 2008, 205, 211.
530 Bub, ZWE 2008, 205, 211; Ermann-Grziwotz, § 22 WEG Rn. 7; wohl ebenso: Köhler, § 22 Rn. 409 sowie: Demharter, NZM 2006, 489, 493.
531 Abramenko, § 4 Rn. 49.

unbillige Beeinträchtigung gemäß § 22 Absatz 2 Satz 1 WEG sehen, soweit die Maßnahme unwirtschaftlich ist. Sinnvollerweise könnte zur Bestimmung der Unwirtschaftlichkeit auf die von der Rechtsprechung zum mietrechtlichen Modernisierungsbegriff entwickelte 200 % Grenze abgestellt werden.

Praktisch könnte dann bei vom wohnungseigentumsrechtlichen Modernisierungsbegriff erfassten baulichen Maßnahmen auf eine langfristige Rentabilitätsprognose von etwa 10 Jahren abgestellt werden.[532] Zusätzlich könnte eine konkrete und sorgfältige Kosten-Nutzen-Analyse erfolgen, bei der insbesondere zu berücksichtigen sein sollte:[533]

- Der Zustand und Standard der Wohnanlage;
- Die Lebensdauer der Maßnahme;
- Amortisation der Kosten;
- Anschaffungskosten und Montagekosten;
- Zukünftige Kostenersparnisse;
- Steuervorteile und Subventionen durch beispielsweise öffentliche Fördermittel;
- Bei einem Amortisationszeitraum von mehr als 10 Jahren spricht eine widerlegbare Vermutung dafür, dass die Maßnahme nicht wirtschaftlich ist.

Das in diesem Zusammenhang teilweise angeführte Kriterium der Werterhöhung des Eigentums[534] durch die Modernisierungsmaßnahme eignet sich schon deshalb nicht, weil die Werterhöhung für den einzelnen Eigentümer oftmals kaum messbar sein dürfte (siehe hierzu auch oben unter D. III. 4. b. bb. (3) (bb)). Ferner wäre offen, ob die Werterhöhung lediglich objektiv zu bestimmen wäre, oder ob auch subjektive Elemente einfließen könnten.

Bei unverhältnismäßig teuren Modernisierungsmaßnahmen an der Grenze zu Luxusmodernisierungen besteht für den einzelnen Eigentümer zusätzlich die Möglichkeit, die Maßnahme unter Hinweis auf eine Änderung der Eigenart der Anlage anzugreifen.[535]

Gegen ein solches Vorgehen spricht im Übrigen auch nicht die Rechtsprechung des BGH zur Ablehnung des Gebots der Wirtschaftlichkeit innerhalb des mietrechtlichen Modernisierungsbegriffs, da der vom BGH betonte Schutz des Mieters aus § 554 Absatz 2 BGB innerhalb des wohnungseigentumsrechtlichen Modernisierungsbegriffs ja gerade keine Entsprechung hat, der Eigentümer also – anders als in der vom BGH seinem Urteil zugrunde gelegten Situation, eben nicht über einen ohnehin bestehenden gesetzlich normierten Schutz verfügt.

---

532 In diesem Sinne: Häublein, ZMR 2007, 409, 421; Bärmann-Merle, § 22 Rn. 341; ähnlich: Abramenko: § 4 Rn. 49; Vgl. auch Köhler, § 22 Rn. 401; unzutreffend:LG München I, WuM 2009, 424, 425, 426.
533 Vgl. Köhler: § 22 Rn. 401.
534 Häublein, ZMR 2007, 409, 421; wohl ähnlich: Abramenko: § 4 Rn. 49.
535 Abramenko, § 4 Rn. 49.

(6) Zwischenergebnis

Die Kosten der baulichen Maßnahme sind – abweichend von der Gesetzesbegründung zu § 22 Absatz 2 WEG – innerhalb des Merkmals der *unbilligen Beeinträchtigung* zu berücksichtigen.

cc) Einsparung von Primärenergie ausreichend?

Auch im Anwendungsbereich des WEG stellt sich die Frage, ob der wohnungseigentumsrechtliche Modernisierungsbegriff in der Variante *Einsparung von Energie* auch die Einsparung von Primärenergie erfasst.

Der unter dem Stichwort „Einsparung von Primärenergie" innerhalb des mietrechtlichen Modernisierungsbegriffs geführte Streit (siehe hierzu auch unter B. II. 5.) lässt sich inhaltlich auf den wohnungseigentumsrechtlichen Modernisierungsbegriff übertragen. Die Argumentation der Vertreter der Theorie der Endenergieeinsparung und die der Vertreter der Theorie der Primärenergieeinsparung lässt sich trotz ihrer jeweiligen mietrechtlichen Anknüpfung weitestgehend von der mietrechtlichen Situation auf die des Wohnungseigentumsrechts übertragen. Erhebliche Abweichungen in der Beurteilung der Argumentation ergeben sich nicht.

Unabhängig von den den beiden Theorien zugrundeliegenden Argumentationen könnte für den wohnungseigentumsrechtlichen Modernisierungsbegriff eine andere Sichtweise geboten sein. Möglicherweise unterfällt hier die Einsparung von Primärenergie aus einem anderen Grunde dem Modernisierungsbegriff. Dafür könnte ein Argument aus der Verfassung herangezogen werden, welches im Mietrecht jedenfalls aus Mieterperspektive keine erhebliche Rolle spielen dürfte. Gemäß Artikel 14 Absatz 2 Satz 2 GG soll der Gebrauch des Eigentums zugleich der Allgemeinheit dienen, sogenannte Sozialklausel. Ob daraus eine Grundpflicht für den Eigentümer abzulesen ist mit der Folge einer konkreten Anweisung an den einzelnen Eigentümer, oder lediglich ein ethischer Appell an den Eigentümer[536] kann an dieser Stelle offen bleiben. Denn die Sozialbindung des Eigentums ist hier im Zusammenhang mit der Staatszielbestimmung in Artikel 20 a GG zusehen. Diese umfasst Energiereserven, insbesondere in Form von fossilen Brennstoffen, als zu schützende natürliche Lebensgrundlagen. Man könnte daher annehmen, schon aus der Verfassung und besonders aus der in Artikel 20 a GG normierten Staatszielbestimmung ergibt sich eine vorgegebene Auslegungsrichtung der zivilrechtlichen Vorschriften. Dann könnte auch der wohnungseigentumsrechtliche Modernisierungsbegriff so auszulegen sein, dass die Einsparung von Primärenergie dem Begriff unterfällt.

Hiergegen lässt sich anführen, dass die in Artikel 20 a GG normierte Staatszielbestimmung hauptsächlich bei der Auslegung unbestimmter Rechtsbegriffe, bei Ermessensausübung und ähnlichen Abwägungsvorgängen verpflichten sind, die Belange des

---

536 Epping/Hillgruber, Artikel 14 Rn. 25.

Umwelt- und Tierschutzes angemessen zu berücksichtigen.[537] Wenn nun aber § 22 Absatz 2 Satz 1 WEG auf den mietrechtlichen Modernisierungsbegriff verweist, welcher in § 559 Absatz 1 BGB legaldefiniert ist, so kann man den Modernisierungsbegriff allgemein schwerlich als unbestimmten Rechtsbegriff[538] im "klassischen Sinne" bezeichnen. Hiergegen spricht bereits, dass es beim Modernisierungsbegriff an der sogenannten Wertausfüllungsbedürftigkeit fehlt, die jedoch – neben anderen Merkmalen – ein Charakteristikum eines unbestimmten Rechtsbegriffs ist.

Auch liegen dem Modernisierungsbegriff (sowohl dem mietrechtlichen, als auch dem des Wohnungseigentumsrechts) keine Ermessens- oder Abwägungsvorgänge zugrunde.

Daher ist auch unter Berücksichtigung des Artikels 20 a GG keine andere Sichtweise geboten. Auch im Anwendungsbereich des wohnungseigentumsrechtlichen Modernisierungsbegriffs stellt – nach hier vertretener Ansicht – die Einsparung von lediglich Primärenergie keine Energiesparende Maßnahme dar.[539]

c) Nachhaltigkeit

Die Energie- und Wassereinsparung muss weiterhin nachhaltig sein. Nach der Rechtsprechung des BGH[540] und weiten Teilen der Literatur[541] ist eine Einsparung bereits dann nachhaltig, wenn überhaupt eine messbare Einsparung zum Beispiel an Energie erzielt wird und diese dauerhaft ist. Die Feststellung einer bestimmten Mindestenergieeinsparung ist nicht erforderlich. Nachhaltigkeit ist bereits dann anzunehmen, wenn die Einsparung nicht nur vorübergehend besteht.[542] Maßstab für die Feststellung der Nachhaltigkeit der Einsparung ist im Übrigen der bisherige Verbrauch und nicht eine gegebenenfalls mit der Maßnahme verbundene Kostenersparnis. Diese Sichtweise dürfte auch für den wohnungseigentumsrechtlichen Modernisierungsbegriff zutreffend sein. Weder Inhalt noch Systematik des Wohnungseigentumsgesetzes geben Anhaltspunkte von einer hiervon abweichenden Beurteilung.

d) Ökologisch sinnvolle Maßnahmen/erneuerbare Energien

In der Literatur zum mietrechtlichen Modernisierungsbegriff wird unter den Stichworten „ökologisch sinnvolle Maßnahmen" und „erneuerbare Energien" diskutiert, ob bestimmte bauliche Maßnahmen, die aus ökologischer Sicht sinnvoll erscheinen da durch sie erneuerbare Energien für die Mietsache nutzbar gemacht werden, dem Mo-

537 Epping/Hillgruber, Artikel 20 a, Rn. 31.
538 Zum Begriff: Nastelski, GRUR 1968, 545, 545.
539 Im Ergebnis ebenso: Bub, ZWE 2008, 205, 209; Bärmann-Merle, § 22 Rn. 334.
540 BGH, NJW 2002, 2036, 2037; bestätigt durch BGH NJW 2004, 1738, 1739.
541 Staudinger-Emmerich, § 559 Rn. 33; Schmidt-Futterer-Börstinghaus, § 559 Rn. 71; Palandt-Weidenkaff, § 559 Rn. 11; vgl. auch Eisenschmid, WuM 2006, 119, 122.
542 BGH, NJW 2002, 236, 237.

dernisierungsbegriff im Sinne des § 559 Absatz 1 in seiner 3. Variante unterfallen. Diskutiert werden in diesem Kontext der nachträgliche Einbau von Sonnenkollektoren oder Photovoltaikanlagen zur Nutzung der Solarenergie oder Windkraftanlagen zur Nutzung der Windenergie.[543]

Nach wohl überwiegend vertretener Auffassung[544] unterfallen diese schlicht ökologisch sinnvolle Maßnahmen nicht der dritten Variante des Modernisierungsbegriffs des § 559 Absatz 1 BGB (Einsparung von Energie). Dies wird regelmäßig mit dem eindeutigen Wortlaut der Vorschrift begründet. (Warum die schlicht ökologisch sinnvollen Maßnahmen von einigen Autoren[545] anders behandelt werden als andere Maßnahmen zur Einsparung von Primärenergie wie der oben dargestellte Umstellung von Gasetagenheizung auf Fernwärme leuchtet indes nicht recht ein)

Die Situation im Anwendungsbereich des wohnungseigentumsrechtlichen Modernisierungsbegriffs ist vergleichbar mit der im Mietrecht. Auch bei den oben genannten baulichen Maßnahmen handelt sich lediglich um die Umstellung der Energieversorgung auf eine ökologisch vorteilhaftere Energiequelle. Eine Einsparung liegt somit gerade nicht vor. Wenn in der Kommentarliteratur[546] zum Wohnungseigentumsrecht bisweilen derartige Maßnahmen wie beispielsweise der Einbau von Sonnenkollektoren[547] in der Regel ohne jegliche Begründung unter den Modernisierungsbegriff gefasst werden, so kann dem nicht gefolgt werden.

Im Einzelfall kann im Falle von derartigen ökologisch sinnvollen Maßnahmen freilich eine nachhaltige Erhöhung des Gebrauchswertes der Mietsache im Sinne der zweiten Variante des Modernisierungsbegriffs vorliegen, sodass sich das Problem der unter dem Schlagwort der „ökologisch sinnvolle Maßnahmen" diskutierten Maßnahmen nicht in allen Fällen stellen muss.

5. Beispiele für Maßnahmen zur Einsparung von Energie oder Wasser

Als Beispiele für Modernisierungsmaßnahmen zur Einsparung von Energie können der Einbau von Zeitschaltern für die Beleuchtung von gemeinschaftlichen Räumen und Flächen[548] und die Installation von mit Bewegungsmeldern versehenen Außenlampen genannt werden (allerdings dürften letztere gleichzeitig eine Maßnahme der Erhöhung des Gebrauchswertes darstellen). Als Beispiel für eine Maßnahme zur Einsparung von Wasser kann der Einbau einer wassersparenden Armatur in einem Waschbecken einer gemeinschaftlich genutzten Waschküche genannt werden.

543 Weitere Beispiele bei Schmidt-Futterer-Eisenschmid, § 554 Rn. 146-152.
544 Staudinger-Emmerich, § 559 Rn. 32 a; Sternel, NZM 2001, 1058, 1965; MüKo-Artz, § 559 Rn. 19; Schmidt-Futterer-Börstinghaus, § 559 Rn. 77; Eisenschmid, WuM 2006, 119, 120 ff.; wohl ebenso: Bamberger/Roth-Ehlert, § 559 Rn. 28 a; AG Starnberg NZM 2000, 821, 822.
545 Beispielsweise Staudinger-Emmerich, § 554 Rn. 19./. § 559 Rn. 32 a.
546 Niedenführ/Kümmel/Vandenhouten-Niedenführ, § 22 Rn. 154 mit Hinweis auf die Einsparung von Primärenergie; Köhler, § 22 Rn. 374: Einbau einer Solaranlage zur Warmwasserversorgung, Anwendung von § 22 Absatz 2 WEG zukünftig denkbar.
547 Palandt-Bassenge, § 22 WEG Rn. 15, Erman-Grziwotz, § 22 WEG Rn.6.
548 Bub, ZWE 2008, 205, 209.

6. Schlussfolgerungen

Die Maßnahmen zur nachhaltigen Einsparung von Energie oder Wasser sind als Bestandteil des wohnungseigentumsrechtlichen Modernisierungsbegriffs in vielerlei Hinsicht problematisch. Ein Grund dafür ist, dass der mietrechtliche Begriff der zur nachhaltigen Einsparung von Energie oder Wasser nicht komplett deckungsgleich ist mit dem wohnungseigentumsrechtlichen Begriff. Eine direkte Übertragung der zu diesem Teil des mietrechtlichen Modernisierungsbegriffs vorhandenen Dogmatik und Rechtsprechung kommt teilweise nicht in Betracht, allenfalls mit starken Einschränkungen. Dabei sind nicht nur die Umstände und Besonderheiten des Einzelfalls zu beachten, sondern auch auf die sich aus dem Wohnungseigentumsgesetz ergebenen Besonderheiten in Abweichung zum Mietrecht.

Festzuhalten bleibt, dass der Generalverweis des § 22 Absatz 2 Satz 1 WEG auf den Modernisierungsbegriff des § 559 Absatz 1 BGB in seiner Allgemeinheit nicht unerheblichen Problemen in der Rechtsanwendung führt.

IV. Folgeprobleme der Verweisung auf den mietrechtlichen Modernisierungsbegriff aufgrund unterschiedlicher Zweck- und Zielrichtungen

Dem Modernisierungsbegriff des Mietrechts liegt, wie oben unter B. III. dargestellt, nicht etwa ein singulärer Gesetzeszweck zugrunde. Im Gegenteil verfolgt die Vorschrift des § 559 Absatz 1 BGB und damit auch und gerade der mietrechtliche Modernisierungsbegriff eine Vielzahl von Zweck- und Schutzrichtungen, die allesamt bei Auslegung des Modernisierungsbegriffs zu berücksichtigen sind.

Wenn nun die Vorschrift des § 22 Absatz 2 Satz 1 WEG auf den mietrechtlichen Modernisierungsbegriff verweist, dann stellt sich die Frage, ob die dem mietrechtlichen Modernisierungsbegriff zugrundeliegenden Zweck- und Zielrichtungen auch bei der Auslegung des wohnungseigentumsrechtlichen Modernisierungsbegriffs zu berücksichtigen sind. Die vom Gesetzgeber gewählte pauschale Verweisung des § 22 Absatz 2 Satz 1 WEG auf den mietrechtlichen Modernisierungsbegriff legt ein solches Vorgehen zumindest nahe. Daher soll im Folgenden der Frage der Übertragbarkeit von Zweck- und Zielrichtungen des mietrechtlichen Modernisierungsbegriffs auf den wohnungseigentumsrechtlichen Modernisierungsbegriff nachgegangen werden.

In dem Fall, dass nun die unterschiedlichen Strukturen und Regelungsmaterien von Mietrecht und Wohnungseigentumsrecht einer derartigen Übertragbarkeit im Wege stehen sollten, so soll in einem nächsten Schritt geklärt werden, ob dem wohnungseigentumsrechtlichen Modernisierungsbegriff möglicherweise ein Zweck zugrunde liegt, der mit den Zweck- und Zielrichtungen vergleichbar ist, welche dem mietrechtlichen Modernisierungsbegriff zugrunde liegen.

Ausgangspunkt der Überlegungen sind jeweils die dem mietrechtlichen Modernisierungsbegriff zugrundeliegenden Zweck- und Zielrichtungen:

1. Aufwendungsersatz als Anreizfunktion für den Vermieter

§ 559 BGB erlaubt dem Vermieter nach durchgeführter Modernisierung die Miete zu erhöhen. Ein wesentlicher, hinter der Vorschrift stehender Gedanke ist es, dem einzelnen Vermieter einen gewissen Anreiz zu schaffen, insbesondere ältere Wohnungen zu verbessern und zu modernisieren.[549] Der Anreiz besteht hauptsächlich darin, dem Vermieter das Recht einzuräumen, zumindest einen Teil seiner für die vermietete Wohnung getätigte Aufwendungen auf den Mieter umzulegen. Dieser Anreiz steht nicht nur hinter der Vorschrift des § 559 Absatz 1 BGB im Ganzen, sondern stellt auch und gerade einen wichtigen Grundgedanken des mietrechtlichen Modernisierungsbegriffs dar.

Diese dem mietrechtlichen Modernisierungsbegriff zugrundeliegende Anreizfunktion kann nicht unmittelbar auf den wohnungseigentumsrechtlichen Modernisierungsbegriff übertragen werden. Es fehlt innerhalb des Wohnungseigentumsrechts bereits an der Möglichkeit, durch die Modernisierung getätigte Aufwendungen auf eine dritte Partei abzuwälzen. Im Falle der Modernisierung des Gemeinschaftseigentums auf der Basis von § 22 Absatz 2 Satz 2 WEG werden die entstandenen Kosten schlichtweg von der Gemeinschaft der Wohnungseigentümer getragen. Von einem entsprechenden Anreiz oder gar einer Anreizfunktion kann unter diesem Gesichtspunkt nicht gesprochen werden. Ein dieser Anreizfunktion vergleichbarer Zweck oder Gedanke ist im Anwendungsbereich des wohnungseigentumsrechtlichen Modernisierungsbegriffs nicht ersichtlich.

2. Entlastungsfunktion des Vermieters

Innerhalb des Anwendungsbereichs des § 559 BGB soll dem Vermieter, der die Mietsache nicht aus eigenem Antrieb, sondern aufgrund von Anordnungen Dritter wie Behörden oder aufgrund von geänderten Bauvorschriften modernisiert, die Möglichkeit eingeräumt werden, wenigstens einen Teil seiner Investitionen auf den die Wohnung nutzenden Mieter umlegen zu können.[550]

Diese Entlastungsfunktion kann schon deshalb nicht auf den wohnungseigentumsrechtlichen Modernisierungsbegriff übertragen werden, weil bei Modernisierungen innerhalb des Anwendungsbereiches des § 22 Absatz 2 Satz 1 WEG grundsätzlich kaum eine Möglichkeit besteht, einen Teil der Investitionskosten auf eine dritte Person umzulegen. Man könnte an dieser Stelle zwar einwenden, dass Eigentumswohnungen in einer nach WEG aufgeteilten Wohnanlage vom Eigentümer vermietet werden können (und auch werden) mit der Folge, dass die Investitionskosten doch auf eine dritte Person, nämlich den jeweiligen Mieter abgewälzt werden können. Eine solche Sichtweise würde aber verkennen, dass eine derartige Situation rechtlich letztlich keine

---

549 BGH NJW 2004, 2088, 2089; OLG Hamburg, NJW 1981, 2820, 2821; Schmidt-Futterer-Börstinghaus § 559 Rn. 6; Staudinger-Emmerich, § 559 Rn. 1.
550 Bamberger/Roth-Ehlert, § 559 Rn. 5.

wohnungseigentumsrechtliche ist, sondern dem rechtlichen und wirtschaftlichen Schwerpunkt nach mietrechtlicher Natur ist und daher als Gegenargument zu dem oben gesagten kaum geeignet erscheint. Der Gedanke der Entlastungsfunktion kann also nicht zur Auslegung des wohnungseigentumsrechtlichen Modernisierungsbegriffs herangezogen werden. Auch scheint kein dieser Entlastungsfunktion vergleichbarer Zweck innerhalb des wohnungseigentumsrechtlichen Modernisierungsbegriffs ersichtlich zu sein.

3. Wirtschaftspolitische Funktion des Modernisierungsbegriffs

Der Vorschrift des § 559 Absatz 1 BGB liegen ferner wirtschaftspolitische Überlegungen zugrunde,[551] denn Modernisierungsmaßnahmen von Immobilien stellen anerkanntermaßen eine wesentliche Stütze der Bauwirtschaft dar. Einschränkungen bei den mietrechtlichen Umlagemöglichkeiten von Modernisierungskosten können direkte Auswirkungen auf den Arbeitsmarkt haben.[552]

Dieser dem mietrechtlichen Modernisierungsbegriff zugrundeliegende wirtschaftspolitische Gedanke ist zumindest teilweise auf den Modernisierungsbegriff des WEG übertragbar. Zwar entfällt die im Mietrecht vorhandene teilweise Umlagemöglichkeit der Modernisierungskosten auf den Mieter (auf mögliche steuerrechtliche Vergünstigungen zugunsten des einzelnen Wohnungseigentümers soll nicht weiter eingegangen werden), jedoch stellen durch die Wohnungseigentümergemeinschaft veranlasste bauliche Maßnahmen im Sinne einer Modernisierung gemäß § 22 Absatz 2 Satz 1 WEG für die Bauwirtschaft eine sicherlich ebenso wichtige und damit gleichwertige Einnahmequelle dar, wie bauliche Maßnahmen zur Modernisierung von Mietwohnungen gemäß § 559 Absatz 1 BGB. Die vom Gesetzgeber neu geschaffene Möglichkeit, Modernisierungsmaßnahmen des Gemeinschaftseigentums erleichtert, also mit qualifizierter Zweidrittelmehrheit beschließen zu können, ist für die Bauwirtschaft sicherlich ebenso nicht von Nachteil.

Dem wohnungseigentumsrechtlichen Modernisierungsbegriff ist demnach eine gewisse wirtschaftspolitische Funktion nicht abzusprechen. Zweck- und Zielrichtung der beiden Modernisierungsbegriffe sind unter diesem Aspekt also durchaus miteinander vergleichbar.

4. Gedanke des Mieterschutzes

a) Schutz des Mieters über § 559 BGB und § 554 BGB

Die Vorschrift des § 559 BGB und damit zwangsläufig auch der Modernisierungsbegriff als ein wesentliches Element der Vorschrift hat mieterschützende Funktion[553]

---

551 BGH NJW 2004, 2088, 2089.
552 Schmidt-Futterer-Börstinghaus § 559 Rn. 5; Sonnenschein, NJW 1998, 2172, 2177.
553 Bamberger/Roth-Ehlert, § 559 Rn. 2; Hannemann/Wiegner-Lutz, § 35 Rn. 191.

(hierzu bereits oben unter B. III. 4.). Die Relevanz dieser mieterschützenden Funktion wird besonders deutlich, wenn man sich vor Augen führt, dass die Vorschrift Teil und Ausdruck des sozialen Mietrechts ist.[554] Weiterhin ist der Mieterschutz der Vorschrift des § 559 BGB auch deshalb relevant, weil die Vorschrift für den Mieter aufgrund der für ihn nur schwer kalkulierbaren Miete ein erhebliches Risiko darstellt,[555] der Mietwohnung als Lebensmittelpunkt in den meisten Fällen aber eine erhebliche Bedeutung zukommt. Aufgrund des weitverbreiteten Mangels an „bezahlbaren" Mietwohnungen kann der durchschnittliche Mieter auch nicht einfach ordentlich kündigen und sich eine andere Mietwohnung suchen.

Herleiten und Begründen lässt sich die mieterschützende Funktion aus dem Zusammenspiel von § 559 BGB und §§ 554 BGB und den Vorschriften über die Anrechnung von Kürzungsbeträgen in § 559 a BGB. Innerhalb des Anwendungsbereichs des § 559 BGB ist die mieterschützende Funktion bei der Auslegung aller Tatbestandsvoraussetzungen der Norm zu beachten. Der Gedanke des Mieterschutzes spielt also beim mietrechtlichen Modernisierungsbegriff eine ganz erhebliche Rolle.

Im Wohnungseigentumsrecht ist die Situation jedoch eine andere. Dies ergibt sich schon daraus, dass das Rechtsverhältnis Vermieter/Mieter in Form eines Dauerschuldverhältnisses nicht vergleichbar ist mit den im WEG vorhandenen Rechtsverhältnissen, wie beispielsweise das Verhältnis der einzelnen Wohnungseigentümer untereinander oder das des einzelnen Wohnungseigentümers gegenüber der gemäß § 10 Absatz 6 Satz 1 und 2 WEG teilrechtsfähigen Gemeinschaft.

Ebenso ist der Gedanke des sozialen Mietrechts nicht auf den Modernisierungsbegriff des WEG übertragbar. Dies liegt neben der im Wohnungseigentumsrecht völlig anderen Sach- und Interessenlage auch daran, dass die typischen Vorschriften des sozialen Mietrechts innerhalb des Anwendungsbereichs der Wohnungseigentumsrechts nicht gelten.

Ein wesentlicher, dem Modernisierungsbegriff des Mietrechts zugrundeliegender Gedanke findet also im WEG keinerlei Anwendung. Welche Konsequenzen dies auf die Auslegung des wohnungseigentumsrechtlichen Modernisierungsbegriffs hat, ist derzeit kaum absehbar. Wenn aufgrund der mieterschützenden Funktion des mietrechtlichen Modernisierungsbegriffs in Streitfällen die Frage der besonderen Schutzwürdigkeit in Grenz- oder/und Zweifelsfällen tendenziell wohl zugunsten des Mieters beantwortet werden muss, so stellt sich die Frage, wer im Anwendungsbereich des wohnungseigentumsrechtlichen Modernisierungsbegriffs tendenziell als schutzwürdiger einzustufen ist: Die veränderungswillige Mehrheit der Wohnungseigentümer oder die Minderheit, die sich gegen die Modernisierung – und die damit verbundenen Kosten – zur Wehr setzt?

Dieses Problem und der damit verbundene Konflikt werden noch verstärkt, wenn man einen weiteren Aspekt des Mieterschutzes im Anwendungsbereich des mietrechtlichen Modernisierungsbegriffs betrachtet: Wenn ein Vermieter eine Modernisierung des vermieteten Wohnraums plant, dann stellt sich für ihn (und natürlich genauso für

---

554 Siehe oben sowie: Blank/Börstinghaus-Börstinghaus, § 559 Rn. 1; Schmidt-Futterer-Börstinghaus § 559 Rn. 8.
555 Schmidt-Futterer-Börstinghaus § 559 Rn. 8.

den Mieter) noch vor der Mieterhöhung gemäß § 559 Absatz 1 BGB die Frage der tatsächlichen Durchführung der baulichen Maßnahmen. Diese Maßnahmen muss der Mieter nur dann dulden, wenn die Voraussetzungen des § 554 BGB erfüllt sind. Der in § 554 BGB normierte Duldungsanspruch für die Durchführung der baulichen Maßnahmen besteht gemäß § 554 Absatz 1 Satz 2 BGB jedoch dann nicht, wenn die Maßnahme für den Mieter, seine Familie oder einen Angehörigen seines Haushaltes *eine Härte bedeuten würde, die auch unter Würdigung der berechtigten Interessen des Vermieters und anderer Mieter in dem Gebäude nicht zu rechtfertigen ist.* Wenn schon der Duldungsanspruch aus § 554 BGB nicht besteht, dann entfällt freilich auch die Möglichkeit der Mieterhöhung gemäß § 559 Absatz 1 BGB. Der Vorschrift des § 554 Absatz 1 Satz 2 BGB kommt damit – auch im Zusammenspiel mit § 559 BGB – eine erhebliche mieterschützende Funktion zu. Der Mieter ist also gegenüber Modernisierungsmaßnahmen auch durch das Zusammenspiel dieser beiden Vorschriften nicht schutzlos gestellt.[556]

Wenn man nun als Äquivalent zum Mieter im Mietrecht den einzelnen Wohnungseigentümer betrachtet, der mit der Modernisierung des Gemeinschaftseigentums aus unterschiedlichen Gründen nicht einverstanden ist und damit nicht zur veränderungswilligen Mehrheit zählt, so stellt sich die Frage, ob und wie dieser nun gegenüber gerade dieser veränderungswilligen Mehrheit geschützt wird (siehe hierzu auch unter D. III. 4. b. bb. (3)). Der Gedanke des Schutzes auch des einzelnen Wohnungseigentümers ist dem WEG nicht fremd und spielt insbesondere in Konstellationen wie der hier zu untersuchenden eine Rolle.[557]

Auf den Schutz aus § 554 Absatz 1 Satz 2 BGB kann sich der einzelne Eigentümer zunächst nicht berufen. Die Norm des § 22 Absatz 2 Satz 1 WEG verweist ausdrücklich nur auf § 559 Absatz 1 BGB und damit auf den Modernisierungsbegriff des Mietrechts. Eine Verweisung auch auf § 554 BGB enthält die Vorschrift nicht.

b) Gleichwertiger Schutz des einzelnen Eigentümers aus §§ 22 Absatz 2 Satz 1 WEG?

Wie oben (unter D. III. 4. b. bb. (3)) dargestellt muss es einen hinreichenden Schutz des sich in der Minderheit befindenden Eigentümers geben. Dieser ist im Gesetz – wie oben dargestellt – jedenfalls nach hier vorgeschlagener Lesart bereits in der Vorschrift des § 22 Absatz 2 Satz 1 WEG durch die Formulierung angelegt, dass nur solche baulichen Veränderungen oder baulichen Maßnahmen mit qualifizierter Dreiviertelmehrheit beschlossen werden können, die (…) *keinen Wohnungseigentümer gegenüber anderen unbillig beeinträchtigen.* Im Zuge der Prüfung der *unbilligen Beeinträchtigung* sind Wirtschaftlichkeitserwägungen mit zu berücksichtigen (siehe auch unter D. III. 4. b. bb. (3)).

---

556 So auch: BGH, NJW 2004, 1738, 1740.
557 BT-Drucksache 16/887 S 28, 31 (linke Spalte); Häublein, NZM 2007, 752, 757.

5. Interesse des Mieters

Im Falle der nachhaltigen Erhöhung des Gebrauchswertes durch eine bauliche Maßnahme kommt es zu einer objektiven Verbesserung der Mietsache. Von dieser objektiven Verbesserung profitiert der Mieter, da so die Wohnqualität und der Wohnkomfort der Mietsache objektiv gesteigert wird.[558] Das gleiche gilt im Falle der zweiten Variante der Legaldefinition des Modernisierungsbegriffs, der Verbesserung der allgemeinen Wohnverhältnisse auf Dauer.

Wenn auf den einzelnen Eigentümer abgestellt wird, so kommt auch diesem eine objektive Verbesserung des Gemeinschaftseigentums zugute. Wohnqualität und Wohnkomfort spielen auch innerhalb des Anwendungsbereichs des Wohnungseigentumsrechts eine Rolle. Allerdings ist zu beachten, dass innerhalb des Mietrechts Modernisierungen regelmäßig im Bereich der Mietsache durchgeführt werden, also oftmals direkt in oder in unmittelbarem Zusammenhang mit der vermieteten Wohnung. Der wohnungseigentumsrechtliche Modernisierungsbegriff betrifft jedoch nur Maßnahmen im Bereich des Gemeinschaftseigentums – also nicht die von einzelnen Eigentümern bewohnte Wohnung. Daher wird das objektive Interesse des Mieters als hinter dem mietrechtlichen Modernisierungsbegriff stehender Zweck eine eher untergeordnete Bedeutung im Anwendungsbereich des wohnungseigentumsrechtlichen Modernisierungsbegriffs haben. Eine Wertsteigerung durch eine Modernisierungsmaßnahme innerhalb des Gemeinschaftseigentums ist nämlich oftmals (wirtschaftlich) kaum messbar. Aber trotz der untergeordneten Bedeutung kann das objektive Interesse des Einzelnen Eigentümers als Ziel und Zweck des wohnungseigentumsrechtlichen Modernisierungsbegriffs grundsätzlich berücksichtigt werden.

6. Umweltschutzfunktion als öffentliches Interesse

Der mietrechtliche Modernisierungsbegriff beinhaltet in seiner dritten Variante, der *nachhaltigen Einsparungen von Energie oder Wasser* eine starke umweltpolitische Komponente. Der Vermieter soll durch die Umlagemöglichkeit eines Teils der Kosten als finanzieller Anreiz motiviert werden, möglichst umweltschonend mit Energien umzugehen. Die Entlastung der Umwelt[559] stellt folglich eine weitere Funktion nicht nur der Vorschrift des § 559 Absatz 1 BGB, sondern auch des mietrechtlichen Modernisierungsbegriffs dar. Diese umweltpolitische Funktion und Zielrichtung der Vorschrift erfolgt ausschließlich im öffentlichen Interesse[560] wenngleich sie mit dem Mietrecht an sich wenig zu tun hat.[561]

Der Gedanke der im mietrechtlichen Modernisierungsbegriffs angelegten und/oder enthaltenen Umweltschutzfunktion aufgrund öffentlichen Interesses lässt sich direkt auf den wohnungseigentumsrechtlichen Modernisierungsbegriff übertragen. Dies gilt

---

558 BT-Drucksache 14/4553, S. 58 (rechte Spalte);MüKo-Artz, § 559 Rn. 3.
559 BT-Drucksache 14/4553, S. 58 (rechte Spalte); BGH, NJW 2004, 2088, 2089.
560 Bamberger/Roth-Ehlert, § 559 Rn. 2; MüKo-Artz, § 559 Rn. 3.
561 Schmidt-Futterer-Börstinghaus, § 559 Rn. 7.

übrigens auch für die in diesem Zusammenhang geäußerte Kritik,[562] denn der Gedanke des Umweltschutzes hat nicht nur mit Mietrecht, sondern ebenso mit dem Wohnungseigentumsrecht als Teil des Zivilrechts kaum etwas zu tun. Erhebliche Auslegungsprobleme des wohnungseigentumsrechtlichen Modernisierungsbegriffs dürften sich unter diesem Aspekt jedoch nicht ergeben.

7. Modernisierung des Wohnungsbestandes im öffentliches Interesse

Die Vorschrift des § 559 Absatz 1 BGB und damit der mietrechtliche Modernisierungsbegriff bezwecken weiterhin, im öffentlichen Interesse dem Investitions- und Modernisierungsbedarf durch Förderung der Sanierung und der Bestandspflege Rechnung zu tragen und so auf eine permanente Modernisierung des teilweise überalterten Wohnungsbestandes der Bundesrepublik hinzuwirken.[563] Dem mietrechtlichen Modernisierungsbegriff liegt also die Idee zugrunde, durch die anteilige Möglichkeit der Kostenumlage den Vermieter zur Modernisierung seiner Mietwohnung (en) zu motivieren. Der Gesetzgeber[564] begründet das öffentliche Interesse an der Durchführung von Modernisierungen mit unterschiedlichen Auswirkungen wie der sichtbaren Verbesserung des Wohnbestandes, der Erhöhung von Wohnkomfort und Wohnqualität für den Mieter.

Ob dieser Gedanke des öffentlichen Interesses an Modernisierungen auf den wohnungseigentumsrechtlichen Modernisierungsbegriff übertragbar ist, ist nicht eindeutig zu beurteilen.

Dafür spricht sicherlich, dass die Allgemeinheit in der Regel von sichtbaren Verbesserungen des Wohnungsbestandes profitiert, unabhängig davon, ob die Modernisierung nun aufgrund der Initiative des Vermieters gemäß § 559 Absatz 1 BGB, oder aufgrund der Initiative der Mehrheit der Wohnungseigentümergemeinschaft gemäß § 22 Absatz 2 Satz 1 WEG durchgeführt wird. Hinzu kommt, dass auch Eigentumswohnungen in einer nach WEG aufgeteilten Wohnanlage freilich vermietet sein können. Eine (optisch) sichtbare Verbesserung des Wohnungsbestandes wertet ferner das Stadtbild auf und kann dem Verfall und der Verödung von Stadtvierteln vorbeugen. Die Verbesserung von Wohnanlagen trägt zumeist auch zur Wertstabilisierung oder gar Steigerung bei und Erhöht so den Marktwert der einzelnen Eigentumswohnung. Die so erreichte verbesserte Umlauffähigkeit der Immobilien kommt dem Immobilienmarkt und damit der Wirtschaft im Ganzen zugute. Insofern spricht einiges dafür, auch für den wohnungseigentumsrechtlichen Modernisierungsbegriff ein öffentliches Interesse an der Modernisierung des Wohnungsbestandes anzunehmen.

Dagegen spricht jedoch die Tatsache, dass der Gesetzgeber ausdrücklich von der „Erhöhung des Wohnkomforts und der Wohnqualität für den Mieter" ausging. Wenn

---

562 Schmidt-Futterer-Börstinghaus, § 559 Rn. 7.
563 BGH NJW 2004, 2088, 2089; Sonnenschein PiG 1983, 13, 65,70; Sternel, NZM 2001, 1058, 1058; BT-Drucksache 14/4553, S. 58 (linke Spalte); Schmidt-Futterer-Börstinghaus, § 559 Rn. 6.
564 BT-Drucksache 14/4553, S. 58 (linke Spalte).

man bedenkt, welch hoher Stellenwert einer Mietwohnung als Lebensmittelpunkt für den einzelnen Mieter zukommt, so erscheint es doch fraglich zu sein, ob man die Verbesserung von Wohnkomfort und Wohnqualität einer Wohnanlage im Sinne des Wohnungseigentumsgesetzes als Ziel des Modernisierungsbegriffes einordnen kann. Dies gilt umso mehr, als dass es sich ja um ein Ziel oder um ein Interesse der Allgemeinheit handeln muss.

Die aufgeworfene Frage, ob die Allgemeinheit tatsächlich ein (öffentliches) Interesse an der Modernisierung auch des Wohnbestandes hat, der nicht als Mietwohnung dem Immobilienmarkt zur Verfügung steht, sondern als Eigentumswohnung vom jeweiligen Eigentümer selbst genutzt wird, ist letztlich wohl schwer zu beantworten.

Wenn man indes davon ausgeht, auch innerhalb des WEG und damit innerhalb des wohnungseigentumsrechtlichen Modernisierungsbegriffs seien die mit der Vorschrift angestrebten öffentlich-rechtlichen Ziele, nämlich eine fortlaufende Modernisierung des teilweise überalterten Wohnungsbestandes im gesamtgesellschaftlichen Interesse zu fördern, indem man finanzielle Anreize für Maßnahmen schafft, die zur Einsparung von Energie oder Wasser führen,[565] so ist dieser Gedanke zwar grundsätzlich nachvollziehbar, bei näherem Hinsehen jedoch nicht schlüssig. Aus welchem Grunde soll lediglich auf das Ziel der Einsparung von Energie oder Wasser und damit lediglich auf einen Teilbereich, nämlich die dritte Variante der Legaldefinition des Modernisierungsbegriffs, abgestellt werden? Wieso werden die anderen beiden Varianten an dieser Stelle nicht berücksichtigt? Eine derart selektive Vorgehensweise ist nur schwerlich mit der Dogmatik des Modernisierungsbegriffes mit seinen drei Varianten vereinbar, verdeutlicht aber plastisch die Problematik und die offensichtlich nicht bedachten Folgeprobleme, die sich aus der pauschalen Verwendung Verweisungstechnik ergeben.

Das aufgeworfene Problem verdeutlicht jedoch die Schwierigkeit der direkten Übertragbarkeit von Ziel- und Zweckrichtungen des mietrechtlichen Modernisierungsbegriffs auf den des Wohnungseigentumsrechts.

8. § 559 BGB als eng auszulegende Ausnahmevorschrift

Die nun folgenden Überlegungen betreffen nicht ausschließlich Zweck- oder Zielrichtung des Modernisierungsbegriffs, sondern weitere Kriterien, die im Rahmen der Auslegung zu berücksichtigen sind.

Die Vorschrift des § 559 BGB stellt im System der Mieterhöhungen des BGB insofern eine Besonderheit dar, als dass die Mieterhöhung nach durchgeführter Modernisierung sich ausschließlich an den durch die Modernisierung entstandenen Kosten orientiert (sogenannte Kostenmiete)[566] und nicht auf einer an den ortsüblichen Vergleichsmiete orientierten Einigung der Vertragsparteien beruht. Dieser System-

---

565 Jennißen-Hogenschurz, § 22 Rn. 66.
566 Staudinger-Emmerich, § 559 Rn. 3.

bruch[567] führt dazu, dass § 559 BGB nach ganz überwiegend vertretener Auffassung[568] als eng auszulegende Ausnahmevorschrift angesehen wird.

Da die einzelnen Varianten des Modernisierungsbegriffs neben weiteren Voraussetzungen der Vorschrift Tatbestandsmerkmale des § 559 Absatz 1 BGB sind, so muss sich konsequenterweise die enge Auslegung der Vorschrift des § 559 BGB auch in diesem Bereich auswirken. Demnach müsste der Modernisierungsbegriff ebenfalls eng ausgelegt werden.

Es stellt sich nun die Frage, wie es sich auswirkt, dass § 22 Absatz 2 Satz 1 auf den Modernisierungsbegriff des § 559 Absatz 1 BGB als eng auszulegende Ausnahmevorschrift verweist. Wenn man die Meinung vertritt, auf Literatur und Rechtsprechung zum mietrechtlichen Modernisierungsbegriff könne auch zur Auslegung des wohnungseigentumsrechtlichen Modernisierungsbegriffs zurückgegriffen werden, so müsste dieser Rückgriff zur dem Ergebnis führen, dass auch der wohnungseigentumsrechtliche Modernisierungsbegriff eng auszulegen ist.

Ein Blick in die neuere Literatur zu § 22 Absatz 2 Satz 1 WEG hilft indes zur Beantwortung der Frage kaum weiter. Der Wortlaut des § 22 Absatz 2 Satz 1 WEG ist unter diesem Gesichtspunkt betrachtet ebenfalls nicht aufschlussreich.

Die Gesetzesbegründung[569] beantwortet die soeben aufgeworfene Frage nicht ausdrücklich, deutet aber auf eine tendenziell weite Auslegung hin, wenn es dort heißt, die Mehrheitsmacht erfasse kleine, mittlere und größere Vorhaben (…). Fraglich erscheint aber, ob tatsächlich eine tendenziell weite Auslegung des wohnungseigentumsrechtlichen Modernisierungsbegriffs vorzunehmen ist.

Die Gesetzesbegründung mag zwar auf eine weite Auslegung des wohnungseigentumsrechtlichen Modernisierungsbegriffs hindeuten. Bei näherer Betrachtung kann die Richtigkeit dieser Schlussfolgerung jedoch in Frage gestellt werden. Nach dem Hinweis auf die „kleineren, mittleren und größeren Vorhaben" erwähnt die Gesetzesbegründung unter anderem den Einbau eines Fahrstuhls als Beispiel für eine nach § 22 Absatz 2 Satz 1 WEG zu beschließende Modernisierung. Gerade der Einbau eines Fahrstuhls (hierzu bereits unter D. III. 3. g.) ist aber in der Praxis regelmäßig nicht ohne Eingriff in das optische Erscheinungsbild des Gebäudes möglich,[570] so dass dieses Beispiel schon deshalb kaum als typische Modernisierungsmaßnahme bezeichnet werden kann. Wenn schon das vom Gesetzgeber gewählte Beispiel in Kontext der Gesetzesbegründung widersprüchlich ist,[571] so kann gleichsam die pauschale und nicht weiter begründete Aussage, vom Modernisierungsbegriff seien „kleinere, mittlere und größere Vorhaben" erfasst, nicht als unumstößlich betrachtet werden. Im Gegenteil spricht einiges für eine tendenziell enge Auslegung des wohnungseigentumsrechtlichen Modernisierungsbegriffs.

---

567 Staudinger-Emmerich, § 559 Rn. 3.
568 BGH, Urteil vom 9.4.2008: VIII ZR 286/06; BGH NJW 2007, 3122, 3123; Bamberger/Roth-Ehlert, § 559 Rn. 5; Schmidt-Futterer-Börstinghaus § 559 Rn. 2; Blank/Börstinghaus-Börstinghaus, § 559 Rn. 1; Hannemann/Wiegner-Lutz, § 35 Rn. 188.
569 BT-Drucksache 16/887, S. 30 (linke Spalte).
570 Ebenso: Häublein, ZMR 2007, 409, 421.
571 Ebenso: Häublein, ZMR 2007, 409, 421.

Man könnte sich bereits auf den Standpunkt stellen, dass bereits durch den Verweis in § 22 Absatz 2 Satz 1 WEG auf die eng auszulegende Ausnahmevorschrift des § 559 Absatz 1 BGB und damit den mietrechtlichen Modernisierungsbegriff eine enge Auslegung auch des wohnungseigentumsrechtlichen Modernisierungsbegriffs ergeben müsste. Zwingend ist diese Schlussfolgerung freilich nicht, insbesondere wenn man berücksichtigt, dass die herrschende Auffassung zum mietrechtlichen Modernisierungsbegriff zwar stets die enge Auslegung des § 559 BGB betont, in einem nächsten Schritt jedoch – freilich inkonsequent – die einzelnen Varianten des Modernisierungsbegriffs regelmäßig weit auslegt.

Die Vorschrift des § 22 Absatz 2 Satz 1 WEG selbst gibt jedoch mehrere Anhaltspunkte für die Auslegung des wohnungseigentumsrechtlichen Modernisierungsbegriffs. Zum einen folgt aus der Systematik der Vorschrift, dass *Anpassungen an den Stand der Technik* keine Modernisierungsmaßnahmen darstellen. Dadurch verkleinert das Gesetz die Reichweite des wohnungseigentumsrechtlichen Modernisierungsbegriffs enorm, da auf diese Weise eine Vielzahl von Maßnahmen aus dem wohnungseigentumsrechtlichen Modernisierungsbegriff auszuklammern sind. Wenn das Gesetz nun den Anwendungsbereich eines Begriffes verkleinert, dann macht eine tendenziell weite Auslegung gerade dieses Begriffes aber wenig Sinn. Dies könnte für eine tendenziell enge Auslegung des Modernisierungsbegriffs sprechen.

Ein weiteres, aus der Systematik des WEG folgendes, Argument für eine tendenziell engere Auslegung des wohnungseigentumsrechtlichen Modernisierungsbegriffs dürfte sein, dass andernfalls die Abgrenzung einer Modernisierungsmaßnahme gemäß § 22 Absatz 2 Satz 1 WEG zu einer baulichen Veränderung gemäß § 22 Absatz 1 WEG wesentlich erschwert wäre. Letztlich sprechen auch die innerhalb dieser Arbeit verschiedentlich angesprochenen verfassungsrechtlichen Bedenken in Hinblick auf die Vereinbarkeit des § 22 Absatz 2 WEG mit Artikel 14 GG für eine tendenziell enge Auslegung des Modernisierungsbegriffs.

Festzuhalten bleibt, dass nach hier vertretener Ansicht der Modernisierungsbegriff des Wohnungseigentumsrechts tendenziell eng ausgelegt werden sollte.

9. § 559 BGB als Ausnahme vom Grundsatz pacta sunt servanda

Die Vorschrift des § 559 Absatz 1 BGB gewährt dem Vermieter nämlich die Möglichkeit, ohne Zustimmung des Mieters einen bestehenden Vertrag zu ändern. Dieses dem Vermieter zustehende Recht weicht freilich erheblich vom allgemeinen Grundsatz ab, nach welchem keine Vertragspartei befugt ist, während der Vertragslaufzeit einseitig den Vertragsgegenstand sowie den Leistungsumfang zu ändern.[572] Man spricht an dieser Stelle von einem dem Vermieter zustehenden Anpassungsbestimmungsrecht.[573] Es handelt sich hierbei um ein weiteres Argument dafür, dass § 559 BGB als Ausnahmevorschrift angesehen wird.[574]

---

572 Bamberger/Roth-Ehlert, § 559 Rn. 6.
573 MüKo-Artz, § 559 Rn 1.
574 Ebenso: Hannemann/Wiegner-Lutz, § 35 Rn. 188 f.

Im Anwendungsbereich des Wohnungseigentumsrechts ist die Situation der mietrechtlichen gar nicht unähnlich. Wenn die Gemeinschaft der Wohnungseigentümer eine Maßnahme der Modernisierung mit der Mehrheit von drei Vierteln aller stimmberechtigten Wohnungseigentümer beschließt und im Anschluss daran die Maßnahme durchgeführt wird, so kann sich die Gemeinschaft der Wohnungseigentümer nicht nur gegen eine möglicherweise vorhandene Minderheit durchsetzen, sie kann sogar durch Mehrheitsbeschluss solche Maßnahmen beschließen, die laut Teilungserklärung nur einstimmig beschlossen werden konnten. Werden aber bislang mehrheitsfeste Bereiche des Eigentums künftig dem Mehrheitsprinzip unterworfen und damit der mehrheitsfeste Bereich eingeschränkt, wird auch in die in das Grundbuch eingetragene Grundordnung der Gemeinschaft und damit in den Inhalt des Sondereigentums eingegriffen.[575] Diese, gerade in Hinblick auf Artikel 14 GG, durchaus bedenkliche Vorgehensweise, durch die Teile des Gemeinschaftseigentums verändert werden können, obwohl gerade auf deren Bestand oder deren Unveränderlichkeit der einzelne Eigentümer aufgrund der im Grundbuch eingetragenen Teilungserklärung vertraut hat und auch vertrauen durfte, ist der Situation im Bereich des Mietrechts nicht unähnlich. Dort vertraut der einzelne Mieter auf den Inhalt und den Bestand seines Mietvertrages. Die Tatsache, dass der Vermieter aufgrund des ihm zustehenden Anpassungsbestimmungsrechts den Inhalt des Vertrages einseitig ändern darf, führt dazu, dass § 559 BGB als Ausnahmevorschrift angesehen wird. Im Anwendungsbereich des § 22 Absatz 2 WEG geht es aber nicht um einen (lediglich) rein schuldrechtlichen Vertrag, sondern um den im Grundbuch eingetragenen Inhalt der Teilungserklärung. Es handelt sich also um eine dingliche Rechtsposition, folglich ein „mehr" zum lediglich rein schuldrechtlichen Mietvertrag gemäß § 535 BGB. Der durch § 22 Absatz 2 WEG ermöglichte Eingriff in genau diese dingliche Rechtsposition ist aber nicht minder erheblich als der des Vermieters in den bestehenden Mietvertrag, legitimiert durch § 559 Absatz 1 BGB. Dann muss aber für § 22 Absatz 2 WEG der gleiche Ausnahmecharakter angenommen werden, wie er bei § 559 Absatz 1 BGB grundsätzlich anerkannt ist. Diese Sichtweise wird noch dadurch bestärkt, dass die „Eingriffsbefugnis" der Mehrheit der Wohnungseigentümer gemäß § 22 Absatz 2 Satz 1 WEG *nicht durch Vereinbarung der Wohnungseigentümer eingeschränkt oder ausgeschlossen werden kann*, § 22 Absatz 2 Satz 2 WEG.

Wenn der Gesetzgeber[576] die Auffassung vertritt, eine gemäß Artikel 14 Absatz 1 Satz 2 GG schützenswerte Rechtsposition der überstimmten Minderheit tangiere die Mehrheitskompetenz für Modernisierungen nicht, weil es jeweils um Maßnahmen gehe, mit denen nach der Lebenserfahrung bei Wohnimmobilien immer zu rechnen sei und bei denen deshalb der Einzelne auf den unveränderten Fortbestand des gemeinschaftlichen Eigentums in seiner ursprünglichen Form nicht vertrauen kann, so ist diese Aussage – wie bereits mehrfach dargestellt – unzutreffend. Der unveränderte Fortbestand ergibt sich schließlich aus dem Inhalt der Teilungserklärung, der im Grundbuch eingetragen ist.

---

575 Bub, NZM 2006, 841, 848.
576 BT-Drucksache 16/887, S.31 (linke Spalte); offenbar ebenso: Niedenführ/Kümmel/Vandenhouten-Niedenführ, § 22 Rn. 161.

Man kann der Vorschrift des § 22 Absatz 2 Satz 1 WEG einen Ausnahmecharakter und einen gewissen Bruch im System aufgrund der durch sie ermöglichten Eingriffs-befugnis aus all diesen Gründen daher kaum absprechen. Dieser Aspekt des Ausnah-mecharakters stellt im Übrigen ein weiteres Argument für eine enge Auslegung des wohnungseigentumsrechtlichen Modernisierungsbegriffs dar.

V. Zwischenergebnisse

Die der Vorschrift des § 559 Absatz 1 BGB und damit dem mietrechtlichen Moderni-sierungsbegriff zugrunde liegenden Zweck- und Zielrichtungen sind in einigen weni-gen Fällen vergleichbar mit denen des § 22 Absatz 2 Satz 1 WEG, beispielsweise liegen beiden Vorschriften auch wirtschaftspolitische Erwägungen zugrunde. Die Mehrzahl der Zweck- und Zielrichtungen jedoch sind nicht derart ähnlich oder vergleichbar, dass man von einer wirklichen Übertragbarkeit der Zweck- und Zielrichtung der einen Vorschrift auf die andere sprechen kann. Im Gegenteil sind die meisten strukturell und inhaltlich verschieden, was aus den jeweils unterschiedlichen Strukturen und Rege-lungsmaterien von Mietrecht und Wohnungseigentumsrecht herrührt. Die vom Ge-setzgeber gewählte pauschale Verweisung des § 22 Absatz 2 Satz 1 WEG ist unter diesem Blickwinkel betrachtet zumindest irreführend, da sie eine Ähnlichkeit nicht nur der jeweiligen Modernisierungsbegriffe, sondern eben auch der Zweck- und Zielrich-tungen der beiden Modernisierungsbegriffe suggeriert.

Für die Auslegung des wohnungseigentumsrechtlichen Modernisierungsbegriffs bedeutet dies, dass konsequenterweise nur in den oben genannten Fällen auf die Zweck- und Zielrichtung des mietrechtlichen Modernisierungsbegriffs zurückgegrif-fen werden kann. Für die Rechtsanwendung bedeutet dies, dass trotz der pauschal formulierten Verweisung in § 22 Absatz 2 Satz 1 BGB in jedem Einzelfall geprüft werden sollte, ob, und wenn ja, in welchem Umfang auf die dem mietrechtlichen Mo-dernisierungsbegriff zugrunde liegenden Zweck- und Zielrichtungen oder auch sons-tigen Motive zurückgegriffen werden kann.

VI. Schlussfolgerungen

Die Legaldefinition des Modernisierungsbegriffs aus § 559 Absatz 1 BGB kann grund-sätzlich auch innerhalb des WEG, also innerhalb des wohnungseigentumsrechtlichen Modernisierungsbegriffs verwendet werden, wenngleich in dem oben dargestellten Umfang in vielen Bereichen grundlegende Unterschiede aufgrund der strukturellen und inhaltlichen Verschiedenheit der beiden Regelungsmaterien und Rechtsgebiete bestehen. Die – pauschale – Verweisung des § 22 Absatz 2 Satz 1 WEG vernachlässigt jedoch die mietrechtlichen und wohnungseigentumsrechtlichen Zwecke und Ziele, die § 22 Absatz 2 Satz 1 WEG auf der einen Seite und § 559 Absatz 1 BGB auf der anderen Seite verfolgen.

E. Gesamtergebnis

I. Die Verweisungstechnik des § 22 Absatz 2 Satz 1 WEG

Aus den Ergebnissen dieser Untersuchung lässt sich ableiten, dass auf die Rechtsanwendung aller Wahrscheinlichkeit nach erhebliche Auslegungsschwierigkeiten zukommen werden. Im Einzelnen sind die Gründe hierfür vielschichtig. Einer der Hauptgründe besteht jedoch darin, dass der Gesetzgeber sich der (unbeschränkten) Verweisungstechnik bedient hat. Für Rechtsauslegung und Rechtsanwendung sinnvoller wäre es gewesen, nicht explizit und direkt auf eine andere Vorschrift zu verweisen, sondern lediglich die Legaldefinition des Modernisierungsbegriffs zu übernehmen. So wäre es systematisch und dogmatisch eher gewährleistet, dass das Mietrecht für den wohnungseigentumsrechtlichen Modernisierungsbegriff lediglich als Ausgangspunkt[577] dienen würde. Die „spezifische Transformation" der Legaldefinition ins Wohnungseigentumsrecht hätte so höchstwahrscheinlich dogmatisch glatter von statten gehen können, weil die direkte Einbettung des Modernisierungsbegriffs in die mietrechtliche Systematik entfiele. Die mietrechtlichen Besonderheiten des mietrechtlichen Modernisierungsbegriffs hätten so die Auslegung des wohnungseigentumsrechtlichen Modernisierungsbegriffs nicht derart erschwert.

Konkret bedeutet dies, dass der Gesetzgeber besser getan hätte, auf die Formulierung "entsprechend § 559 Absatz 1 des Bürgerlichen Gesetzbuches" zu verzichten. Stattdessen hätte besser der Begriff der Modernisierung lediglich als reine Definition – also ohne jegliche Verweisung auf § 559 Absatz 1 BGB oder auch das BGB als solchem – in § 22 Absatz 2 WEG eingeführt werden sollen. Durch den Verzicht der Verweisung auf das BGB hätte das Gesetz von Anfang an Raum für einen eigenständigen Modernisierungsbegriff des WEG gelassen, da die rechtstechnische Verknüpfung durch die Verweisung von WEG und BGB so erheblich abgeschwächt worden wäre. Der Gesetzgeber hatte so auch wenigstens ansatzweise zum Ausdruck gebracht, dass WEG und Mietrecht in der in Rede stehenden Konstellation materiell-rechtlich teilweise sehr verschieden sind.

Alternativ hätte der Gesetzgeber unter Beibehaltung des pauschal gehaltenen Verweises auf § 559 Absatz 1 BGB einen Zusatz formulieren können, um so auf die strukturellen Unterschiede von Mietrecht und Wohnungseigentumsrecht hinzuweisen. So wären ebenfalls einige Auslegungsschwierigkeiten zumindest abgeschwächt. Ein solcher Zusatz zu § 22 Absatz 2 Satz 1 WEG in seiner derzeitigen Fassung hätte in etwas lauten können:

(…) *sofern sich nicht aus den Vorschriften des WEG oder dessen Systematik ein anderes ergibt.*

---

577 Bärmann/Pick, § 22 Rn. 30.

Ähnliche und vergleichbare Formulierungen in Gesetzestexten sind dem deutschen BGB auch nicht fremd und finden sich beispielsweise in § 581 BGB oder § 1192 BGB. Durch einen derartigen Zusatz in Form eines ungeschriebenen Tatbestandsmerkmals wären sicherlich nicht alle Probleme und Auslegungsschwierigkeiten komplett beseitigt, für die Rechtsanwendung hätte solch eine Formulierung jedoch eine gewisse klarstellende und damit hilfreiche Funktion im Gegensatz zum jetzigen eher starren Wortlaut.

II. Die Auslegungsschwierigkeiten durch die Verweisung ins Mietrecht

Die Vorschrift des § 22 Absatz 2 Satz 1 WEG im Allgemeinen und der wohnungseigentumsrechtliche Modernisierungsbegriff im Besonderen bringen erhebliche Probleme in Bezug auf Auslegung und Reichweite mit sich. Hauptgrund hierfür sind – wie an verschiedenen Stellen dieser Untersuchung dargestellt – die unterschiedlichen Strukturen der Regelungsmaterien des Mietrechts und des Wohnungseigentumsrechts sowie die divergierenden Schutz-, Zweck und Zielrichtungen der beiden Vorschriften und Modernisierungsbegriffe.

Auf diese Aspekte wird regelmäßig bei der Auslegung des wohnungseigentumsrechtlichen Modernisierungsbegriffs zu achten und gegebenenfalls näher einzugehen sein, da andernfalls inhaltlich fragwürdige oder gar systematisch unrichtige Ergebnisse erzielt werden.

Für den wohnungseigentumsrechtlichen Modernisierungsbegriff bedeutet das zunächst, dass – entgegen der Sichtweise einiger Autoren – ein Rückgriff auf Literatur und Rechtsprechung zum mietrechtlichen Modernisierungsbegriff generell keinesfalls unkritisch und ungeprüft erfolgen darf. Ferner sollte aufgrund der im Rahmen dieser Untersuchung an vielen Stellen aufgezeigten Schwächen der Gesetzesbegründung diese ebenfalls nur mit Zurückhaltung zur Auslegung des wohnungseigentumsrechtlichen Modernisierungsbegriffs herangezogen werden.

Um den unterschiedlichen Inhalten und Strukturen der verschiedenen Regelungsmaterien sowohl des Mietrechts als auch des Wohnungseigentumsrechts bei der Auslegung des hier in erster Linie in Rede stehenden wohnungseigentumsrechtlichen Modernisierungsbegriffs gerecht zu werden, sollte die Vorschrift des § 22 Absatz 2 WEG daher stets vor dem Hintergrund dieser Unterschiede ausgelegt werden. Im Zweifel ist daher auch eine tendenziell enge beziehungsweise restriktive Auslegung einer weiten vorzuziehen.

III. Praxishinweis

Um im Rahmen der der Rechtsanwendung systematisch und dogmatisch vertretbare Ergebnisse zu erzielen, sollte stets bedacht werden, dass der wohnungseigentumsrechtliche Modernisierungsbegriff sich vom mietrechtlichen Modernisierungsbegriff unterscheidet. Die von Pick[578] verwendete Formulierung der "spezifischen Transformation" des Modernisierungsbegriffs aus dem Mietrecht in das WEG sollte daher stets zum Ausgangspunkt sämtlicher Überlegungen zur Auslegung des wohnungseigentumsrechtlichen Modernisierungsbegriffs zumindest gedanklich vorangestellt werden. Vor diesem Hintergrund und der in dieser Arbeit dargestellten partiellen Verschiedenheit der beiden Modernisierungsbegriffe sollte der wohnungseigentumsrechtliche Modernisierungsbegriff tendenziell eher restriktiv ausgelegt werden.

Generell sollte im Rahmen des Modernisierungsbegriffs des § 22 Absatz 2 Satz 1 WEG nach erfolgter Subsumtion einer Einzelmaßnahme unter die Legaldefinition des Modernisierungsbegriffs in einem zweiten Schritt stets im Rahmen einer „Gegenprobe" kurz geprüft werden, ob das durch die Subsumtion gefundene Ergebnis ein solches ist, dass die wohnungseigentumsrechtlichen Besonderheiten im Gegensatz zu denen des Mietrechts widerspiegelt und/oder sich mit ihnen in Einklang bringen lässt.

Diese „Gegenprobe" könnte durch gegebenenfalls dadurch erfolgen, dass der oben unter E. II. dargestellte Zusatz als ungeschriebenes Tatbestandsmerkmal oder ungeschriebene Ergänzung des § 22 Absatz 2 Satz 1 BGB „mitgelesen" wird.

IV. Ausblick

1. Exkurs: Auswirkungen des Erneuerbare-Energien-Wärmegesetzes?

Am 1. Januar 2009 wird das Gesetz zur Förderung Erneuerbarer Energien im Wärmebereich (EEWärmeG) in Kraft treten. Nach § 3 Absatz 1 des EEWärmeG müssen Gebäudeeigentümer ab diesem Zeitpunkt den Wärmeenergiebedarf ihrer Gebäude durch die anteilige Nutzung von Erneuerbaren Energien nach Maßgabe weiterer Vorschriften decken. Diese grundsätzlich allein für noch zu errichtende Gebäude bestehende Pflicht kann von den Ländern auf Bestandsgebäude ausgedehnt werden, § 3 Absatz 2 EEWärmeG. Wesentlicher Zweck des EEWärmeG ist, im Interesse des Klimaschutzes, der Schonung fossiler Ressourcen und der Minderung der Abhängigkeit von Energieimporten eine nachhaltige Entwicklung der Energieversorgung von Gebäuden zu ermöglichen und die Weiterentwicklung von Technologien zur Erzeugung von Wärme aus erneuerbaren Energien zu fördern, § 1 Absatz 1 EEWärmeG.

Es ist anzunehmen, dass sowohl das EEWärmeG als auch zusätzlich die noch nicht in Kraft getretene Novelle der Energieeinsparverordnung von 2007[579] die Diskussion um die Modernisierung von Gebäuden, insbesondere zur Einsparung von Energie, weiter "anheizen" werden. Die im Bereich des Mietrechts bereits seit längerer Zeit geführte Diskussion um die Frage, ob es im Anwendungsbereich der §§ 554 Absatz 2 Satz 1 BGB und 559 Absatz 1 BGB generell auf die Einsparung von Primär- oder Endenergie ankommt, dürfte – abgesehen von der vom BGH[580] ausdrücklich entschie-

578 Bärmann/Pick, § 22 Rn. 30.
579 Verordnung über energiesparenden Wärmeschutz und energiesparende Anlagentechnik bei Gebäuden (EnEV 2007), BGBl. I, S. 1519.
580 BGH NJW 2008, 3630 zu § 554 BGB.

denen Umstellung der Heizungsart einer vormals mit einer Gasetagenheizung ausgestatteten Mietwohnung durch Anschluss an das aus Anlagen der Kraft-Wärme-Kopplung gespeiste Fernwärmenetz – daher in allernächster Zeit wohl kaum an Interesse verlieren. Im Gegenteil spricht vieles dafür, dass beide Lager, also die Anhänger der Theorie der Primärenergieeinsparung und die Anhänger der Theorie der Endenergieeinsparung, aufgrund der gesellschaftlichen, ökologischen und zudem auch erheblichen wirtschaftlichen Bedeutung und Tragweite des Streits um die Bedeutung des Merkmals der Energieeinsparung im Bereich des Mietrechts ihre jeweiligen Positionen weiter vertreten werden.

Bemerkenswert erscheint in diesem Zusammenhang, dass der Gesetzgeber[581] jedenfalls im Hinblick auf die Regelungen des EEWärmeG die mietrechtliche Problematik eines die Vorgaben des EEWärmeG berücksichtigenden Handelns von Gebäudeeigentümern insbesondere hinsichtlich der letztlich die Mieter treffenden Kosten zwar wohl erkannt hat, seine Äußerungen in der Gesetzesbegründung jedoch nicht als wirklich hilfreich zur Lösung des Streits um die Frage Auslegung des Begriffs und Tatbestandsmerkmals "Einsparung von Energie" bezeichnet werden können. In der Gesetzesbegründung zum EEWärmeG[582] heißt es nämlich unter anderem:

(…) "Im Gebäudebestand der Primärenergiebedarf und damit der jährliche Heizkostenbedarf in der Regel immer höher als im Neubau. Deshalb ist es im Bestandsbau besonders wichtig, die erheblichen CO_2-Minderungs- und Energieeinsparpotenziale zu erschließen, indem veraltete fossile Heizkessel durch hocheffiziente Heizungssysteme in sinnvoller Kombination mit Erneuerbaren Energien ersetzt werden. Derartige umfassende Modernisierungsmaßnahmen des bestehenden alten Heizungssystems sind aber kostenintensiv und betreffen sowohl den Gebäudeeigentümer als auch den Mieter. Dieser hohe Sanierungsaufwand stellt ein Haupthemmnis des derzeitigen Modernisierungsstaus im Gebäudebestand dar. Um hier die finanziellen Belastungen sozialverträglich zu gestalten und wirkungsvolle Investitionsanreize zu setzen, wird die Nutzungspflicht durch erweiterte Fördermaßnahmen insbesondere für eine sozialverträgliche Sanierung von Altbauten ergänzt."

Indem der Gesetzgeber die grundsätzlich aufgrund der §§ 554 Absatz 2 Satz 1 BGB und 559 Absatz 1 BGB bestehende Pflicht des Mieters, Modernisierungsmaßnahmen zur Einsparung von Energie zu dulden, sowie das damit korrespondierende Recht des Vermieters, zumindest anteilig die Miete zu erhöhen, an dieser Stelle mit keinem Wort ausdrücklich erwähnt, andererseits jedoch von durch Maßnahmen nach dem EEWärmeG ausgelösten finanziellen Belastungen spricht, eröffnet der Gesetzgeber letztlich Raum für weitere Interpretationen. Die Gesetzesbegründung des EEWärmeG ist nämlich an dieser entscheidenden Stelle derart vage formuliert, dass sie zur Beantwortung der maßgeblichen Frage, was im Anwendungsbereich der §§ 554 Absatz 2 Satz 1 BGB und 559 Absatz 1 BGB konkret unter Energieeinsparung zu verstehen sein soll, nicht zielführend herangezogen werden kann. Insofern kann über die konkreten Auswirkungen des EEWärmeG auf den Streit um die Frage, ob es – unabhängig vom dem

---

581 Konsolidierte Fassung der Begründung zum EEWärmeG vom 07.08. 2008, BGBl. 2008 Teil I Nr. 36 vom 18.8.2008 S. 1658.
582 Seite 34 (unten) der konsolidierten Fassung der Begründung zum EEWärmeG.

vom BGH entschiedenen Sachverhalt – bei Modernisierungsmaßnahmen zur Einsparung von Energie auf die Einsparung von Primärenergie, oder auf die Einsparung von Endenergie ankommen muss, derzeit nur spekuliert werden.

Die Problematik der Modernisierung sowohl im Bereich des Mietrechts als auch im Bereich des Wohnungseigentumsrechts insbesondere hinsichtlich möglicher Energieeinsparungen dürfte daher auch in naher Zukunft Gegenstand weiterer Diskussionen bleiben.

2. Allgemeine Auswirkungen

Wie an verschiedenen Stellen dieser Arbeit näher dargelegt, bergen Modernisierungsmaßnahmen sowohl einer Mietwohnung als auch innerhalb einer nach WEG aufgeteilten Wohnanlage ein nicht unerhebliches tatsächliches und rechtliches Konfliktpotential. Die Gründe dafür sind vielschichtig und reichen von tatsächlichen Beeinträchtigungen wie Lärm und Schmutz bis hin zu rein wirtschaftlichen Erwägungen.

In Zeiten knapper Kassen sinkt vielerorts die Hemmschwelle der Menschen, das ihnen (vermeintlich) zustehende Recht gerichtlich durchzusetzen. Es spricht insoweit vieles dafür, dass besonders im Bereich des Wohnungseigentumsrechts die bestehende Rechtsunsicherheit, was nun im konkreten Fall rechtlich als Modernisierung einzuordnen ist, und was nicht, dazu führen wird, dass die klagenden Betroffenen Gerichtsentscheidungen erwirken werden, die sich teilweise inhaltlich widersprechen werden, wie es so oft bei neuen Vorschriften mit unterschiedlichen Auslegungsmöglichkeiten der Fall ist. Bis der wohnungseigentumsrechtliche Modernisierungsbegriff von Literatur und Rechtsprechung in seiner Bedeutung, Auslegung und Reichweite weitgehend geklärt ist, dürfte es noch einige Zeit dauern. Dies gilt umso mehr, als dass die Gesetzesbegründung zu § 22 Absatz 2 WEG in Teilen nicht hilfreich zur Klärung der meisten Zweifelsfragen beitragen kann. Diese Arbeit versteht sich insofern als kleiner Bestandteil des langen Prozesses der Präzisierung des wohnungseigentumsrechtlichen Modernisierungsbegriffs.

V. Zusammenfassung: Die wesentlichen Probleme im Überblick

Die auf den ersten Blick schlüssig und sinnvoll erscheinende Vorschrift des § 22 Absatz 2 Satz 1 WEG bringt insbesondere durch und wegen ihrer Verweisung auf den mietrechtlichen Modernisierungsbegriff eine Vielzahl von Problemen mit sich. Die Hauptprobleme ergeben sich im Bereich des § 22 Absatz 2 Satz 1 WEG innerhalb der Auslegung des wohnungseigentumsrechtlichen Modernisierungsbegriffs.

Besonders problematisch erscheint:

– dass durch die Schaffung einer neuen, also zusätzlichen (baulichen) Maßnahme im Anwendungsbereich des WEG neue Abgrenzungsschwierigkeiten zu den bereits bestehenden hinzukommen werden. Anders ausgedrückt: Die neue Gesetzeslage wird höchstwahrscheinlich nicht zur Vereinfachung beitragen.[583] Dieses Problem wird durch den verkürzten Instanzenzug von nunmehr nur noch zwei Instanzen aller Voraussicht nach nicht in naher Zukunft von der Rechtsprechung geklärt werden, da eine einheitliche Rechtsprechung sich so nur schwer wird herausbilden können[584] (siehe auch ab Seite 71 sowie ab Seite 73);

– dass die Gesetzesbegründung dem wohnungseigentumsrechtlichen Modernisierungsbegriff keine eigene klare rechtliche Struktur vermittelt und dadurch letztlich mehr Fragen aufwirft als Antworten gibt (siehe auch ab Seite 79);

– Bedenken hinsichtlich der Verfassungsmäßigkeit des § 22 Absatz 2 Satz 1 WEG bestehen (siehe auch ab Seite 99);

– dass – entgegen dem Anschein, den die Gesetzesbegründung erweckt und entgegen Stimmen in der Literatur – nicht uneingeschränkt auf Rechtsprechung und Literatur zu § 559 Absatz 1 BGB zurückgegriffen werden kann (siehe auch Seite 82);

– dass insbesondere der Rückgriff auf die Vorgängervorschriften des § 559 BGB zu Auslegungszwecken des Modernisierungsbegriffs aufgrund des geänderten Regelungsgehaltes des § 559 Absatz 1 BGB zumindest teilweise heute keinen Sinn mehr macht (siehe auch ab Seite 111);

– dass der – ausgehend von der Gesetzesbegründung – der einzelne Eigentümer unter Umständen schlechter geschützt wäre als ein sich in einer vergleichbaren Situation befindender Mieter (siehe auch ab Seite 145), obwohl der Eigentümer im Ergebnis vergleichbar schutzbedürftig ist (siehe auch ab Seite 126);

– die Legaldefinition des § 559 Absatz 1 BGB nicht ohne Einschränkungen in den Bereich des WEG übertragen werden kann (siehe auch ab Seite 93);

– die Zweck und Zielrichtungen des § 559 Absatz 1 BGB sich weitgehend von denen des § 22 Absatz 2 Satz 1 WEG unterscheiden (siehe ab Seite 141);

– dass § 22 Absatz 2 Satz 1 WEG auf eine Ausnahmevorschrift verweist, die konsequenterweise eng auszulegen ist (siehe u. a. Seite 148).

In höchstem Maße vereinfacht, jedoch auf den Punkt gebracht, lässt sich aus dem oben Gesagten schlussfolgern, dass der mietrechtliche Modernisierungsbegriff schlichtweg *nicht* deckungsgleich ist mit dem des Wohnungseigentumsgesetztes. Daran vermögen weder die Gesetzesbegründung noch eine anderslautende Auffassung einiger Autoren etwas ändern.

Die Gründe für diese Probleme sind vielschichtig und hängen stark mit den Unterschieden des Mietrechts und dem Wohnungseigentumsrecht zusammen. Hervorheben lassen sich insbesondere

– die Beteiligung von rechtlich strukturell verschiedener Parteien;

– die unterschiedlichen Interessenlagen im Bereich des Mietrechts und des Wohnungseigentumsrechts sowie

– Unterschiedliche Schutzbedürftigkeit von Mietern und Wohnungseigentümern.

---

583 Ebenso: Köhler, § 22 Rn. 354.
584 Köhler, § 22 Rn. 355.

VI. Zusammenfassung: Die wesentlichen Ergebnisse im Überblick

- § 559 Absatz 1 BGB ist eine eng auszulegende Ausnahmevorschrift.
- Zweck und Systematik der Vorschrift des § 22 Absatz 2 WEG lassen sich in nur begrenztem Umfang anhand der Gesetzesbegründung sowie der neueren Literatur zu § 22 Absatz 2 WEG skizzieren.
- Eine Begrenzung des wohnungseigentumsrechtlichen Modernisierungsbegriffes erfolgt in gewissem Umfang durch den Gesetzeswortlaut der Vorschrift des § 22 Absatz 2 Satz 1.
- Ein einzelner Eigentümer ist unter Umständen schutzbedürftig gegenüber einer Veränderungswilligen Mehrheit.
- Der Schutz des einzelnen Eigentümers gegenüber einer veränderungswilligen Mehrheit, gestützt auf Artikel 14 GG, ist bei der Auslegung des Merkmals der Änderung der Eigenart der Wohnanlage zu beachten.
- Der mietrechtliche Begriff Modernisierungsbegriff ist nicht komplett deckungsgleich ist mit dem wohnungseigentumsrechtlichen Modernisierungsbegriff.
- Der Generalverweis des § 22 Absatz 2 Satz 1 WEG auf den Modernisierungsbegriff des § 559 Absatz 1 BGB führt zu nicht unerheblichen Problemen in der Rechtsanwendung.
- Bei der Auslegung des wohnungseigentumsrechtlichen Modernisierungsbegriffs kann nur in begrenztem Umfang auf die Zweck- und Zielrichtung des mietrechtlichen Modernisierungsbegriffs zurückgegriffen werden.
- Die Legaldefinition des Modernisierungsbegriffs aus § 559 Absatz 1 BGB kann grundsätzlich auch innerhalb des WEG, also innerhalb des wohnungseigentumsrechtlichen Modernisierungsbegriffs verwendet werden. Es bestehen jedoch teilweise erhebliche Unterschiede zwischen den beiden Modernisierungsbegriffen.
- Bei der Zulässigkeit von Modernisierungsmaßnahmen nach § 22 Absatz 2 WEG sollte auf eine langfristige Rentabilitätsprognose von etwa 10 Jahren abgestellt werden.
- Die Kosten der baulichen Maßnahme sind in weiterem Umfang als in der insoweit unzutreffenden Gesetzesbegründung zu § 22 Absatz 2 WEG innerhalb des Merkmals der unbilligen Beeinträchtigung zu berücksichtigen.
- Die Vorschrift des § 22 Absatz 1 Satz 2 sollte mit einem einschränkenden Zusatz (ungeschriebenes Tatbestandsmerkmal) gelesen werden. Mit einem solchen Zusatz könnte die Vorschrift in etwa lauten:

> Maßnahmen gemäß Absatz 1 Satz 1, die der Modernisierung entsprechend § 559 Abs. 1 des Bürgerlichen Gesetzbuches oder der Anpassung des gemeinschaftlichen Eigentums an den Stand der Technik dienen, die Eigenart der Wohnanlage nicht ändern und keinen Wohnungseigentümer gegenüber anderen unbillig beeinträchtigen, können, *sofern sich nicht aus den Vorschriften des WEG oder dessen Systematik ein anderes ergibt,* abweichend von Absatz 1 durch eine Mehrheit von drei Viertel aller stimmberechtigten Wohnungseigentümer im Sinne des § 25 Abs. 2 und mehr als der Hälfte aller Miteigentumsanteile beschlossen werden.

Literatur

Abramenko, Andrik: Das neue WEG in der anwaltlichen Praxis Bonn, 2007 (Zitierweise: Abramenko, das neue WEG, § Rn.)

Armbrüster, Christian: Bauliche Veränderungen und Aufwendungen gemäß § 22 Abs. 1 WEG und Verteilung der Kosten gemäß § 16 Absatz 4 und 6 WEG ZWE 2008, Seite 61-69 (Zitierweise: Armbrüster, ZWE 2008)

Bärmann, Johannes/Pick, Eckhart/Merle, Werner: Wohnungseigentumsgesetz 9. Auflage, München 2003 (Zitierweise: Bärmann/Pick/Merle-Bearbeiter)

Bärmann, Johannes: Wohnungseigentumsgesetz 10. Auflage, München 2008 (Zitierweise: Bärmann-Bearbeiter)

Bärmann, Johannes/Pick, Eckhart: Wohnungseigentumsgesetz 18. Auflage, München 2007 (Zitierweise: Bärmann/Pick)

Bamberger, Heinz Georg/Roth, Herbert: Beck'scher Online-Kommentar BGB: Stand: 1.3.2007 Edition: 7 (Zitierweise: Bamberger/Roth-Bearbeiter) WEG: Stand: 1.10.2007 Edition: 8 (Zitierweise: Bamberger/Roth-Bearbeiter WEG)

Blank, Huber/Börstinghaus, Ulf P.: Miete, Kommentar 3. Auflage, München 2008 (Zitierweise: Blank/Börstinghaus-Bearbeiter)

Bub, Wolf-Rüdiger: Die geplante Novellierung des WEG NZM 2006, Seite 841-849 (Zitierweise: Bub, NZM 2006)

Bub, Wolf-Rüdiger: Maßnahmen der Modernisierung und Anpassung an den Stand der Technik (§ 22 Absatz 2 WEG) und Verteilung der Kosten gem. § 16 Abs. 4 WEG ZWE 2008, Seite 205-216 (Zitierweise: Bub, ZWE 2008)

Bub, Wolf-Rüdiger/Treier, Gerhard: Handbuch der Geschäfts- und Wohnraummiete 3. Auflage, München 1999 (Zitierweise: Bub/Treier-Bearbeiter, Kap. Rn.)

Demharter, Johann: Gesetzentwurf zur Änderung des WEG und anderer Gesetze – Ein – kritischer – Überblick über die wichtigsten Änderungen NZM 2006, Seite 489-495 (Zitierweise: Demharter, NZM 2006)

Derleder, Peter: Erhaltung, Modernisierung und Umstrukturierung des Wohungsbestandes Partner im Gespräch, Band 16, 1984, Seite 11-29 (Zitierweise: Derleder, PiG 1984)

Duden – Deutsches Universalwörterbuch 6., überarbeitete Auflage, Mannheim, Leipzig, Wien, Zürich 2007 (Zitierweise: Duden)

Eisenschmid, Norbert: Die Energieeinsparung im Sinne der §§ 554, 559 BGB WuM 2006, Seite 119-122 (Zitierweise: Eisenschmid, WuM 2006)

Epping, Volker/Hillgruber, Christian: Grundgesetz, Beckscher Online Kommentar München, Stand: 1.2.2008 Edition: 1 (Zitierweise: Epping/Hillgruber)

Erman: Bürgerliches Gesetzbuch, Handkommentar Herausgegeben von Harm Peter Westermann 12. Auflage, Köln 2008 (Zitierweise: Erman-Bearbeiter)

Finanztest: Hoch hinaus: Eigentumswohnung Ausgabe 09/2008 (Zitierweise: Finanztest, Ausgabe 09/2008)

GdW Bundesverband deutscher Wohnungsunternehmen e.V.: Alleskönnerin Eigentumswohnung – 50 Jahre WEG Wohnungseigentumsgesetz 1. Auflage, Berlin und Köln 2001 (Zitierweise: GdW)

Gramlich, Bernhard: Mietrecht 8. Auflage, München 2001 (Zitierweise: Gramlich)

Hamburger Abendblatt: Sie wollen Hamburgs Backsteinhäuser retten Ausgabe vom 16.2.2008 (Zitierweise: Hamburger Abendblatt, Artikel vom 16.2.2008)

Hamburger Abendblatt: Auch der Oberbaudirektor will Hamburgs Backsteinhäuser retten Ausgabe vom 18.2.2008 (Zitierweise: Hamburger Abendblatt, Artikel vom 18.2.2008)

Hannemann, Thomas/Wiegner, Michael: Münchener Anwalts Handbuch Wohnraummietrecht 2. Auflage, München 2005 (Zitierweise: Hannemann/Wiegner-Bearbeiter, § Rn.)

Häublein, Martin: Bauliche Veränderungen nach der WEG-Novelle – neue Fragen und alte Probleme in „neuem Gewand" NZM 2007, Seite 752-762 (Zitierweise: Häublein, NZM 2007)

Häublein, Martin: Die Willensbildung in der Wohnungseigentümergemeinschaft nach der WEG-Novelle ZMR 2007, Seite 409-423 (Zitierweise: Häublein, ZMR 2007)

Hügel, Stefan: Das neue Wohnungseigentumsrecht DNotZ 2007, Seite 326-360 (Zitierweise: Hügel, DNotZ 2007)

Hügel, Stefan/Elzer, Oliver: Das neue WEG-Recht München 2007 (Zitierweise: Hügel/Elzer, § Rn.)

Hügel, Stefan/Scheel, Jochen: Rechtshandbuch Wohnungseigentum 2. Auflage, Münster 2007 (Zitierweise: Hügel/Scheel-Bearbeiter, Kap. Rn.)

Jauernig, Othmar: Bürgerliches Gesetzbuch, Kommentar, Herausgegeben von Othmar Jauernig 12. Auflage, München 2007 (Zitierweise: Jauernig -Bearbeiter)

Jennissen, Georg: WEG Köln, 2008 (Zitierweise: Jennissen-Bearbeiter)

JurisPR-MietR 10/2008: Herausgeber: Eisenschmid, Norbert; Rips, Franz-Georg (Zitierweise: jurisPR-MietR)

Kinne, Harald: Aktuelle Probleme der Mieterhöhung nach Modernisierung ZMR 2003, Seite 396-402 (Zitierweise: Kinne, ZMR 2003)

Köhler, Wilfried J.: Das neue WEG, Beratung, Verwaltung, Prozess Köln 2007 (Zitierweise: Köhler, § Rn.)

Lammel, Siegbert: Wohnraummietrecht 2. Auflage 2001 (Zitierweise: Lammel)

Meffert, Manfred: Bauliche Veränderungen und Modernisierungen gemäß § 22 WEG n.F. ZMR 2007, Seite 758-760 (Zitierweise: Meffert, ZMR 2007)

Meyer-Harport, Dirk: Fernwärme statt Gasetagenheizung – Zum Modernisierungsbegriff in § 554 Absatz 2 BGB (Theorie der Endenergieeinsparung) NZM 2006, Seite 524-527 (Zitierweise: Meyer-Harport, NZM 2006)

Münchener Kommentar zum Bürgerlichen Gesetzbuch Band 3: Schuldrecht Besonderer Teil III, §§ 433 – 610 Finanzierungsleasing HeizkostenV BetriebskostenV CISG 5. Auflage, München 2008
Band 5: Schuldrecht Besonderer Teil III, §§ 705 – 853 Partnerschaftsgesellschaftsgesetz Produkthaftungsgesetz 4. Auflage, München 2004
Band 6: Sachenrecht, §§ 854-1296 Wohnungseigentumsgesetz Erbbaurechtsverordnung Sachenrechtsbereinigungsgesetz Schuldrechtsänderungsgesetz 4. Auflage, München 2004
Band 9: Erbrecht, §§ 1922-2385, §§ 27-35 BeurkG 4. Auflage, München 2004 (Zitierweise: Mü-Ko-Bearbeiter)

Nastelski, Karl: Unbestimmte Rechtsbegriffe, Generalklauseln und Revision GRUR 1968, Seite 545-549 (Zitierweise: Nastelski, GRUR 1968)

Niedenführ, Werner/Kümmel, Egbert/Vandenhouten, Nicole: WEG Kommentar und Handbuch zum Wohnungseigentumsrecht 8. Auflage, Heidelberg 2007 (Zitierweise: Niedenführ/Kümmel/Vandenhouten-Bearbeiter)

Niedenführ, Werner: Im Überblick: Das Streitpotential um bauliche Veränderungen NZM 2001, Seite 1105-1112 (Zitierweise: Niedenführ, NZM 2001)

Niedenführ, Werner: Die WEG-Novelle 2007 NJW 2007, Seite 1841-1846 (Zitierweise: Niedenführ, NJW 2007)

Palandt, Otto: Bürgerliches Gesetzbuch 68. Auflage, München 2009 (Zitierweise: Palandt-Bearbeiter)
   63. Auflage, München 2004 (Zitierweise: Palandt-Bearbeiter, 63. Auflage)
   59. Auflage, München 2000 (Zitierweise: Palandt-Bearbeiter, 59. Auflage)

Paulus, Christoph/Zenker, Wolfgang: Grenzen der Privatautonomie JuS 2001, Seite 1-9 (Zitierweise: Paulus/Zenker, JuS 2001)

Rips, Franz-Georg: Deutscher Mieterbund zur Mietrechtsreform im Rechtsausschuss NZM 2001, Seite 326-328 (Zitierweise: Rips, NZM 2001)

Saumweber, Jörg: Die Reform des Wohnungseigentumsgesetzes in der notariellen Praxis MittBayNot 2007, Seite 357-368 (Zitierweise: Saumweber, MittBayNot 2007)

Sauren, Marcel M.: Die WEG-Novelle 2007 DStR 2007, Seite 1307-1311 (Zitierweise: Sauren, DStR 2007)

Schmid, Michael J.: Kompaktkommentar Mietrecht München 2006 (Zitierweise: Schmid-Bearbeiter)

Schmid, Michael J.: Das WEG entdeckt das Mietrecht, Zum Entwurf eines Gesetzes zur Änderung des Wohnungseigentumsgesetzes ZMR 2005, Seite 27-29 (Zitierweise: Schmid, ZMR 2005)

Schmidt-Futterer, Wolfgang: Großkommentar des Wohn- und Gewerberaummietrechts 9. Auflage, München 2007 (Zitierweise: Schmidt-Futterer-Bearbeiter)

Scholz, Peter: Wohnraummodernisierung und Mieterhöhung, Teil 2: Die Mieterhöhungen; Sonderkündigungsrechte des Mieters WM 1995, Seite 87-96 (Zitierweise: Scholz, WM 1995)

Sonnenschein, Jürgen: Die Entwicklung des privaten Wohnraummietrechts 1989 bis 1996 (Teil 2) – Pflichten des Mieters und Beendigung des Mietverhältnisses NJW 1998, Seite 2172-2177 (Zitierweise: Sonnenschein, NJW 1998)

Sonnenschein, Jürgen: Das Mieterhöhungsverlangen bei baulicher Änderung und Kapitalkostenerhöhung für nichtpreisgebundenen Wohnraum Partner im Gespräch, Band 13, 1983, Seite 65-88 (Zitierweise: Sonnenschein, PiG 1983)

J. von Staudingers Kommentar zum Bürgerlichen Gesetzbuch mit Einführungsgesetzen und Nebengesetzen Buch 2, Recht der Schuldverhältnisse §§ 535-562 d; HeizkostenV; BetrKV (Mietrecht 1) Berlin, Neubearbeitung 2006 (Zitierweise: Staudinger-Bearbeiter)
   Neubearbeitung 2003 (Zitierweise: Staudinger-Bearbeiter, Neubearbeitung 2003)
   WEG, Bearbeitung 2005 (Zitierweise: Staudinger-Bearbeiter WEG)

Sternel, Friedemann: Wohnraummodernisierung nach der Mietrechtsreform NZM 2001, Seite 1058-1069 (Zitierweise: Sternel, NZM 2001)

Sternel, Friedemann: Mietzinserhöhung bei Modernisierung – § 3 MHG PiG Band 41, 1993, Seite 45-66 (Zitierweise: Sternel, PiG 1993)

Tücks, Wolfgang: Der Einbau von Solaranlagen als bauliche Modernisierungsmaßnahme gemäß § 554 Absatz 2 BGB ZMR 2003, Seite 806-808 (Zitierweise: Tücks, ZMR 2003)

Wenzel, Joachim: Der vereinbarungsersetzende, vereinbarungswidrige und vereinbarungsändernde Mehrheitsbeschluss NZM 2000, Seite 257-262 (Zitierweise: Wenzel, NZM 2000)

Weitemeyer, Birgit: Das Gesetz zur Regelung der Miethöhe und die Vertragsfreiheit NZM 2000 Seite 313- 321 (Zitierweise: Weitemeyer, NZM 2000)

Weitemeyer, Birgit: Das Mieterhöhungsverlangen nach künftigem Recht NZM 2001, Seite 563-572 (Zitierweise: Weitemeyer NZM 2001)

Weitnauer, Hermann: Wohnungseigentumsgesetz München, 9. Auflage 2005 (Zitierweise: Weitnauer-Bearbeiter)

Welt am Sonntag: Eigentümer streiten seltener vor Gericht Ausgabe vom 7.9.2008 Zitierweise: Welt am Sonntag, Artikel vom 7.9.2008)

Wilcken, Alexander: Fernwärme statt Gasetagenheizung – Zum Modernisierungsbegriff in § 554 Absatz 2 BGB (Theorie der Primärenergieeinsparung) NZM 2006, Seite 521-524 (Zitierweise: Wilcken, NZM 2006)